Alaska (É.-U).
Cercle polaire arctique
ISLANDE
NORVÈGE
FINLANDE
SUÈDE
RUSSIE
EUROPE
KAZAKHSTAN
MONGOLIE
GÉORGIE
ARMÉNIE
AZERBAÏDJAN
OUZBÉKISTAN
KIRGHIZISTAN
TURKMÉNISTAN
TADJIKISTAN
ASIE
CORÉE DU NORD
CORÉE DU SUD
JAPON
TURQUIE
CHYPRE
LIBAN
ISRAËL
SYRIE
IRAK
JORDANIE
IRAN
AFGHANISTAN
CHINE
Océan
MAROC
TUNISIE
ALGÉRIE
LIBYE
ÉGYPTE
KOWEÏT
PAKISTAN
BOUTHAN
NÉPAL
Tropique du Cancer
TAÏWAN
QATAR
É.A.U.
ARABIE SAOUDITE
BANGLADESH
OMAN
INDE
MYANMAR
LAOS
Pacifique
AFRIQUE
MALI
NIGER
TCHAD
ÉRYTHRÉE
YÉMEN
VIÊT NAM
PHILIPPINES
BURKINA
BÉNIN
NIGERIA
GHANA
TOGO
CÔTE D'IVOIRE
SOUDAN
DJIBOUTI
CAMBODGE
THAÏLANDE
CENTRAFRIQUE
ÉTHIOPIE
CAMEROUN
SOMALIE
SRI LANKA
MALAISIE
OUGANDA
KENYA
Équateur
GABON
CONGO
RÉP. DÉM. DU CONGO
RWANDA
BURUNDI
TANZANIE
Océan Indien
PAPOUASIE-NOUVELLE-GUINÉE
INDONÉSIE
TIMOR ORIENTAL
ANGOLA
ZAMBIE
MALAWI
MOZAMBIQUE
ZIMBABWE
NAMIBIE
MADAGASCAR
BOTSWANA
Tropique du Capricorne
AUSTRALIE
SWAZILAND
LESOTHO
AFRIQUE DU SUD
OCÉANIE
NOUVELLE-ZÉLANDE
Cercle polaire antarctique

Je comprends tout !

CM2

Ce livre appartient à :

Prénom : ....

Nom : ....

Collection dirigée par :
Isabelle **Petit-Jean**
Professeur des écoles

Ouvrage rédigé par :
Daniel **Bensimhon**
Conseiller pédagogique

Éric **Battut**
Professeur des écoles, maître formateur

Marianne **Breton**
Professeur des écoles

Florence **Hoëgeli-Emmanuelli**
Professeur des écoles, maître formateur

Philippe **Lapeyre**
Directeur d'école

Guide pour les parents :
Safia **Amor**
Journaliste spécialisée

Le papier de cet ouvrage est composé de fibres naturelles, renouvelables, fabriquées à partir de bois provenant de forêts gérées de manière responsable.

Nathan

Les plus...

L'ardoise effaçable

L'**ardoise effaçable** recto verso peut être détachée. Elle présente un double usage :

- elle peut être utilisée comme une feuille de brouillon pour la préparation des exercices ;
- elle permet à l'enfant de réaliser certains exercices sans qu'il soit nécessaire d'avoir recours à une feuille à part.

Vous pouvez détacher l'ardoise si vous le souhaitez en suivant les pointillés.

Le mémento effaçable

Un **mémento effaçable** est proposé à la suite de l'ardoise. L'enfant peut réviser autant de fois qu'il le souhaite les fondamentaux du programme : les tables de multiplication et les tableaux de conjugaison. Ces pages peuvent être utilisées avec n'importe quel **feutre effaçable**.

L'enfant complète, efface, recommence autant de fois qu'il le souhaite.

Les corrigés du mémento se trouvent à la fin du Guide parents.

Le Guide parents

Un guide pour vous, parents

Grâce au guide détachable, vous aurez une vision complète de la scolarité de votre enfant. Vous y trouverez :

– le programme officiel du CM2 expliqué et commenté
– des réponses à vos questions, matière par matière
– des informations et des conseils sur la scolarité
– les dates-clés du CM2
– les corrigés des exercices et des bilans
– les corrigés du mémento effaçable

Mode d'emploi

Cet ouvrage de référence a été conçu et rédigé par une équipe d'enseignants. Conforme au programme officiel, il contient tout ce qui est nécessaire à votre enfant pour réussir son CM2.

Les leçons

Chaque leçon est abordée sur une double page. Cette organisation fournit des repères clairs et invite à respecter une démarche méthodique : d'abord comprendre et revoir une notion (page de gauche) puis s'entraîner (page de droite).

Pour comprendre
La leçon est introduite par deux enfants à partir d'une situation vivante et concrète.

Savoir
Le résumé de la leçon à lire attentivement et à retenir avant de faire les exercices.

Savoir faire
Le point de méthode pour mettre en pratique la leçon.

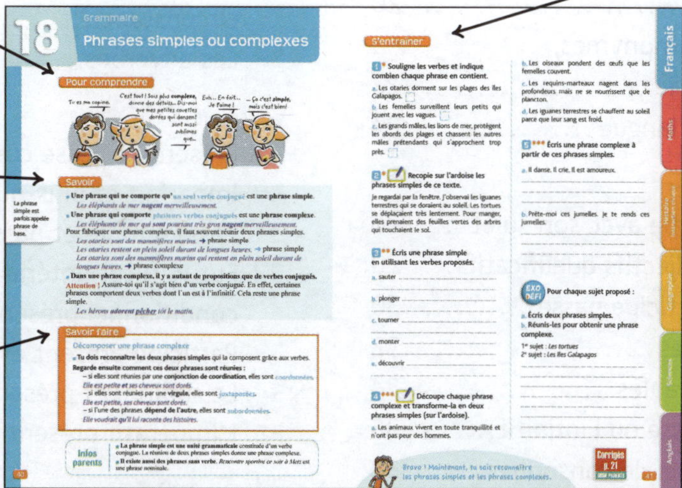

S'entraîner
Des exercices progressifs avec 3 niveaux de difficulté : *, **, ***.

Ce picto signale que l'ardoise, à la fin de l'ouvrage, peut être utilisée comme brouillon, ou pour écrire les réponses.

EXO DÉFI Chaque leçon se termine par un défi à relever.

Infos parents
Des informations complémentaires en lien avec le programme officiel et des astuces pour aider votre enfant.

Corrigés p. 16 GUIDE PARENTS Un renvoi à la page du Guide parents où se trouvent les corrigés.

Les bilans

Des bilans en français et en maths permettent de vérifier l'acquisition des connaissances tout au long de l'année. Ils sont placés en fin de matière.

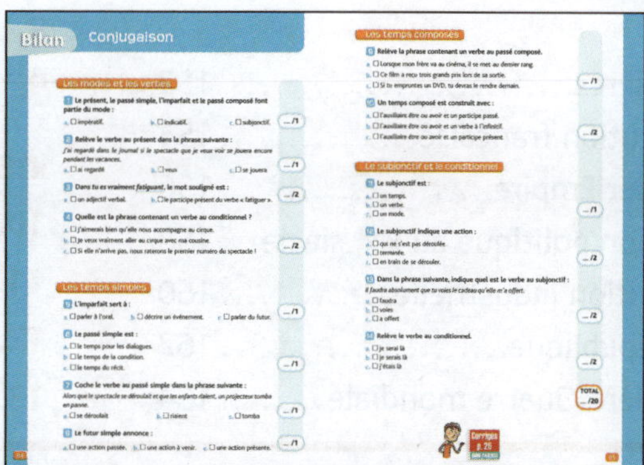

Les bilans sont notés.

Sommaire

Français

Lecture

Vocabulaire

Orthographe

Grammaire

Conjugaison

Histoire - Instruction civique et morale

Histoire

Instruction civique et morale

Mathématiques

Numération

Calcul et opérations

Espace et géométrie

Grandeurs et mesures

Géographie

Sciences

Anglais

Tous les corrigés
GUIDE PARENTS

1

Lecture

Débuter et prolonger un récit

Pour comprendre

Savoir

Le temps du récit est souvent le passé simple. V. p. 66

- **Au début d'une histoire, on trouve souvent :**
  – le **personnage** qui va vivre les actions ;
  – le **lieu** où se passe l'action ;
  – le **moment** où se passe l'action ;
  – un **événement** qui lance l'action.
- **Mais parfois, l'auteur préfère nous cacher** une partie de ces informations pour nous intriguer.

Savoir faire

Comprendre les informations

- Quand tu lis ou que tu écris un récit, cherche à repérer :
  – le **personnage** en te posant la question : **qui ?**
  – le **lieu** en te posant la question : **où ?**
  – le **moment** en te posant la question : **quand ?**
  – **l'événement** déclencheur en te posant la question : **quoi ?**
- Si l'auteur ne te donne pas les informations, tu dois imaginer ce personnage, ce lieu, ce moment, cet événement, jusqu'à ce que l'auteur le dise.

Dans la ville de Bagdad (où) *vivait jadis* (quand) *un couple de marchands* (qui) *sans descendance. L'épouse se désolait car, l'âge venant, elle redoutait de demeurer stérile* (quoi)*. Aussi passait-elle ses journées à consulter médecins et rebouteux.*

La jeune fille aux cheveux de nuit (Gudule, Nathan)

Infos parents

- **Lorsque votre enfant écrira ses propres histoires,** il devra respecter cette trame : donner le lieu, le moment, proposer le personnage et raconter le problème qui va le faire agir.

S'entraîner

1 * Dans le texte, entoure les mots qui répondent à ces questions.

« *où* », en bleu — « *quand* », en rouge
« *qui* », en vert — « *quoi* », en jaune

Il y avait jadis, au pays du Levant, un marchand de tissu nommé Giafar. Tenu, de par sa profession, à effectuer de longs voyages, le pauvre homme souffrait d'une jalousie cruelle. Car il possédait une femme si belle que toute la ville la lui enviait.

Le mari, la femme et le perroquet (Gudule, Nathan)

2 ** Voici le résumé d'un livre. Lis-le, et en pensant à « où », « quand », « qui », « quoi », écris le début du roman. Ariane sera la narratrice.

Un écrivain est dans la classe… Il se tient debout, très grand, à côté de la maîtresse et il demande aux élèves de choisir une chose vraiment importante pour commencer à écrire. Alors, dans le silence, Ariane se souvient du champ bleu de son père quand il la tenait par la main…

....

....

....

....

....

L'ombre bleue (N. Brun-Cosme, Nathan)

3 ** Lis, puis réponds.

Tu t'engages, tu donnes ta parole, et tu ne la tiens pas. Tu es un lâcheur. Tu m'avais promis-juré sur ta tête d'être là à cinq heures, pour mon match de hockey. Et puis non. Pas l'ombre de toi à l'horizon. Je devrais avoir l'habitude. Mais tu vois, pourtant, je ne m'y habitue pas.
Je me répète ça en partant avec Greg et Alex, et M. Provins, le père de Greg. (…) Pendant le match, je patine furieux. La glace fume.

Sauve-toi, sauve-nous ! (M.-S. Roger, Nathan)

a. Qui est le personnage ?..

....

b. Quel est son problème ?..

....

c. Où est-il ?..

....

d. Que fait-il quand se déroule la scène ?.....

....

4 *** Le texte ne dit pas tout, mais on peut deviner.

J'étais allongée sur une plage des îles Canaries avec mon frère Jack. Le sable était chaud sous mon dos. Le soleil me rôtissait le ventre. Nous contemplions les nuages blancs qui filaient dans le ciel bleu. J'ignorais qu'une semaine plus tard, nous serions perdus en pleine mer.
– Maman est encore en train de faire une erreur, ai-je dit.

Perdu en mer (Jonathan Neale, Nathan)

a. Qui est le narrateur ?

- ☐ un garçon
- ☐ une fille
- ☐ un adulte
- ☐ un enfant

b. Donne les indices qui t'ont permis de répondre.

....

....

c. Quand l'histoire se déroule-t-elle ?

....

d. Donne les indices qui t'ont permis de répondre.

....

....

....

EXO DÉFI — À l'aide de ces éléments, compose un début d'histoire (sur l'ardoise).

- où : dans une cour
- qui : un enfant
- quand : un lundi matin
- quoi : son chien

Bravo ! Maintenant, tu sais écrire le début d'un récit.

Corrigés p. 16 GUIDE PARENTS

2

Lecture

Rédiger une description

Pour comprendre

Savoir

- **Dans un récit, on réalise des descriptions pour :**
  – donner l'« image » d'un personnage ;
  – « montrer » le lieu et faire ressentir l'atmosphère où se déroule l'action.
- **Dans un texte documentaire, on réalise des descriptions pour :**
  – expliquer et donner des renseignements sur un paysage, un tableau, un personnage historique, un milieu de vie…

Savoir faire

Rédiger une description

- **Pour commencer :**
  – Choisis un ordre d'exposition : ici, on commence par ce qui est proche (1) pour finir par ce qui est lointain (2).
  – Dis où chaque objet se situe : *« contre le mur »*.
  – Donne des détails sur chaque objet : *« sept petites fourchettes », « lits alignés »*…
- **Pour écrire :**
  – Utilise des images et des comparaisons : *Blanche-Neige « était blanche comme neige, rose comme sang ».*
  – Rédige au début une phrase qui résume l'atmosphère générale : *« Dans la maisonnette, tout était minuscule, gracieux et propre. »*

> Dans la maisonnette, tout était minuscule, gracieux et propre. On y voyait une petite table (1) couverte d'une nappe blanche, avec sept petites assiettes et sept petites cuillères, sept petites fourchettes et sept petits couteaux, et aussi sept petits gobelets. Contre le mur, il y avait sept petits lits (2) alignés les uns à côté des autres et recouverts de draps tout blancs.
>
> *Blanche-Neige* (Grimm)

Infos parents

- **Au collège, votre enfant aura besoin de rédiger** des descriptions, des textes documentaires, en géographie, histoire, SVT, mais aussi en arts plastiques.
- **Il doit saisir qu'une description nécessite un plan organisé** et qu'elle a besoin d'être enrichie par l'ajout d'adjectifs et de comparaisons.

S'entraîner

1 ** Lis, puis réponds aux questions.

Couverture de l'album
Demain les fleurs
(Th. Lenain, Nathan)

Froid ! Devant, un arbre. Nu, petit et seul, il semble peu vivace. Derrière lui est posée une maison, simple, isolée dans un vaste espace herbeux. Près d'elle, dans la pénombre, deux silhouettes humaines se font face. L'une, plus petite, porte un vêtement lourd et vif. L'autre, aux cheveux blancs, attend sur le perron. Statiques, l'enfant et le vieillard se regardent. Au-delà de cet ensemble compact, un paysage nu, lui aussi, boueux. Plus loin encore, des collines sombres barrent l'horizon. Le ciel ocre et lumineux est ainsi séparé de l'ensemble. Par contre, rien ne vient stopper le regard à droite. Ni à gauche. Il s'échappe hors de l'image. On ne le voit pas tout de suite, mais de la maison s'élève une intense et lumineuse fumée, dont la clarté contraste avec l'ensemble. Elle se joint et se mêle au ciel, au-delà des collines noires qu'elle transperce.

a. Quel mot au début du texte résume l'atmosphère générale de l'image ? ....

b. Quelle structure suit cette description ?
- ☐ du premier plan à l'arrière-plan
- ☐ de gauche à droite
- ☐ de l'arrière-plan au premier plan

c. Écris deux adjectifs employés pour décrire
l'arbre : ....
la maison : ....
la fumée : ....

d. Pour trois éléments, on donne une couleur. Lesquels ? ....

e. Collecte trois mots qui permettent de situer l'endroit où se trouvent certains éléments.

....

EXO DÉFI Lis, puis réponds aux questions.

La grand-salle brillait des feux de multiples torches et chandelles. Pour l'occasion, le comte Renaud avait fait tendre sur les murs des tapisseries de cuir doré, de satin de Bruges aux plis lourds et moirés, brodées à ses armoiries. Deux buffets à gradins en chêne sculpté luisaient de vaisselle et de pièces d'orfèvrerie : aiguières, grands plats en argent, vases d'apparat. Des serviteurs s'affairaient autour des tables.

Le Renard de Morlange (A. Surget, Nathan)

a. Quelle impression de la fête veut nous donner l'auteur dès le début de sa description ?
- ☐ le côté majestueux de la fête
- ☐ le côté inquiétant de la fête
- ☐ le côté ennuyeux de la fête

b. Quel mot de la première phrase renforce cette idée ?

....

c. Quel plan suit cette description ?
- ☐ du premier plan à l'arrière-plan
- ☐ de gauche à droite
- ☐ de l'arrière-plan au premier plan

d. Écris les mots qui montrent la richesse des objets.

....
....
....
....

e. À quels objets de l'extrait pourrait-on attribuer ces détails supplémentaires ?

majestueux •	• vases
en cristal de Bohême •	• buffets
finement tissées •	• torches
flamboyantes •	• tapisseries
garnies •	• chandelles
frêles •	• tables

Bravo ! Maintenant, tu sais rédiger une description.

Corrigés p. 16 GUIDE PARENTS

Rédiger un résumé

Pour comprendre

Savoir

Dans un résumé, on ne met pas de dialogues.

- **Résumer, c'est** réécrire **un texte** de la manière la plus courte possible en gardant son sens.
- **Un résumé doit comporter :**
  – uniquement **ce qui est important** ;
  – des **phrases simples et courtes**, reliées par des petits mots de liaison.

Savoir faire

Résumer un texte

- **Coupe le texte en grandes unités de sens :** [ ].
- **Écris une courte phrase** qui remplace chaque morceau du texte.

  Exemple : [Les fées voulaient vivre comme des femmes de notre époque.] [Elles devaient abandonner leurs pouvoirs.] [Elles ont accepté.] [Les personnages de contes sont devenus ordinaires.]
- **Relie ces phrases** par des mots de liaison.

  *[Les fées voulaient vivre comme des femmes de notre époque.] **Mais** [elles devaient abandonner leurs pouvoirs.] **Pourtant** [elles ont accepté.] **Alors** [les personnages de contes sont devenus ordinaires.]*

[Les fées en avaient assez d'habiter de vieux châteaux sombres et humides, de rouler dans des carrosses inconfortables, de faire la cuisine dans de gros chaudrons qu'elles ne parvenaient jamais à récurer parfaitement. Elles voulaient profiter des avantages du monde d'aujourd'hui : avoir un micro-ondes, conduire une voiture, vivre en appartement.] [Mais pour cela, elles devaient quitter leur royaume et abandonner leurs pouvoirs magiques.] [C'est pourquoi, à l'issue d'une réunion qui dura trois jours et trois lunes, elles jetèrent leurs baguettes aux orties et s'en allèrent chercher toutes ces choses modernes qui les faisaient tant rêver.] [La magie n'opérant plus, les personnages des contes devinrent des gens comme vous et moi.]

Les Petits Pains bleus (P. Herault, Nathan)

Infos parents

- **Il ne faut pas donner** la même valeur à toutes les informations. Ceci est réellement une tâche complexe pour un enfant de 10-11 ans qui aime bien s'arrêter à des détails.

S'entraîner

1 * Coche la phrase la plus importante de ce texte.

☐ Au début, tout allait bien. ☐ Vraiment,vraiment bien. ☐ Jean était un joli bébé joufflu. ☐ Louis, le papa, et Martha, la maman, étaient très fiers de lui.
☐ Un jour, Jean se mit à quatre pattes. ☐ Il se promenait à travers l'appartement en poussant des petits cris.
– ☐ Tu es mon chaton curieux ! disait Martha en riant.
☐ Jean grandit. ☐ À dix mois, il trottinait sur ses deux pieds. ☐ Martha et Louis étaient très, très, très fiers de lui.
– ☐ Bientôt, claironnait Martha, Jean gambadera comme un cabri !
☐ C'est un mois plus tard que Jean vola pour la première fois. ☐ Oh, pas longtemps : il resta à peine plus d'une seconde en l'air et retomba bien vite sur la moquette.

Le Goût du ciel (Cl. Ubac, Nathan)

2 * Coche le meilleur résumé du texte de l'exercice 1.

a. ☐ Jusqu'à dix mois, Jean était un bébé très ordinaire. Mais à onze mois, il se mit à voler.
b. ☐ Jean était joufflu. Puis il poussa des cris. Mais un jour, il retomba sur la moquette.
c. ☐ Jean était un enfant étrange, puisqu'il se promenait à travers l'appartement. Et même plus tard, il se mit à voler et à tomber.

3 ** À l'aide de crochets [ ], divise ce texte en quatre parties selon les titres proposés.

1er titre : *Si riche !*
2e titre : *Si laid !*
3e titre : *Encore un refus !*
4e titre : *Un mystère inexpliqué*

Il était une fois un homme qui avait de belles maisons, de la vaisselle d'argent, des meubles en broderie, et des carrosses tout dorés. Mais par malheur cet homme avait la barbe bleue : cela le rendait si laid et si terrible, qu'il n'était ni femme ni fille qui ne s'enfuyait devant lui. Une de ses voisines, dame de qualité, avait deux filles parfaitement belles. Il lui en demanda une en mariage.
Elles n'en voulaient point toutes deux, et se le renvoyaient l'une à l'autre, ne pouvant se résoudre à prendre un homme qui eût la barbe bleue. Ce qui les dégoûtait encore, c'est qu'il avait déjà épousé plusieurs femmes, et qu'on ne savait pas ce que ces femmes étaient devenues.

4 *** Voici un résumé. Barre tous les éléments superflus pour qu'il soit encore plus court, mais garde son sens.

Une petite fille de six ans à peine avait tous les jours des bonbons à l'anis, des sucettes et des papillotes dans ses poches. Ça attirait bien sûr les méchants garnements du quartier. Mais elle était maligne : dans sa poche de gauche, il y avait aussi une tapette à souris prête à l'emploi. « Clac ! »

EXO DÉFI Ce texte traite de deux questions : le rapport des hommes aux dieux et le rapport des hommes entre eux. Lis-le.

En ce temps-là, les hommes ne craignaient plus les dieux. Ils ne les vénéraient plus.
En ce temps-là, les hommes ne se respectaient plus les uns les autres. Ils ne savaient plus s'aimer. Ils se jalousaient et se trahissaient. Ils n'arrivaient plus à vivre ensemble. Ils se querellaient et s'entre-tuaient. Ils étaient devenus fous.

Résume-le en deux phrases seulement.

....
....
....
....
....
....
....

Bravo ! Maintenant, tu sais résumer un texte.

Corrigés p. 16 GUIDE PARENTS

Lecture

4 Le compte rendu argumenté

Pour comprendre

Savoir

Un argument est une preuve, une raison.

- **Argumenter c'est :**
  – **donner son avis et… chercher à convaincre** le lecteur de son texte ;
  Voilà pourquoi vous devez aller voir Shrek *au cinéma.*
  – **avancer plusieurs arguments** (raisons) solides.
  Parce que ce film vous fait connaître les contes traditionnels. (argument 1)
  Parce que ce film plaira à toute la famille. (argument 2)
  Parce que ce film est drôle. (argument 3)
- **Parfois, dans un argumentaire, il faut proposer** des **arguments pour**… et aussi des **arguments contre**.
  Shrek vous fait connaître les contes traditionnels. (pour)
  Mais il les détourne tellement qu'on ne les reconnaît plus. (contre)
- **Rédiger un compte rendu, c'est écrire de manière organisée** ce qu'on a vu, entendu ou vécu (lors d'une sortie, d'une rencontre, d'un débat...).

Savoir faire

Rédiger un compte rendu

- Liste les **idées importantes**.
- Choisis un **plan** pour organiser ces idées de manière chronologique ou par grands thèmes.
- Trouve plusieurs **arguments forts** et place-les dans des phrases.
- Relie ces phrases à l'aide de **mots-outils** : *donc, parce que, d'ailleurs, en effet...*
- Lorsque tu opposes des **arguments pour** et des **arguments contre**, utilise des petits mots comme : *mais, pourtant, par contre, cependant, néanmoins...*

Infos parents

- **Votre enfant rédigera des comptes rendus dans toutes les disciplines.**
- **Votre enfant est arrivé à un âge où il va se forger ses propres goûts** et ses propres avis. L'école va l'aider à structurer ses idées personnelles qui ne peuvent en rester au simple avis brut. C'est en apprenant à construire des avis raisonnés, argumentés qu'il sera écouté.

S'entraîner

1 * Remets dans l'ordre ces phrases d'un compte rendu écrit chronologiquement par une classe.

Sortie à l'Institut du monde arabe

☐ Nous avons été accueillis par un conférencier qui nous a guidés dans les salles.

☐ En sortant de l'école, nous avons pris le métro, direction Jussieu.

☐ Vendredi 28 septembre, nous avons fait une sortie au musée.

☐ Juste avant de retourner à l'école, nous avons pique-niqué dans le parc du musée.

☐ Enfin, nous les avons peints à l'aquarelle.

☐ Au fur et à mesure, nous avons réalisé des croquis des œuvres que nous voyions.

☐ Une fois de retour à l'école, nous avons redessiné nos croquis au propre.

☐ Quand nous sommes arrivés, on a vu un grand immeuble moderne : c'était le musée !

2 * Coche deux cases.

Chaque élève a aussi donné son avis sur ce qu'il a vu et fait au musée.

« J'ai aimé les œuvres en calligraphie arabe. »

Pourquoi n'est-ce pas un bon argumentaire ?

a. ☐ Car c'est trop court.

b. ☐ Car il ne dit pas pourquoi il a aimé.

c. ☐ Car il ne cherche pas à faire aimer ces œuvres.

d. ☐ Car il donne son avis, ce qu'il ne doit pas faire.

3 ** Écris le mot qui convient pour chacun de ces arguments.

donc – et même – alors – d'ailleurs
absolument – de plus – d'autant

Cet agenda est le plus complet, ... il fait 30 pages de plus que les autres. Il est agrémenté de couleurs, ... de photographies, ... sublimes. .... , il n'est pas plus cher que les autres. .... pourquoi en choisir un autre ? Si j'étais vous, je n'hésiterais pas, ... qu'il faut vite se décider car la rentrée est demain ! .... il vous est indispensable !

4 * Complète ces arguments sur l'ardoise pour les rendre plus forts.**

Aimerais-tu vivre tout seul ?

Contre : Non, car je m'ennuierais trop, surtout quand ....

Pour : Oui, parce que les autres m'empêchent de faire ce que je veux, si bien que ....

EXO DÉFI

a. Complète ces arguments « pour ».

L'école primaire était vraiment formidable !

C'était bien d'avoir un seul maître, d'autant qu'il ....
....
....

C'était bien d'être encore avec des petits, ainsi on ....
....
....

On y était heureux, surtout ....
....
....

b. Trouve deux arguments « contre ».

Mais ....
....
....

Et puis ....
....
....

Bravo ! Maintenant, tu sais faire un compte rendu et trouver des arguments.

Corrigés p. 17 GUIDE PARENTS

Lecture

5 Le théâtre

Pour comprendre

Savoir

Au théâtre, les comédiens jouent sur une scène.

- **Le texte de théâtre** est un texte littéraire écrit pour être **mis en scène** et pour être **joué devant un public**.
- **La pièce de théâtre est composée :**
  - de « grandes parties » qu'on appelle les **actes** ;
  - de « chapitres » qu'on appelle des **scènes** ;
  - de « paroles » qu'on appelle des **répliques** ;
  - d'indications pour le jeu qu'on ne dit pas, qu'on appelle des **didascalies** ; elles sont écrites en italique.

Pour une bonne diction... : « Trois très gros, gras, grands rats gris grattent. »

Scène 1

CASSANDRE *entre et appelle son fils*

didascalie

Octave ! mon fils ! venez ici. *(Octave entre.)*

Savez-vous que je suis dans une grande colère ?

OCTAVE

Contre moi, mon père ?

réplique

Savoir faire

Lire et comprendre le texte de théâtre

- **Représente-toi** toujours la mise en scène et les intonations des personnages.
- **Lis à haute voix** pour faire vivre le texte.
- **Cherche toujours à imaginer** ce que font et ce que pensent les personnages.

Infos parents

- **Le théâtre sera étudié spécifiquement au collège.** Il est donc bien que votre enfant en ait saisi ses spécificités et son vocabulaire : réplique, acte, scène, didascalie, argument, monologue.
- **Face à un texte de théâtre**, votre enfant doit trouver des informations cachées. Par la seule expression des personnages, il doit se représenter leurs sentiments et leurs actes.

S'entraîner

1 ** Remplace le texte non dialogué par une ou plusieurs répliques qui exprimeraient la même idée.

Œufs de vache

— Dis, marraine, pourquoi la poule pond des œufs et pas la vache ?
— Parce que la vache n'est pas une poule, ma petite
— Oui, mais un œuf c'est toujours un œuf !
La marraine de Suzy est dans l'embarras. Que répondre à cette gamine qui passe son temps à poser des questions idiotes ? Si elle pouvait se taire, quel bonheur !

Le Fil à retordre (C. Bourgeyx, Nathan)

....

....

....

....

....

2 *** Associe à chaque mot sa définition. Au besoin, aide-toi d'un dictionnaire.

- coulisse ☐
- tirade ☐
- scène ☐
- acte ☐
- monologue ☐
- argument ☐
- côté cour ☐
- côté jardin ☐

1 Résumé de l'histoire que la pièce met en scène.
2 Côté droit de la scène, depuis la salle.
3 Longue réplique d'un personnage qui parle seul.
4 Partie, division d'un acte où il n'est prévu aucun changement de personnages.
5 Côté gauche de la scène, depuis la salle.
6 Longue suite de phrases dite par un personnage.
7 Dégagement situé derrière les panneaux, tout autour de la scène.
8 Division principale d'une pièce de théâtre, qui regroupe plusieurs scènes.

EXO DÉFI Invente des didascalies en sachant que Léopold est un aspirateur.

L'Aspirateur

Le Monsieur
Voilà docteur, depuis une semaine Léopold n'avale plus rien. (didascalie : ....
....
....)

Le Docteur
Même pas une miette ? (didascalie : ....
....
....)

Le Monsieur
Non docteur, pas une miette. (didascalie : ....
....
....)

Le Docteur
Eh bien, je vais l'ausculter. (didascalie : ....
....
....)
Je pense qu'il va falloir ouvrir. (didascalie : ....
....
....)

Le Monsieur
Est-ce bien nécessaire ? (didascalie : ....
....
....)

Le Docteur
Il le faut. (didascalie : ....
....
....)

d'après Le Fil à retordre (C. Bourgeyx, Nathan)

Bravo ! Maintenant, tu sais lire une scène de théâtre.

Corrigés p. 17 GUIDE PARENTS

Lecture

6 Lire et écrire la poésie

Pour comprendre

Sur le pavé lustré
De la cour de récré
Mon nez fut écorché
Pour cause d'un croche-pied
De ce sacré lascar,
Qui passait… par hasard
Curieux car ce n'est pas
Du tout la première fois !

Maîtresse, je n'ai rien fait
On m'accuse toujours,
Mais ce n'est jamais vrai !
Et si les enfants courent
Et que j'ai de grands pieds
Ce n'est pas de ma faute
Seulement celle des autres
S'ils viennent s'y accrocher !

Savoir

- **La poésie est un langage particulier.** Elle joue :
  – avec les **mots** ; *__Mardi__, dans la __mare__ d'Isidore, je chercherai de l'or ;*
  – avec les **sonorités** ; *Mardi, dans la mare d'Isid__ore__, je chercherai de l'__or__ ;*
  – avec les **rythmes**. */dans la mare d'Isidore/* (6 syllabes)
  /je chercherai de l'or/ (6 syllabes)

Un texte qui n'est pas en vers est en prose.

- **Quelques définitions :**
  – Les lignes s'appellent des **vers**.
  – Les syllabes s'appellent des **pieds**. Un vers de douze pieds est un **alexandrin**.
  – Les paragraphes s'appellent des **strophes**. Une strophe de quatre vers est un **quatrain**.
  – Souvent les vers finissent par les mêmes sons : ce sont des **rimes**.

Savoir faire

Écrire une poésie en vers

- **Prends modèle** sur une autre poésie qui va te donner un cadre, un rythme, un style.
- **Choisis un thème**. Puis collecte une série de jolis mots en rapport avec le sujet.
- **Rédige un premier vers** et compte le nombre de pieds.
- Ensuite, cherche à écrire tous les vers avec ce **même nombre de pieds**.
- **Si tu veux faire rimer les vers, liste des mots qui riment** avec ceux que tu avais collectés autour de ton thème.
- **Place ces mots à la fin** des vers de manière régulière.

Infos parents

- **Il importe que votre enfant ait compris que la poésie propose une approche esthétique** et sensible de la langue, imagée, musicale et rythmique. On ne cherchera donc pas toujours à décortiquer le sens d'un poème.
- **Il importe également qu'il ait pratiqué ce langage** en osant composer ses propres poèmes, à partir de textes supports ou de jeux poétiques.

S'entraîner

1 * Trouve un mot qui rime avec ces mots.

a. Oiseau : ....
b. Plumage : ....
c. Vitrée : ....
d. Matin : ....
e. Charmante : ....
f. Mer : ....

2 ** Compte le nombre de pieds de ces vers. Souligne les alexandrins.

a. Par les loups voyageurs que nous avions traqués. ☐
(*La Mort du loup*, Vigny)

b. Ô bruit doux de la pluie ☐
(*Il pleure dans mon cœur*, Verlaine)

c. Cela fut sitôt fait qu'à peine ils le sentirent ☐
(*Les Loups et les Brebis*, La Fontaine)

d. Il pleut, il pleut, bergère ! sur le fleuve... ☐
(*Dimanche*, Laforgue)

e. Il était un grand mur blanc – nu, nu, nu ☐
(*Le Hareng saur*, Cros)

f. Le bonheur passait, – il a fui ! ☐
(*Une allée du Luxembourg*, Nerval)

g. Je m'en allais, les poings dans mes poches crevées ☐
(*Ma bohème*, Rimbaud)

3 ** Complète ces vers en tenant compte du sens, du nombre de pieds et des rimes.

passé – glacé – paroles – morts – vieux – deux

Dans le vieux parc solitaire et ....
.... formes ont tout à l'heure passé.
Leurs yeux sont .... et leurs lèvres sont molles.
Et l'on entend à peine leurs ....
Dans le .... parc solitaire et glacé, Deux spectres ont évoqué le ....

(*Colloque sentimental*, Verlaine)

4 * À ton tour, écris des alexandrins.**

Exemple : j'ai / un / pote / fan / tôme / qui / vient / des / cô / tes /d'É / cosse.

Il est moche et trop gros ....
....
Il n'a ni corps ni os mais ....
....
Une moto en or, ...
....
Un vélo ....
....

5 * Continue la poésie à la manière de Charles Cros en en respectant le rythme.**

Il était un grand mur blanc – nu, nu, nu,
Contre le mur une échelle – haute, haute, haute,
Et, par terre, un hareng saur – sec, sec, sec.

Il vient, tenant dans ses mains – ....
Un marteau lourd, un grand clou – ....
Un peloton de ficelle – ....

Alors il monte à l'échelle – ....
Et plante le clou pointu – ....
Tout en haut du grand mur nu – ....

EXO DÉFI **Voici un acrostiche. Sur le même principe que celui-ci où se lit le mot SOLEIL, écris-en un pour le mot LUNE.**

Sans brumes à l'entour
Osant percer le ciel
L'astre rondeur de vie
Encreur de nos envies
Immense danseur de miel
Luit comme au premier jour.

Corrigés p. 17 GUIDE PARENTS

Bravo ! Maintenant, tu connais les règles de la poésie.

7

Vocabulaire

Les familles de mots

Pour comprendre

Savoir

Le préfixe précède le radical.

Le suffixe prolonge le radical.

- Les mots appartiennent souvent à **une famille de mots.**
- Tous les mots d'une même famille ont un **petit morceau commun** qu'on appelle **le radical.**

***lait**, **lait**age, **lait**ier, **lait**erie, al**lait**er*

Les mots d'une même famille sont **dérivés** d'un même mot : ils sont tous **reliés par leur sens.**

lait, laitage, laitier, laiterie, allaiter ont tous un rapport avec le ***lait***.

Attention ! Certains mots peuvent se ressembler mais ne pas appartenir à la même famille : ***lait*** et ***laitue***.

Savoir faire

Vérifier qu'un mot appartient à une famille

- Trouve le radical commun à ces mots :

terr- est le radical de *terre, terrain, atterrir, terrier*...

- Assure-toi que tous ces mots sont **reliés par leur sens** :

les mots formés avec le radical *terr-* ont tous un rapport avec *la terre*.

Infos parents

- **Les familles de mots sont des outils pour l'orthographe et le sens** des mots. Il est important que votre enfant parvienne à les identifier. Ainsi, il sait qu'il faut 2 « r » à *atterrir*, *terrain* et *terrier*, car ils sont dérivés d'un mot simple qu'il sait écrire sans erreur depuis longtemps : *terre*. Il peut deviner le sens du mot *vivace*, s'il le rapproche de *vie*, *vivant*, *vivre*, *vital*…
- **Votre enfant parviendra à mieux déterminer les familles de mots** s'il connaît bien les préfixes et les suffixes. Le *préfixe en-* signifie « dans ». Donc *enterrer* signifie « mettre dans la terre ».

S'entraîner

1 * Entoure la bonne orthographe pour chaque mot proposé.

a. Famille de *terre* : territoire – teritoire
b. Famille de *vaincre* : vinqueur – vainqueur
c. Famille de *offre* : offrande – ofrande
d. Famille de *temps* : tamporiser – temporiser
e. Famille de *rang* : déranger – dérenger

2 * Relis les mots à gauche avec celui qui a servi à les former à droite.

famine ▪	
affamer ▪	
finir ▪	▪ fin
finaliser ▪	
enfin ▪	▪ faim
famélique ▪	
infini ▪	

3 * Trouve le mot commun.

a. grandir – grandeur – agrandir – grandiose

....

b. éclair – clairvoyant – éclairer – clairement

....

4 ** Sans l'aide du dictionnaire, propose le sens de chaque mot. Aide-toi du radical, du préfixe ou du suffixe et des exemples.

Que signifie *enfourner* ?
a. (*Exemple : enfermer, encercler...*)

....

Que signifie *redorer* ?
b. (*Exemple : revenir, recommencer...*)

....

Que signifie *fillette* ?
c. (*Exemple : poulette, chaînette...*)

....

5 ** Comme dans l'exemple, trouve le mot commun, puis le radical de ces mots.

Exemple : terrien, terroir, Terre, atterrir
mot commun : *terre* – radical : *terr-*

a. *encarter – cartographe – carte – carton*
mot commun : ....
radical : ....

b. *ensabler – sablier – sable – sablonneux*
mot commun : ....
radical : ....

c. *vinaigre – vinification – vin – vinaigrette*
mot commun : ....
radical : ....

6 * Barre l'intrus de chaque liste en t'aidant du sens des mots.**

a. vert – verdure – vertige – verdoyant
b. vivre – vivant – vitre – vitalité – vif
c. vol – envol – survol – volatile – volonté
d. réalité – réel – réaliste – réélire

EXO DÉFI Complète ces phrases avec des mots de la famille de *saut*.

a. La .... est un insecte qui se déplace par grands sauts.
b. Les pommes de terre .... à la poêle sont bien grillées.
c. .... c'est faire plein de petits sauts.
d. Jouer à ...., c'est sauter les uns par-dessus les autres.
e. Le .... en hauteur est l'athlète qui doit franchir des barres.
f. Ce bruit lui a fait peur, il a .... sur sa chaise.

Bravo ! Maintenant, tu sais reconnaître les mots de la même famille.

Corrigés p. 18 GUIDE PARENTS

8 Vocabulaire

Le dictionnaire

Pour comprendre

Savoir

- Le dictionnaire est organisé : **les mots sont classés par ordre alphabétique.**
- **Le dictionnaire est un outil** qui a plusieurs fonctions :
  – on s'en sert pour connaître les **différents sens** d'un mot,
  – on s'en sert pour vérifier l'**orthographe** d'un mot (comment il s'écrit),
  – on s'en sert pour connaître la **nature** d'un mot (nom, verbe, adjectif, déterminant…) et son **genre** (féminin ou masculin).

Attention ! Le dictionnaire emploie des abréviations :
n. signifie nom ; **v.** : verbe ; **m** : masculin ; **syn.** : synonyme ; **1.** correspond au premier sens du mot et **2.** à un second sens. Les mots *en italique* sont des exemples.

Il existe également des dictionnaires de synonymes.

Savoir faire

Trouver un mot dans le dictionnaire

- **Regarde les premières lettres du mot** que tu cherches. Ex. : ***chapeau***
- **Pour commencer**, reporte-toi aux pages du **C** de ton dictionnaire.
Aide-toi du **mot repère** en haut de la page.
- **Dans ces pages**, cherche les mots en **CH** à l'aide du mot repère en haut de la page.
- **Cherche ensuite** les mots en **CHA** et ainsi de suite…

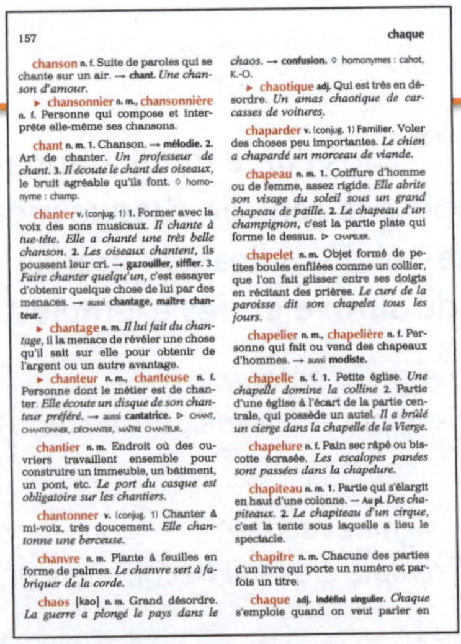

157 **chaque**

chanson n. f. Suite de paroles qui se chante sur un air. → **chant.** *Une chanson d'amour.*

▸ **chansonnier** n. m., **chansonnière** n. f. Personne qui compose et interprète elle-même ses chansons.

chant n. m. 1. Chanson. → **mélodie.** 2. Art de chanter. *Un professeur de chant.* 3. *Il écoute le chant des oiseaux,* le bruit agréable qu'ils font. ◇ homonyme : champ.

chanter v. (conjug. 1) 1. Former avec la voix des sons musicaux. *Il chante à tue-tête. Elle a chanté une très belle chanson.* 2. *Les oiseaux chantent,* ils poussent leur cri. → **gazouiller, siffler.** 3. *Faire chanter quelqu'un,* c'est essayer d'obtenir quelque chose de lui par des menaces. → aussi **chantage, maître chanteur.**

▸ **chantage** n. m. *Il lui fait du chantage,* il la menace de révéler une chose qu'il sait sur elle pour obtenir de l'argent ou un autre avantage.

▸ **chanteur** n. m., **chanteuse** n. f. Personne dont le métier est de chanter. *Elle écoute un disque de son chanteur préféré.* → aussi **cantatrice.** ▷ CHANT, CHANTONNER, DÉCHANTER, MAÎTRE CHANTEUR.

chantier n. m. Endroit où des ouvriers travaillent ensemble pour construire un immeuble, un bâtiment, un pont, etc. *Le port du casque est obligatoire sur les chantiers.*

chantonner v. (conjug. 1) Chanter à mi-voix, très doucement. *Elle chantonne une berceuse.*

chanvre n. m. Plante à feuilles en forme de palmes. *Le chanvre sert à fabriquer de la corde.*

chaos [kao] n. m. Grand désordre. *La guerre a plongé le pays dans le chaos.* → **confusion.** ◇ homonymes : cahot, K.-O.

▸ **chaotique** adj. Qui est très en désordre. *Un amas chaotique de carcasses de voitures.*

chaparder v. (conjug. 1) Familier. Voler des choses peu importantes. *Le chien a chapardé un morceau de viande.*

chapeau n. m. 1. Coiffure d'homme ou de femme, assez rigide. *Elle abrite son visage du soleil sous un grand chapeau de paille.* 2. *Le chapeau d'un champignon,* c'est la partie plate qui forme le dessus. ▷ CHAPELIER.

chapelet n. m. Objet formé de petites boules enfilées comme un collier, que l'on fait glisser entre ses doigts en récitant des prières. *Le curé de la paroisse dit son chapelet tous les jours.*

chapelier n. m., **chapelière** n. f. Personne qui fait ou vend des chapeaux d'hommes. → aussi **modiste.**

chapelle n. f. 1. Petite église. *Une chapelle domine la colline* 2. Partie d'une église à l'écart de la partie centrale, qui possède un autel. *Il a brûlé un cierge dans la chapelle de la Vierge.*

chapelure n. f. Pain sec râpé ou biscotte écrasée. *Les escalopes panées sont passées dans la chapelure.*

chapiteau n. m. 1. Partie qui s'élargit en haut d'une colonne. — Au pl. *Des chapiteaux.* 2. *Le chapiteau d'un cirque,* c'est la tente sous laquelle a lieu le spectacle.

chapitre n. m. Chacune des parties d'un livre qui porte un numéro et parfois un titre.

chaque adj. indéfini singulier. *Chaque* s'emploie quand on veut parler en

Infos parents

- **Le dictionnaire va devenir un outil quotidien** de votre enfant.
Son maître lui demandera d'y chercher des mots. Souvent aussi, l'élève devra prendre l'initiative de s'en servir, seul, quand un mot lui posera problème dans de nombreuses situations de classe.
- **Tous les dictionnaires n'apportent pas les mêmes informations** ni les mêmes stratégies d'aide. Choisissez pour lui un dictionnaire simple, de son âge : 9/12 ans.

S'entraîner

1 * Coche pour indiquer entre quels mots se situe le mot bleu dans le dictionnaire.

a. porte

bonbon ☐ côté ☐ matin ☐ sortie ☐ tapis

b. orée

lourd ☐ nord ☐ oser ☐ port ☐ route

c. bûche

banc ☐ bis ☐ bouche ☐ bulle ☐ butin

2 * En cherchant dans le dictionnaire, indique le genre de chacun de ces mots.

Écris ***m*** pour masculin ; ***f*** pour féminin.

pétale :	interview : ....
aspirine :	isthme : ....
gageure :	aléas : ....

3 ** Dans ton dictionnaire, trouve deux sens différents au verbe *ordonner*. Écris une phrase pour chaque sens.

....

....

....

....

....

....

4 ** Place chaque mot dans sa phrase en t'aidant du dictionnaire.

bourbier – cheptel – flageolet – chenet

a. Il produisait une jolie mélodie à l'aide de son ....

b. Les deux .... tenaient une lourde bûche.

c. Il possédait un .... de trente vaches.

d. Mais comment sortir de ce .... ?

5 ** Entoure les mots qui, dans l'ordre alphabétique, se trouvent entre *voici* et *voisin*. Tu peux vérifier avec ton dictionnaire.

voilier – vent – voir – ville – voiture – voie – volcan – voix

6 ** Barre l'intrus de chaque liste.

a. fucus – laminaire – palan – goémon – varech

b. fifre – sitar – piccolo – crocus – violon – hautbois

7 * Écris les verbes soulignés sous la forme où tu les trouves dans un dictionnaire.**

a. Tu viens jouer avec moi ?

....

b. Euh, je crois que je vais d'abord aller lire.

....

....

c. Alors j'appelle Marguerite pour qu'elle vienne à la maison si elle en a envie.

....

EXO DÉFI À l'aide de ton dictionnaire, réécris la phrase en remplaçant les mots soulignés par des synonymes du langage courant.

Non, car tantôt, je baguenaude avec mon acolyte Octave à l'orée de la futaie.

....

....

....

....

....

Bravo ! Maintenant, tu sais te servir du dictionnaire.

Corrigés p. 18 GUIDE PARENTS

9 Vocabulaire

Synonymes, homonymes, paronymes

Pour comprendre

Savoir

Un antonyme est un mot de sens contraire.

- **Des synonymes** sont des mots qui ont à peu près le **même sens.**
On peut généralement les remplacer l'un par l'autre : *maigre / mince.*
- **Des homonymes** sont des mots qui se prononcent de la même façon : *verre / vert.*
- **Des paronymes** sont des mots qui s'écrivent ou se prononcent presque de la même façon : *évasion / invasion.*

Savoir faire

Utiliser le bon mot

- **Utiliser des synonymes** t'**évite de répéter** plusieurs fois le même mot dans un texte. Attention, les synonymes n'ont pas toujours exactement le même sens. Tu ne peux pas forcément remplacer l'un par l'autre.
Maigre ne peut pas toujours être remplacé par *mince*. *Mince* peut vouloir dire « jolie comme un modèle ». *Maigre* veut dire « trop mince ».
- **Les** homonymes **peuvent te faire faire des fautes d'orthographe puisqu'ils se prononcent de la même manière.** Par prudence, utilise ton dictionnaire pour vérifier le sens des mots que tu emploies : *une tente de camping / ma tante.*
- **Les** paronymes **se ressemblent** et tu risques de les confondre ! Exemple : *allocution* (discours) et *allocation* (somme d'argent distribuée pour une aide).
Quand tu as un doute, prends le temps de relire le mot ou utilise ton dictionnaire.

Infos parents

- **Les homonymes posent des pièges à l'écrit.** Si ce sont des mots connus, votre enfant doit les reconnaître grâce à leur sens (*il a 8 ans, il va à l'école*).
- **Les paronymes que votre enfant connaît bien** (*matin / marin*) ne peuvent le gêner que lorsqu'il lit trop vite. **Les difficultés viennent des mots rares** : il y a alors risque de faire des associations d'idées qui détournent du sens de la phrase (*illusion* et *allusion*).

S'entraîner

1 * Choisis un synonyme dans cette liste.

gobelet – cristal – émeraude – phrases – larves

Écoute mes jolis **vers**

....

Vers midi, au travers d'un petit **verre** de **verre**,

....

J'observais des **vers verts**.

....

2 * Écris le synonyme le plus adapté.

autoroute – avenue – allée – chemin

a. Les Champs-Élysées sont la plus belle .... du monde.

b. En voiture, j'emprunte l' ...., parce que je peux y rouler plus vite.

c. Au bout de ce ...., on trouve des mûres et des noisettes.

d. Cette .... bordée d'arbres demeurait ma promenade favorite.

3 ** Relie les synonymes entre eux.

tourner ▪	▪ virer
brûler ▪	▪ réduire
penser ▪	▪ achever
résumer ▪	▪ consumer
terminer ▪	▪ blâmer
critiquer ▪	▪ cogiter

4 * Barre l'intrus.

a. gondole – embarcation – bateau – demeure

b. voie – route – chemin – vélo – allée

c. quenotte – bobine – dent – canine – croc

d. mauve – violet – lilas – jaune – pourpre

e. bord – orée – rivage – côté – centre

5 ** Écris ces homonymes au bon endroit.

a. *laid – lait*
Il est ...., pâle comme du ....

b. *trait – très*
Trace un .... grand ....

c. *leur – l'heure*
Quatre heures est .... de .... rendez-vous.

6 *** Écris le bon homonyme dans chaque phrase.

vain – vingt – vin – vint

a. Ce jour-là, il .... enfin à notre rencontre.

b. Avec son fromage, il prenait toujours un verre de ....

c. Tout effort fut ...., car la défaite était certaine.

d. J'ai eu la meilleure note : .... !

EXO DÉFI Choisis le mot qui correspond à la phrase. Tu peux utiliser ton dictionnaire.

a. *fertile – festive*
On s'est drôlement bien amusé lors de cette soirée ....

b. *rustique – caustique*
Ce vieux meuble .... avait de l'allure.

c. *imminent – éminent*
C'est un .... professeur d'une université anglaise.

d. *incident – accident*
Un .... diplomatique a tendu les rapports entre ces deux pays.

Bravo ! Maintenant, tu sais reconnaître les synonymes, les homonymes et les paronymes.

Corrigés p. 19 GUIDE PARENTS

Vocabulaire

10 Les niveaux de langue

Pour comprendre

Savoir

▪ **Le registre de langue qualifie la manière dont on s'exprime.**
Selon la personne à qui on s'adresse, on ne parle pas de la même manière, on n'utilise pas les mêmes mots.
Les registres de langue sont au nombre de trois : **familier**, **courant**, **soutenu**.

▪ **Avec des copains**, on utilise souvent des expressions et des mots familiers.
C'est le **registre familier**. *Trop nulle, la bagnole à Jeannot !*

▪ **Avec des adultes**, on utilise souvent des mots ordinaires et des phrases simples.
C'est le **registre courant**. *Quelle belle voiture !*

▪ **Des adultes entre eux**, qui se connaissent peu, utilisent des mots très polis et des phrases complexes.
C'est le **registre soutenu**. *Très chère amie, votre automobile est admirable.*

On parle de niveau de langue ou de registre de langue.

Savoir faire

Reconnaître un registre de langue

▪ **Si tu repères des mots de la rue**, des gros mots, des diminutifs, des fautes de français…, tu es face à un texte du **registre familier**.

▪ **Si la phrase te paraît simple et correcte**, tu es face à un texte du **registre courant**.

▪ **Si tu repères des mots peu employés à l'oral** et dont le sens ne t'est pas bien connu, des formules de politesse, des longues phrases…, tu es face à un texte du **registre soutenu**.

Infos parents

▪ **Le plus important est de savoir repérer le registre** qui correspond à chaque situation. **On croise le registre familier** dans nos lectures personnelles (mails, SMS, blog…), mais aussi dans des romans qui, prenant le point de vue des personnages, adoptent leur langage. **On croise le registre soutenu** dans des lectures de romans classiques et dans les poésies.
Le registre courant est le mieux maîtrisé. C'est la langue de l'école, des documentaires et des manuels, de la relation de votre enfant aux adultes.

S'entraîner

1 * Entoure celui qui parle : l'enfant, le vieux monsieur ou le professeur, et indique le registre de langue : F, C ou S.

a. Étrange situation ce matin. Devant moi, un brave homme chute sur un panneau signalétique. Alors que j'accours pour l'aider, il se redresse, puis se tourne vers le fameux panneau. On pouvait y lire « Attention, danger ». Quel dommage qu'il ne l'ait pas lu plus tôt ! Pour sûr, ça lui aurait évité ce désagrément.

Registre : ....

b. Ce matin, j'ai été témoin d'une scène qui doit nous faire réfléchir. Un monsieur s'est cogné contre un panneau. Après s'être relevé, il a lu le panneau : « Attention danger ». S'il avait été plus prudent, ça ne serait pas arrivé !

Registre : ....

c. Ce matin, trop drôle, un type a foncé tête la première dans un panneau. Il se relève et lit le truc. C'était marqué « Attention danger ». Tu m'étonnes !!

Registre : ....

2 ** Indique F, C ou S pour chacun de ces synonymes de registres différents.

mec : ...... garçon : ...... jouvenceau : ......
logement : ...... demeure : ...... appart : ......
estimable : ...... top : ...... bien : ......

3 * Propose des synonymes à ces mots.**

Familier	Courant	Soutenu
		nourrisson
truc		
		cinématographe
	ami	
chouette !		
		gardien de la paix

EXO DÉFI Réécris ces phrases en langage courant.

a. Trop veinard Octave, d'avoir des parents cool.

....

....

b. Tranquille, je grignote mon casse-dalle en attendant mon prof de foot.

....

....

....

Bravo ! Maintenant, tu sais reconnaître les niveaux de langue.

Corrigés p. 19 GUIDE PARENTS

11

Orthographe

L'accord du verbe avec son sujet

Pour comprendre

Savoir

- **Le sujet est la personne, l'animal ou la chose :**
  – **qui fait l'action** indiquée par le verbe ;
  Les hirondelles volent.
  – **qui est dans l'état** indiqué par le verbe.
  Les hirondelles semblent joyeuses.
- **Le verbe s'accorde avec son sujet.**

La terminaison du verbe varie selon son sujet.
*Le chamois bondi**t** / Les chamois bondi**ssent**.*

Savoir faire

Accorder le verbe

- **Trouve le sujet** en posant la question **« qui fait l'action ? »**.
  Simon aime marcher dans la neige. « Qui est-ce qui aime marcher ? » → Simon.

Le sujet est généralement placé avant le verbe.
Parfois, il est placé après le verbe et c'est plus difficile de l'identifier.
*Lorsque tombe **la neige**, Léo sort sa luge.* « Qu'est-ce qui tombe ? » → la neige.

- **Lorsque le sujet est au singulier**, le verbe est au singulier.
- **Lorsque le sujet est au pluriel**, le verbe est au pluriel.

Plusieurs sujets au singulier valent un sujet au pluriel.
*Un garçon et une fille dans**ent**.*

- **Plusieurs verbes peuvent avoir le même sujet.**

Tous les verbes s'accordent alors avec ce même sujet.
*Ces oiseaux vol**ent**, sautill**ent** et chant**ent**.*

Infos parents

- **L'accord sujet-verbe doit être maîtrisé.** Cela fait partie des compétences de base avant l'entrée au collège.

S'entraîner

1 * Dans chaque phrase, souligne le verbe conjugué et encadre son sujet.

a. Mon oncle vit dans un village de Bretagne.

b. Les maisons renferment d'adorables petits jardins fleuris.

c. On retrouve dans les cartables des écoliers, des crêpes faites à la maison qui servent de goûter.

d. Pourquoi les mouettes font-elles autant de bruit ?

e. Les vacanciers arrivent et descendent du train sur le quai n° 3.

2 ** Conjugue au présent en accordant le verbe avec son sujet.

a. L'orage *(gonfler)* .... les torrents de montagne.

b. Des vagues gigantesques *(surprendre)* .... les marins.

c. Vous *(ramer)* .... pour atteindre le bord avec votre canot.

d. Les demoiselles *(pédaler)* .... face au vent du soir.

3 ** Écris ces phrases au pluriel.

a. L'arbre déploie ses branches au-dessus de la maison. ....
....

b. Cesse de regarder la falaise, elle ne va pas s'envoler. ....
....

c. Derrière cette petite église se trouve une ferme. ....
....

d. À côté de la mairie du village, un enfant attend ses parents. ....
....

4 ** Invente des sujets à ces phrases.

a. .... lui offrez des crêpes au beurre salé.

b. .... et .... achetons des vêtements de pluie.

c. Toutes les semaines, ... livre son poisson dans ce restaurant.

d. En pleine nuit, ... font peur aux enfants.

5 * Trouve des verbes à ces phrases.**

a. Le voilier .... les bateaux trop lents.

b. Le facteur .... les lettres et les colis à vélo.

c. Dans la salle de musique, les groupes folkloriques .... des chansons bretonnes.

d. Dans cette rue, les magasins .... des poteries artisanales.

EXO DÉFI **Réduis au minimum les groupes sujets soulignés en barrant les mots non indispensables.**

a. Les grands oiseaux blancs qui volent haut dans le ciel parcourent des milliers de kilomètres.

b. Les vagues du matin qui frappent la jetée recouvrent les rochers.

c. Les écoliers de la classe du village attendent la visite d'une autre classe de la ville.

d. Des produits frais typiquement locaux sont vendus chaque samedi au marché du village.

e. La fromagerie la plus réputée vous fera déguster ses spécialités.

Bravo ! Maintenant, tu sais accorder les verbes.

Corrigés p. 19 GUIDE PARENTS

12

Orthographe

L'accord des adjectifs qualificatifs

Pour comprendre

Savoir

- **Les adjectifs qualificatifs donnent des informations**, des précisions sur le nom.
  *Un jardin ➜ un **beau** jardin ➜ un **beau** jardin **resplendissant**.*
- **L'adjectif qualificatif s'accorde en genre et en nombre avec le nom auquel il se rapporte.**
  Une salade verte (féminin, singulier) ➜ ***des salades vertes*** (féminin, pluriel).
- **Fonctions de l'adjectif qualificatif :**
  – Lorsqu'il fait partie du groupe nominal, l'adjectif qualificatif est placé avant ou après le nom auquel il est lié. Il est alors **épithète**. *La **superbe** fleur.*
  – Lorsque l'adjectif qualificatif est séparé du nom par un verbe, il est **attribut** du sujet. ***Ce rosier** est devenu **grand**.*

Savoir faire

Accorder un adjectif qualificatif

- **Au féminin, tu dois ajouter un e** à la fin de l'adjectif pour le mettre au féminin.
  Un petit arbre ➜ une petite fleur.

Attention ! Il faut ajouter des consonnes à l'adjectif au masculin pour le mettre au féminin. *bon ➜ bon**ne** – naturel ➜ naturel**le**.*

- **Au pluriel, tu dois ajouter un *s*** à la fin de l'adjectif pour le mettre au pluriel.
- **Si un adjectif qualifie plusieurs noms**, tu dois le mettre au **pluriel**.
  *Une veste **et** une écharpe gris**es**.*
- **Si un adjectif qualifie deux noms**, l'un au masculin et l'autre au féminin, tu dois l'écrire au masculin **pluriel**.
  *Une veste **et** un pantalon **blancs**.*

Infos parents

- **Aidez votre enfant à être vigilant**, surtout lorsque l'adjectif qualifie plusieurs noms.

S'entraîner

1 * Encadre les adjectifs qualificatifs contenus dans ces phrases.

a. Un cycliste attentif traverse la grande place de la ville.

b. Son vélo de course possède des roues pleines.

c. Son maillot jaune n'est pas celui du fameux Tour de France.

d. Sa fière allure fait croire à un coureur professionnel.

2 * Complète chaque nom ou groupe nominal avec un adjectif qualificatif.

a. Des rollers ....

b. Une raquette ....

c. Un guidon ....

d. Une .... chute.

e. Un arbitre ....

f. Un ballon ....

3 ** Propose un groupe nominal pour chaque adjectif.

Drôle ....

Heureux ....

Multicolores ....

Chatouilleux ....

Douce ....

Paresseux ....

Biscornu ....

Cuites ....

4 ** Trouve le masculin puis le masculin pluriel des adjectifs suivants.

a. Endormie ....

b. Belle ....

c. Répandue ....

d. Prêteuse ....

e. Bonne ....

f. Craintive ....

g. Familière ....

5 * Écris ces phrases au pluriel.**

a. Une grande piste cyclable entoure le quartier.

....

....

b. La route goudronnée est très agréable.

....

....

c. Un groupe fait du vélo à trois roues.

....

....

d. La vitesse atteinte peut être phénoménale.

....

....

e. Le premier arrivé montre une grande joie.

....

....

EXO DÉFI Relie pour former des groupes nominaux qui ont du sens.

Une armoire •	• humide
Cette maison •	• sauvages
La forêt •	• marron
Les branches •	• épaisse
Un jardin •	• éloignée
Ses poulains •	• basses

Bravo ! Maintenant, tu sais accorder les adjectifs qualificatifs.

Corrigés p. 19 GUIDE PARENTS

13

Orthographe

L'accord du participe passé

Pour comprendre

Savoir

▪ **Le participe passé employé avec l'auxiliaire *être* s'accorde** en genre et en nombre avec le **sujet**.

*Ils **sont** partis rapidement. Elle **est** arrivée en courant.*

▪ **Le participe passé employé avec *avoir* ne s'accorde pas avec le sujet.**

*Elle **a** vu.*

Il s'accorde avec **le complément d'objet direct (COD)** quand celui-ci est placé avant le verbe.

*Les fruits qu'elle **a** vus.*

▪ **Le participe passé employé comme adjectif s'accorde** comme un adjectif ordinaire.

La maison fermée – Fatiguées d'avoir couru, elles s'endormirent.

Voir la conjugaison de *être* et *avoir* p. 46 des Corrigés.

Savoir faire

Écrire la terminaison du participe passé

▪ **Fais attention au groupe du verbe pour trouver le participe passé.**

Les terminaisons sont différentes :

– en *-é* pour les verbes du 1er groupe → *J'ai marché.*
– en *-i* pour ceux du 2e groupe → *Nous avons fini.*
– de multiples façons pour le 3e groupe, en fonction de l'infinitif.

Elles ont perdu. Nous avons peint. J'ai ouvert. Il m'a plu. Elle a cueilli.

▪ **Dans un temps composé, tu dois regarder le participe passé** pour savoir quel est le verbe conjugué.

Dans « Je suis venue », le verbe conjugué est *venir* (et non pas *être*).

Infos parents

▪ **Le mode participe comporte deux temps** : le participe présent (*mangeant*) et le participe passé (*mangé*).

▪ **Le participe passé s'accorde dans le cas** où il est utilisé **avec l'auxiliaire *être* ou avec un verbe d'état** (*paraître, sembler, demeurer, rester, devenir*, etc.).

S'entraîner

1 * Trouve les participes passés des verbes suivants. Indique le groupe.

partir ....
laver ....
prendre ....
tenir ....
recevoir ....

2 ** Donne l'infinitif de ces verbes et indique leur groupe.

a. Il a remis.
....
b. Nous sommes tombés.
....
c. Elle est descendue.
....
d. Vous avez entrepris.
....
e. Elles ont promis.
....

3 ** Complète les participes passés.

Vous avez termin........ votre exposition. Ils avaient travaill........ toute la nuit pour qu'elle soit prête. Les transporteurs ont apport........ de grandes caisses pleines de tableaux. Les gardiens ont suspend........ les œuvres au mur.

4 ** Accorde les participes passés employés avec l'auxiliaire *être*.

a. Les jeunes filles sont all......... visiter le musée.
b. Elles étaient ravi......... de leur visite. Elles sont décid......... à voir d'autres salles.
c. Les œuvres exposées sont très protég......... .
d. *La Joconde* est surveill......... en permanence.

5 * Écris le participe passé qui convient.**

a. Plus de cinq cents toiles sont *(exposer)* .... dans le musée.
b. Beaucoup ont été *(envoyer)* .... par d'autres musées. Les cadres ont été totalement *(changer)* ....
c. Les visiteurs ont *(trouver)* .... que le musée était bien *(entretenir)* ....
d. La salle de projection est bien *(équiper)* ....

6 * Écris au passé composé.**

a. 3e personne du singulier – verbe *partir* :
Elle .... à la campagne.
b. 2e personne du singulier – verbe *prendre* :
.... ton bain.
c. 1re personne du singulier – verbe *attraper* :
.... froid.
d. 3e personne du pluriel – verbe *découvrir* :
.... un nouvel itinéraire pour aller au centre-ville.
e. 1re personne du pluriel – verbe *descendre* :
.... à la station.

EXO DÉFI Accorde le participe passé.

a. Tu as exposé les œuvres. → Tu les as ....
b. Vous avez choisi les tableaux les plus lumineux. → Vous les avez ....
c. Nous avons placé *La Joconde* en lieu sûr. → Nous l'avons ....
d. Les responsables techniques ont branché l'alarme. → Ils l'ont ....

Bravo ! Maintenant, tu sais accorder les paticipes passés.

Corrigés p. 19 GUIDE PARENTS

14

Orthographe

Les homophones

Pour comprendre

Savoir

- **Les homophones sont des mots qui se prononcent de la même manière** mais qui ne s'écrivent pas de la même façon.
- **Parmi les homophones courants**, on trouve :
  si/s'y – ni/n'y – sans/s'en – qu'elle/quel ou quelle – quand/quant.

Savoir faire

Trouver la bonne orthographe

- **Pour distinguer *si* et *s'y***, mets la phrase à la 1re personne du singulier.
  *Il **s'y** croit déjà.* ➜ *Je **m'y** crois.* (***s'y*** devient ***m'y***)
  Si** tu veux acheter ce CD.* ➜ ***Si** je veux bien acheter ce jus de fruit.* (si*** ne varie pas)
- **Pour distinguer *ni* et *n'y***, mets la phrase à la forme affirmative.
  *Ils **n'y** sont jamais retournés. Ils **y** sont retournés.* (***n'y*** devient ***y***)
  Ni** toi **ni** moi ne rions.* ➜ *Toi **et** moi ne rions pas.* (ni*** devient ***et*** = ni l'un ni l'autre)
- **Pour distinguer *sans* et *s'en***, mets la phrase à la 1re personne du singulier.
  *Il **s'en** va **sans** se retourner.* ➜ *Je **m'en** vais **sans** me retourner.* (***s'en*** devient ***m'en***, alors que ***sans*** ne change pas)
- **Pour distinguer *qu'elle* et *quel* (ou *quelle*)**, mets la phrase au masculin. Si la phrase se transforme avec ***qu'il***, il s'agit du pronom personnel ***elle*** précédé de la conjonction ***que*** (ou ***qu'***).
  *Dès **qu'elle** sera partie.* ➜ *Dès **qu'il** sera parti.*
  Sinon, c'est l'adjectif exclamatif (ou interrogatif). ***Quelle** chaleur !*
- **Pour distinguer *quand* et *quant***, remplace le mot par ***lorsque***. Si cela a du sens, il s'agit du mot ***quand*** qui indique la notion de **temps**.
  ***Quand** tu seras prêt.* ➜ ***Lorsque** tu seras prêt.*
  Quant est toujours suivi de la préposition ***à*** (ou ***au***). Cela signifie ***en ce qui concerne***.
  ***Quant** à Louise…* ➜ ***En ce qui concerne** Louise.*

Infos parents

- **Insistez sur la nécessité de se poser la bonne question** pour trouver le bon mot. Ce principe doit devenir un automatisme, seule condition pour que l'écrit de l'élève devienne précis.

S'entraîner

1 * Complète avec *s'y* ou *si*.

a. .... Pierre va dans la forêt, dis-lui qu'il devra .... rendre de bonne heure pour y voir des êtres curieux, des fantômes et des vampires.

b. On pourrait .... croire, ... les arbres étaient effrayants.

c. .... tu penses que le fantôme .... trouvera et qu'on pourrait .... rencontrer, achète, ... tu es d'accord, du poil à gratter pour le faire fuir.

2 ** Complète avec *n'y* ou *ni*.

a. Les fantômes .... sont pas retournés car il faisait jour.

b. .... les élèves .... le maître n'ont vu les vampires venir.

c. .... toi .... moi .... sommes déjà allés.

d. Quand on a peur d'un fantôme, on .... peut rien et on ne peut se contrôler.

e. .... les tremblements .... le claquement des dents ne l'impressionnaient.

3 ** Complète avec *qu'elle(s)* ou *quel(s)/quelle(s)*.

Je suis un chat. Ma maîtresse me dit .... veut déménager car elle a peur des fantômes. .... erreur ! .... pense à partir m'énerve. Sur .... balcon j'irai me promener ? .... souris je pourrai attraper ? Sous .... lits j'irai me cacher ? Au secours ! .... panique. Mais ma maîtresse me dit .... m'aime.

4 ** Complète avec *quand* ou *quant*.

a. .... nous aurons enfin réussi à les convaincre que les fantômes et les vampires existent, nous serons satisfaits.

b. Voilà pour lui, voici pour elle. .... à toi, il faudra que tu trouves un autre drap pour devenir un nouveau fantôme.

c. .... vous aurez réussi à attraper ce vampire, soignez-le. .... au fantôme, n'hésitez pas à le chatouiller souvent. Il adore ça.

d. .... te décideras-tu enfin à sortir de ton placard ? Dis-moi .... ?

e. .... à toi, il faudra bien que tu saches .... acheter les gousses d'ail pour chasser les fantômes.

5 ** Complète avec *sans* ou *s'en*.

a. .... plaisanter, cet homme ne .... remettra pas d'avoir dormi à côté d'un vampire.

b. Les oiseaux .... vont .... regret car ils ont peur.

c. .... ses boulets trop lourds accrochés à la cheville, il pourrait .... sortir.

EXO DÉFI Complète ces phrases par des homophones que tu viens d'étudier.

a. Il .... a pas de fantôme .... drap !

b. .... le vampire dort, ... le fantôme ronfle, les humains sont .... crainte.

c. .... tu vois passer mon vampire préféré, prends-lui sa cape noir et rouge .... qu'il .... rende compte.

d. .... hésiter, il .... empare aussitôt.

e. .... l'aube se lèvera, le vampire .... ira.

Bravo ! Maintenant, tu sais reconnaître les homophones.

Corrigés p. 20 GUIDE PARENTS

Les mots invariables

Pour comprendre

Savoir

- **Un mot invariable s'écrit toujours de la même façon.** Il ne s'accorde pas.
- La langue française comprend de nombreux mots invariables qu'il faut connaître par cœur afin de ne pas hésiter lorsqu'on écrit un texte.
- **Les mots invariables sont :**
  – les **adverbes** : *beaucoup, demain, pourtant, durement, rapidement, facilement...*
  – les **prépositions** : *avec, à, de, pour, sans, sur...*
  – les **conjonctions** : *mais, ou, et, donc, or, ni, car.*
  – les **interjections** : *Oh ! Ah ! Bravo ! Stop ! ...*
  – les **noms propres** : *Lyon, La Joconde, Mozart...*

Savoir faire

Reconnaître un mot invariable

- **Transforme ta phrase au pluriel** pour voir quels sont les mots qui changent.
  Souvent *il se redresse.* ➜ ***Souvent*** *ils se redressent.*
  Le musicien joue ***tranquillement*** *un air de* ***Mozart****.*
  ➜ *Les musiciens jouent* ***tranquillement*** *des airs de* ***Mozart****.*

Le pluriel n'a pas fait varier les adverbes *souvent* et *tranquillement*, ni la préposition *de* ni le nom propre *Mozart*. Seul le reste de la phrase a pris la marque du pluriel.

- **Tu dois connaître les prépositions et les conjonctions**, qui sont des mots très courants.

Infos parents

- **Ces mots invariables de référence doivent être mémorisés** par l'élève afin de ne pas hésiter lors des productions d'écrit.
- **Il y a des mots invariables par nature**, votre enfant doit donc arriver à déterminer facilement la nature d'un mot (adjectif, adverbe...).

S'entraîner

1 * Entoure les mots invariables dans ces phrases.

a. Elle est venue en train depuis le sud de la France avec son violoncelle.

b. Les musiciens jouent souplement ce morceau de Mozart.

c. Le pianiste parcourt son clavier avec légèreté et beaucoup d'adresse.

d. Bravo ! crie le public enthousiaste. Encore une autre ! réclame-t-il avant le départ des musiciens.

e. La musique de Frédéric Chopin est particulièrement mélancolique.

2 ** Souligne les adverbes formés avec un adjectif. Indique de quel adjectif il s'agit.

lentement …………………	majestueusement …………………
souvent …………………	franchement …………………
absolument …………………	publiquement …………………
un paravent …………………	vraiment …………………

3 ** Écris l'adverbe qui correspond.

a. Jean travaille (avec précision) ………………… ………………… ce morceau de Bach.

b. Son violoncelle est manié (avec délicatesse) ………………………………… .

c. Cette fugue est (en particulier) ………………………… difficile.

d. Les notes des graves sont (avec extrême) ………………………… profondes.

e. Ce quatuor à cordes exprime (avec merveille) ………………… les sentiments de Debussy.

4 * Recopie et complète ces phrases en utilisant un ou plusieurs mots invariables.**

a. Nous allons danser.

…………………………………………………………

…………………………………………………………

b. Tu as appris des chansons.

…………………………………………………………

…………………………………………………………

c. Quel est cet instrument ?

…………………………………………………………

…………………………………………………………

EXO DÉFI Complète avec des mots invariables, correspondant à la nature demandée.

a. par des adverbes

J'écoute ………………………… de la musique.
Les disques sont ………………………… chers.

b. par des conjonctions

Je regarde des concerts à la télévision ………………… j'aime voir les chefs d'orchestre.
Les musiciens lisent la partition ………………… observent le chef.

c. par des prépositions

Tu as rencontré cet artiste ……… deux pas de chez toi.
Il a acheté cet album ……… écouter les derniers morceaux.

d. par des interjections

………………… ! indique le chef d'orchestre à la fin du morceau.
………………… ! quel superbe concert.

Bravo ! Maintenant, tu sais reconnaître les mots invariables.

Corrigés p. 20 GUIDE PARENTS

Orthographe

16 Le participe passé ou l'infinitif

Pour comprendre

Savoir

- **Le verbe s'écrit toujours au participe passé** après les auxiliaires *être* ou *avoir*. Il s'agit d'une forme verbale.
  *La petite fille **est** rentrée à l'école.*
  *Le petit garçon **a** trouvé une amie.*
- **Le verbe s'écrit toujours à l'infinitif** après les prépositions *à*, *de*, *pour*.
  *La petite fille est pressée **de** manger son gâteau.*
  *Elle a apporté du pain d'épice **pour** goûter.*
- **Lorsque deux verbes se suivent**, le second est toujours à l'infinitif.
  La petite fille espère jouer avec ses camarades de l'an passé.
  Les enfants ont vu passer un ballon de football.

Attention ! Lorsque tu écris un texte, dès que tu rencontres un verbe du 1er groupe, il faut à chaque fois te poser la question de savoir s'il s'agit du participe passé ou de l'infinitif.

Savoir faire

Faire la différence entre un participe passé et un infinitif

- **Le participe passé et l'infinitif des verbes du 1er groupe se terminent par le son [é].**

Dans la phrase, remplace le verbe par un verbe du 2e ou du 3e groupe.

*La petite fille **a** cherché ses amis.* ➜ *La petite fille a découvert ses amis.*

Découvert est le participe passé du verbe *découvrir* ➜ *cherché* est donc aussi un participe passé.

Infos parents

- **Si, en remplaçant le verbe par un verbe d'un autre groupe**, l'infinitif convient, alors il s'agit de l'infinitif en *-er*. Cette méthode de remplacement ne doit pas éviter à votre enfant d'analyser le texte et de déterminer le sujet, l'auxiliaire, le temps de la conjugaison, etc.

S'entraîner

1 * Choisis le synonyme d'un verbe du 1er groupe parmi cette liste de verbes des deux autres groupes.

peindre – dire – réfléchir – aplatir – distraire

a. parler ....

b. dessiner ....

c. repasser ....

d. penser ....

e. amuser ....

2 ** Complète par un participe passé en -é ou un infinitif en -er.

a. Le chien a déchir......... le livre que tu as emprunt......... hier.

b. La bibliothécaire va te réclam......... une petite somme pour répar......... ce livre.

c. N'oublie pas d'aller cherch......... les étiquettes qui ont été command......... par ton père.

d. Maman vient de prépar......... un gâteau, celui qui est parfum......... à la vanille.

e. Elle a appel......... Benjamin qui est arriv......... rapidement pour en dévor......... une grosse part.

3 ** Pour chaque verbe souligné, propose un autre verbe au participe passé en -é ou à l'infinitif en -er.

Exemple : Elles vont partir → elles vont rentrer.

a. Elles ont pris surtout des bandes dessinées à la bibliothèque → elles ont ....

b. Nous allons te rendre les disques → nous allons te ....

c. Ces disques ont été remis sur l'étagère par ta mère → ces disques ont été ....

d. Il va falloir mettre des étiquettes sur la couverture de ces romans → Il va falloir ....

e. Je pense me rendre au cinéma ce soir → je pense ....

4 * Construis quatre phrases avec des verbes à l'infinitif en -er.**

a. À la piscine ....

b. Aux sports d'hiver ....

c. Au théâtre ....

d. Au square ....

EXO DÉFI Construis trois phrases avec des participes passés en -é à partir de ces groupes nominaux. Tu dois utiliser les quatre accords possibles (-é, -ée, -és, -ées).

a. À l'école ....

b. Durant les vacances ....

c. Au cinéma ....

Bravo ! Maintenant, tu sais choisir entre le participe passé et l'infinitif.

Corrigés p. 20 GUIDE PARENTS

Orthographe

17 Les doublements de consonnes

Pour comprendre

Savoir

- **Pour les mots commençant par « ap »**, le « **p** » est généralement **doublé** :
*app**arent, *app**artenir, *app**areil, *app**auvrir…*

Voici les principales **exceptions** où le « **p** » n'est pas doublé :
apercevoir, apaiser, aplanir, aplatir, aparté, apathie, apéritif, apesanteur, apeurer, aphone, apiculture, aplomb, apogée, apostrophe, apothéose, âpre, apte…

- **Pour les mots commençant par « ac »**, le « **c** » est généralement **doublé** :
*acc**abler, *acc**almie, *acc**aparer…*

Voici les principales **exceptions** où le « **c** » n'est pas doublé :
acacia, académie, acajou, acolyte, acompte, acoustique, acuité…

La plupart des mots où « **ac** » est **suivi d'une consonne** n'ont qu'un « **c** » :
acné, acrobate, acteur…

Voir quelques exceptions : *acclamer, acclimater, accroc, accroître, s'accroupir…*

- **Pour les mots commençant par « af », « ef », « of »**, le « **f** » est généralement **doublé** : *aff**ranchir, *eff**icace, *off**ice…*

Voici les principales **exceptions** où le « **f** » n'est pas doublé : *afin, Afrique…*

Savoir faire

Connaître les mots avec un doublement de consonnes

- Tu dois apprendre précisément les règles d'orthographe pour ces doublements de consonnes. **Dans la majorité des cas, ces consonnes sont doublées.**
- Tu dois aussi **retenir par cœur les exceptions** en t'entraînant à les écrire de mémoire. Si tu as un doute, par exemple pour des mots comme *acuité* ou *acolyte*, consulte un dictionnaire.

Infos parents

- **Votre enfant doit apprendre clairement la règle générale** et savoir qu'il existe certaines exceptions. **Ces exceptions doivent être apprises par cœur** ou vérifiées dans le dictionnaire. Cette démarche aide grandement les élèves dans leurs activités de rédaction.

S'entraîner

1 * Regarde la liste des mots proposés page 38 et recopie ceux dont la consonne ne double pas. Ce sont les exceptions.

a. Mots commençant par « ap » :

....

....

....

....

b. Mots commençant par « ac » :

....

....

....

....

c. Mots commençant par « af », « of », « ef » :

....

....

....

....

2 ** Complète avec *p* ou *pp*.

a........ercevoir – a........rocher – a........liquer – a........lanir – a........rendre – a........ronfondir – a........ostrophe – a........éritif – a........eler – a........iculteur – a........auvrir – a........artenir – a........laudir – a........âter – a........areil – a........lomb

3 ** Complète avec *c* ou *cc*.

a........ajou – a........limatation – a........robate – s'a........roupir – a........epter – a........teur – a........acia – a........uité – a........abler – a........ident – a........réditer – a........entuer – a........ordéon – a........omplir – a........lamer – a........ompagner – a........ent – a........ord

4 * Complète avec *f* ou *ff*.**

a........irmer – o........rir – e........acer – a........in – o........ense – a........ranchir – a........reux – e........rayer – a........réter – A........rique – e........icace – o........icier – a........inité – a........ecter – a........aire – a........liger – a........aiblir – s'a........aisser – a........olé – a........ût

EXO DÉFI **Trouve des mots de la même famille que les mots proposés. Aide-toi du dictionnaire.**

a. acrobate : ....

....

....

....

b. appeler : ....

....

....

....

c. acteur : ....

....

....

....

d. officier : ....

....

....

....

e. effrayer : ....

....

....

....

f. affirmer : ....

....

....

....

Bravo ! Maintenant, tu sais écrire les mots avec un doublement de consonnes au début.

Corrigés p. 20 GUIDE PARENTS

18

Grammaire

Phrases simples ou complexes

Pour comprendre

Savoir

La phrase simple est parfois appelée phrase de base.

- **Une phrase qui ne comporte qu'**un seul verbe conjugué est une **phrase simple.**

  Les éléphants de mer ***nagent*** *merveilleusement.*

- **Une phrase qui comporte** plusieurs verbes conjugués est une **phrase complexe.**

  Les éléphants de mer qui ***sont*** *pourtant très gros* ***nagent*** *merveilleusement.*

Pour fabriquer une phrase complexe, il faut souvent réunir deux phrases simples.

Les otaries sont des mammifères marins. → phrase simple

Les otaries restent en plein soleil durant de longues heures. → phrase simple

Les otaries sont des mammifères marins qui restent en plein soleil durant de longues heures. → phrase complexe

- **Dans une phrase complexe, il y a autant de propositions que de verbes conjugués.**

Attention ! Assure-toi qu'il s'agit bien d'un verbe conjugué. En effet, certaines phrases comportent deux verbes dont l'un est à l'infinitif. Cela reste une phrase simple.

Les hérons ***adorent*** ***pêcher*** *tôt le matin.*

Savoir faire

Décomposer une phrase complexe

- **Tu dois reconnaître les deux phrases simples** qui la composent grâce aux verbes.

Regarde ensuite comment ces deux phrases sont réunies :

– si elles sont réunies par une **conjonction de coordination**, elles sont coordonnées,
Elle est petite ***et*** *ses cheveux sont dorés.*

– si elles sont réunies par une **virgule**, elles sont juxtaposées,
Elle est petite, ses cheveux sont dorés.

– si l'une des phrases **dépend de l'autre**, elles sont subordonnées.
Elle voudrait ***qu'****il lui raconte des histoires.*

Infos parents

- **La phrase simple est une unité grammaticale** constituée d'un verbe conjugué. La réunion de deux phrases simples donne une phrase complexe.
- **Il existe aussi des phrases sans verbe.** *Rencontre sportive ce soir à Metz* est une phrase nominale.

S'entraîner

1 * Souligne les verbes et indique combien chaque phrase en contient.

a. Les otaries dorment sur les plages des îles Galapagos. ☐

b. Les femelles surveillent leurs petits qui jouent avec les vagues. ☐

c. Les grands mâles, les lions de mer, protègent les abords des plages et chassent les autres mâles prétendants qui s'approchent trop près. ☐

2 * Recopie sur l'ardoise les phrases simples de ce texte.

Je regardai par la fenêtre. J'observai les iguanes terrestres qui se doraient au soleil. Les tortues se déplaçaient très lentement. Pour manger, elles prenaient des feuilles vertes des arbres qui touchaient le sol.

3 ** Écris une phrase simple en utilisant les verbes proposés.

a. sauter ....

....

b. plonger ....

....

c. tourner ....

....

d. monter ....

....

e. découvrir ....

....

4 * Découpe chaque phrase complexe et transforme-la en deux phrases simples (sur l'ardoise).**

a. Les animaux vivent en toute tranquillité et n'ont pas peur des hommes.

b. Les oiseaux pondent des œufs que les femelles couvent.

c. Les requins-marteaux nagent dans les profondeurs mais ne se nourrissent que de plancton.

d. Les iguanes terrestres se chauffent au soleil parce que leur sang est froid.

5 * Écris une phrase complexe à partir de ces phrases simples.**

a. Il danse. Il crie. Il est amoureux.

....

....

....

b. Prête-moi ces jumelles. Je te rends ces jumelles.

....

....

....

....

EXO DÉFI Pour chaque sujet proposé :

a. Écris deux phrases simples.
b. Réunis-les pour obtenir une phrase complexe.

1er sujet : *Les tortues*
2e sujet : *Les îles Galapagos*

....

....

....

....

....

....

....

....

Bravo ! Maintenant, tu sais reconnaître les phrases simples et les phrases complexes.

Corrigés p. 21 GUIDE PARENTS

Grammaire

19 Les types et les formes de phrases

Pour comprendre

Savoir

- **On distingue plusieurs types de phrases.**

Phrase	Emploi	Exemple
déclarative	Sert à déclarer quelque chose, à énoncer **un fait**, **une opinion**…	*Il est heureux.*
injonctive (impérative)	Sert à donner **un ordre ou à interdire** quelque chose. Elle peut se terminer par un point d'exclamation.	*Défense d'entrer.* *Arrête !*
exclamative	Sert à exprimer **la peur**, **l'étonnement**, **la joie**… Elle se termine par un point d'exclamation.	*Tu es joyeux !*
interrogative	Sert à poser **une question**. Elle se termine par un point d'interrogation.	*Où es-tu ?*

- **Les phrases peuvent être écrites à la forme affirmative ou à la forme négative.**

J'ai mal aux dents – Je n'ai plus mal aux dents.

La négation est marquée par : *ne… pas, ne… jamais, ne… plus, ne… guère.*

Savoir faire

Reconnaître le type d'une phrase

- Aide-toi à la fois du **sens** et de la **ponctuation**.

Tu descends l'escalier. (phrase déclarative)
Tu descends l'escalier ? (phrase interrogative)
Tu descends l'escalier ! (phrase exclamative)

Infos parents

- **La connaissance de ces différents types de phrases** est essentielle pour produire des textes cohérents.
- **Toute phrase a une forme négative,** y compris la phrase interrogative. Il s'agit alors d'une **phrase interro-négative**. *N'as-tu pas le vertige tout en haut ?*

S'entraîner

1 * Transforme ces phrases en phrases interrogatives (sur l'ardoise).

a. Tu joues au tennis.
b. Il dessine la trajectoire de la balle.
c. Vous portez votre sac de sport.

2 ** Souligne en bleu les phrases injonctives et en vert les exclamatives.

a. Applique ce que je te dis !
b. Il a encore perdu !
c. Regarde donc !
d. Fais donc un peu attention !
e. Quel service !

3 ** Indique de quel type de phrase il s'agit.

a. La balle file rapidement.

b. Quelle balle rapide !

c. As-tu pu voir la balle ?

d. Il n'a pas vu la balle passer.

e. Il n'a même pas pu la voir !

f. Regarde la balle !

4 ** Barre les marques de la négation pour transformer ces phrases en phrases affirmatives.

a. Le public n'était pas facile.
b. L'arbitre n'a jamais sifflé.
c. Tu ne t'habilleras plus avec ce maillot.
d. Tu n'es jamais au mieux de ta forme.

5 ** Transforme ces phrases à la forme négative (sur l'ardoise).

a. Tu as bien joué.
b. Je suis content de toi.
c. Tes remises en jeu étaient précises.
d. Tu montres toujours beaucoup d'audace.

6 * Écris les phrases à la forme interro-négative.**

a. Tu n'as pas trouvé de solution.

b. Je n'ai pas été très bon.

c. Il est heureux et fier de sa victoire.

d. Nous demeurons très sceptiques.

EXO DÉFI Transforme cette phrase :

Il possède une bonne tactique.

a. en phrase interrogative

b. en phrase négative

c. en phrase exclamative

d. en phrase interro-négative

Bravo ! Maintenant, tu sais reconnaître les différents types de phrases.

Corrigés p. 21 GUIDE PARENTS

20 Grammaire
Phrase active et phrase passive

Pour comprendre

Savoir

- **Phrase active**

Une phrase dans laquelle le **sujet fait l'action** est une **phrase** à la voix active.

*La cité médiévale **domine** la vallée.*

- **Phrase passive**

Une phrase dans laquelle le **sujet subit l'action** est une **phrase** à la voix passive.

*La vallée **est dominée** par **la cité médiévale**.* (Ici, le temps du verbe est le présent de l'indicatif passif : *être* au présent + participe passé.)

*Le donjon **sera détruit** par **la guerre**.* (Ici, le temps du verbe est le futur de l'indicatif passif : *être* au futur + participe passé.)

Savoir faire

Transformer une phrase active en phrase passive

- **Seules les phrases contenant un COD peuvent être mises à la voix passive.**

Les maîtres d'œuvre construisent le château fort.

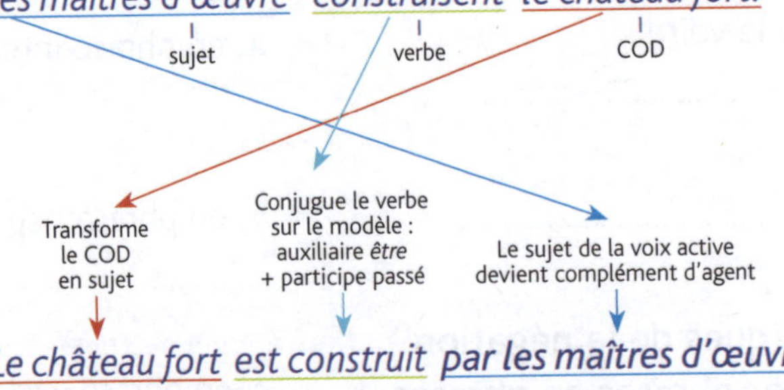

Le château fort est construit par les maîtres d'œuvre.

- **Le verbe d'une phrase passive peut comporter trois éléments** si celui de la phrase active est déjà un temps composé.

*Un tailleur de renom **a taillé** les pierres.*

*Les pierres **ont été taillées** par un tailleur de renom.*

- **Toutes les phrases actives n'ont pas une forme passive** qui correspond.

Il faut s'attacher au sens. *Je baisse les bras.*

Infos parents

- **Ces notions portant sur le verbe** favorisent l'observation du sens de la phrase. Le passage d'un type de phrase à l'autre doit être aisé pour les élèves, tout en respectant le sens.

S'entraîner

1 * Indique la voix de ces phrases : A pour active, P pour passive.

a. Le chat attrape la souris. → A P

b. Le vélo a été réparé. → A P

c. L'atterrissage de l'avion a été gêné par un renard. → A P

d. La semaine dernière, les touristes ont quitté le camping. → A P

e. La grange a été recouverte par une bâche. → A P

2 ** Sur l'ardoise, conjugue ces verbes au présent puis au futur de l'indicatif passif, à la 1re personne du singulier et du pluriel.

ex. : Se salir : → je me suis sali(e) – nous nous sommes sali(e)s (présent)
→ je me serai sali(e) – nous nous serons sali(e)s (futur)

décourager – choisir – aimer – laver

3 ** Relie les phrases passives aux phrases actives correspondantes.

1. La grange est recouverte d'une bâche. ▪	▪ a. Une bâche recouvre la grange.
2. La grange sera recouverte d'une bâche. ▪	▪ b. Une bâche recouvrait la grange.
3. La grange était recouverte d'une bâche. ▪	▪ c. Une bâche a recouvert la grange.
4. La grange a été recouverte d'une bâche. ▪	▪ d. Une bâche recouvrira la grange.

4 ** Mets ces phrases à la voix passive (sur l'ardoise).

a. Dans la forêt, les écureuils grignotent les glands.

b. Les feuilles recouvrent les champignons comestibles.

c. Les sangliers ont saccagé la clairière.

d. Un arbre protégeait un terrier à lapins.

e. Le grand cerf a trouvé un lit de feuilles pour dormir.

5 ** Mets ces phases à la voix passive (sur l'ardoise).

a. Dans la forêt, on peut voir des animaux sauvages.

b. On découvre des champignons sous chaque fougère.

c. En automne, on ramasse des châtaignes savoureuses.

d. Les feuilles recouvrent les sentiers.

e. Les petits rongeurs recherchent des glands pour leur repas.

EXO DÉFI Change la voix de ces phrases (sur l'ardoise).

a. Les chiens de chasse reniflent les abords de la forêt.

b. Les biches ont été découvertes par la meute de chiens.

c. Nous serons accompagnés par les gardes forestiers.

d. Chaque soir, des chevreuils approchent de la ferme.

e. Dans la grange, les bottes de foin ont été rangées par les ouvriers agricoles.

f. Les chevreuils observent attentivement les bûcherons au travail.

Bravo ! Maintenant, tu sais mettre une phrase à la voix passive.

Corrigés p. 21 GUIDE PARENTS

Grammaire

21 Propositions indépendante, principale, subordonnée

Pour comprendre

Savoir

- **Une proposition indépendante est une proposition qui ne dépend d'aucune autre** et dont aucune autre ne dépend.

  Il mange une pomme mûre.
  Il a acheté une voiture rouge.

- **La réunion de deux phrases simples** peut également se faire par **subordination.**

  – Elles sont reliées par un **subordonnant** comme *que, qui, quoi, dont, où, lequel, laquelle…*

  Je pense ***que*** *tu seras ravi de ton cadeau.*
  L'avion ne décolle pas ***parce que*** *la piste est gelée.*

  – Deux propositions indiquent que l'une est dépendante de l'autre. Elles n'ont pas la même valeur. Il y a une **proposition principale** et la **subordonnée**.

  Les CD ***[qui*** *sont sortis]* *m'appartiennent.*

  (Les CD : prop. principale ; [qui sont sortis] : [prop. subordonnée] ; m'appartiennent : prop. principale)

Savoir faire

Trouver la proposition principale

- Isole la proposition qui ne peut être supprimée.

  J'aime cette confiture ***dont*** *les fruits sont entiers.*

La proposition soulignée est la proposition principale car elle ne peut être supprimée sans que la phrase ne perde son sens.

Infos parents

- **Une proposition indépendante est souvent elliptique,** en particulier dans les proverbes ou les exclamations. *À bon entendeur, salut. Quel beau paysage !*
- ***Subordonner*** **signifie** « dépendre de, être sous les ordres de… ».

S'entraîner

1 * Recopie sur l'ardoise les propositions indépendantes.

a. Les vagues recouvrent la plage que les enfants ont nettoyée.

b. Les mouettes craignent le vent fort.

c. Des voiliers restent dans le port qui est protégé.

d. Les marins-pêcheurs déchargent les caisses de poissons.

2 ** Complète chaque phrase à l'aide d'une proposition subordonnée.

a. D'après certaines légendes les marins pensent que ....

....

b. Les marins pourront sortir en mer quand

....

....

c. De nombreux navigateurs affirment que

....

....

d. Les déchets sont rejetés sur la plage lorsque

....

....

3 ** Souligne en bleu les propositions principales et en rouge les subordonnées.

a. J'adore jouer dans le sable que le soleil a chauffé longuement.

b. Alors que le soleil se levait doucement, il sortit son bateau.

c. Ce bateau était un vieux voilier qui ne supportait pas les vagues.

d. Je n'ai pas supporté ce vent fort dont les navigateurs raffolent.

e. Si le vent se calme enfin, tu me rejoindras sur la plage pour le goûter.

4 ** Construis des phrases en reliant un élément de A et un élément de B.

A			B
Les marins sont sûrement rentrés	▪	▪	qui parlent de la mer.
Ce bateau démarra très rapidement	▪	▪	parce que je veux sortir en mer.
Il lit des livres	▪	▪	puisque le port est fermé.
J'écoute le bulletin météo	▪	▪	dès que les passagers furent assis.

5 * Construis des phrases en te servant des subordonnants proposés (sur l'ardoise).**

quand – dès que – parce que – si

EXO DÉFI **Entoure la bonne réponse. Les propositions soulignées sont-elles indépendantes [I], principales [P] ou subordonnées [S] ?**

a. L'île déserte est difficile à atteindre. [I] [P] [S]

b. Les oiseaux qui y vivent sont tranquilles. [I] [P] [S]

c. Les filets de pêche sont très vieux. [I] [P] [S]

d. Les pêcheurs réparent le chalut qui est troué. [I] [P] [S]

e. Le bateau qui est à quai fonctionne encore. [I] [P] [S]

f. Des dauphins viennent s'échouer sur le sable. [I] [P] [S]

Bravo ! Maintenant, tu sais reconnaître les propositions.

Corrigés p. 22 GUIDE PARENTS

Français
Maths
Histoire Instruction civique
Géographie
Sciences
Anglais

Grammaire

22 Le groupe nominal enrichi

Pour comprendre

Savoir

Un groupe nominal est constitué d'un nom et de tous les mots qui s'y rapportent : article, adjectif…

- Un **groupe nominal** peut être enrichi de plusieurs manières :

Avec un **adjectif qualificatif**	*Une voiture **bleue**.* *Une voiture **extraordinaire**.*
Avec un **complément de nom**	*Le chat **de ma voisine**.* *Le jardin **de mes grands-parents**.*
Avec un **verbe à l'infinitif**	*Le rêve **de partir en voyage**.* *Le plaisir **de conduire cette moto** est immense.*
Avec une **proposition subordonnée** introduite par un pronom relatif (*qui, que, dont, où*, etc.)	*Une voiture **qui est très puissante**.*

Savoir faire

Accorder avec le nom

- **Surveille les accords**, en particulier ceux des adjectifs.
  Des rubans bleus.
- Lorsqu'une proposition vient compléter le nom, **surveille le verbe** de cette proposition pour bien l'accorder avec son sujet.
  *Ma mamie qui **est** gentille. Mes grands-parents qui **sont** gentils.*

Infos parents

- **L'enrichissement du groupe nominal** est un moyen simple pour rédiger des textes bien construits et imaginatifs.
- **Les enfants ont besoin d'un travail préalable à l'oral** pour mesurer les possibilités d'enrichissement du groupe nominal.

S'entraîner

1 * Dans ces phrases, enrichis les groupes nominaux avec un adjectif.

a. Tu as trouvé un ballon ....
....

b. Les joueurs .... cherchent une tactique ....

c. L'arbitre .... siffle les fautes .... et sanctionne les joueurs.
....

d. Les spectateurs .... regardent la rencontre .... et chantent des chansons ....

2 * Enrichis les groupes nominaux avec un complément de nom.

a. Le match .... est calme.

b. Les adversaires .... n'ont rien à craindre.

c. Ce but .... est magnifique.

d. La pelouse .... a poussé rapidement.

e. Les supporters .... ont passé un bon moment.

3 ** Enrichis les groupes nominaux en ajoutant une proposition introduite par *qui* ou par *que*.

a. La pluie qui ....
.... vient de cesser.

b. Les supporters qui ....
.... sont mouillés.

c. L'entraîneur qui ....
.... est heureux.

d. Les places que ....
.... sont très bien situées.

4 * Enrichis les groupes nominaux en utilisant un adjectif, un complément de nom ou une proposition relative.**

a. La neige tombe fortement.
....

b. Les skieurs sont comblés.
....

c. Les voitures ont été bloquées sur la route.
....

d. Les services d'entretien ont fort à faire.
....

5 * Enrichis ces groupes nominaux en utilisant les trois possibilités d'enrichissement en même temps.**

a. Le maillot
➜ Le maillot *jaune* ....
....
....

b. La bicyclette
➜ La ....
....
....

EXO DÉFI Souligne les mots qui enrichissent le groupe nominal.

a. Les enfants de CM2 sont classés dans l'équipe des poussins.

b. Le petit stade du village accueille des équipes de toute la région.

c. Les professeurs d'éducation physique travaillent sur les terrains qui possèdent des cages.

d. Les résultats des matchs qui se sont déroulés le week-end ont été communiqués à la presse de la région.

Bravo ! Maintenant, tu sais enrichir un groupe nominal.

Corrigés p. 22 GUIDE PARENTS

Grammaire

23 L'attribut du sujet

Pour comprendre

Savoir

- **L'attribut du sujet donne un renseignement** sur la qualité ou sur l'état du sujet.
- **Il s'accorde donc avec le sujet :**
  Le gâteau est savoureux.
  Cette maison est grande. Ces voitures sont blanches.
- **On le trouve le plus souvent après des** verbes d'état **:**
être, paraître, sembler, devenir, demeurer, rester, avoir l'air…
  Ce livre paraît ***intéressant****.*
  La neige semble très ***légère****.*

Savoir faire

Distinguer l'attribut du sujet

- Des mots de différentes natures peuvent être attribut du sujet :
  – un nom → *Mon frère est* ***médecin****.*
  – un groupe nominal → *Cet homme est* ***avocat d'affaires****.*
  – un adjectif qualificatif → *Ce chien a l'air* ***gentil****.*
  – un participe passé → *La souris semble* ***affamée****.*
  – un verbe à l'infinitif → *Sa joie est* ***de chanter****.*
  – un pronom → *Tu es travailleur et je* ***le*** *deviens aussi.*
- **Quand tu as repéré l'attribut du sujet** grâce au verbe d'état, **recherche le sujet pour faire les accords** (masculin, féminin – singulier, pluriel).

Infos parents

- **Insistez sur le type de verbes qu'il faut rechercher** : des verbes d'état.
- **Il ne faut pas confondre l'adjectif qualificatif attribut et l'adjectif qualificatif épithète :** l'attribut est séparé du sujet par un verbe.
Il ne faut pas confondre non plus avec un complément de verbe (COD ou complément circonstanciel) : *Mon frère est médecin* : *frère* et *médecin* désignent la même personne. *Je cherche un médecin* : *médecin* est COD.

S'entraîner

1 * Écris ces phrases au pluriel.

a. Son cadeau est beau.

....

b. Ta console semble cassée.

....

c. Son jouet paraît bien réparé.

....

....

d. Son robot est devenu démodé et usé.

....

....

e. Cette cape reste agréable à porter.

....

....

2 ** Entoure le sujet et souligne son attribut.

a. Ce jouet semble usé.
b. Es-tu intéressé par ce jeu ?
c. Son plaisir est de gagner.
d. Elles paraissent bien placées.
e. Je deviens chanceux.
f. Ma voisine est championne de natation.

3 ** Complète chaque phrase avec le bon attribut du sujet.

perché – commencée – acquise – de jouer

a. Cette partie est ....
b. La victoire semble ....
c. Le ballon reste ....
d. Son occupation préférée est ....

4 ** Complète les phrases avec des verbes d'état différents.

a. Ces jeux .... des nouveautés.

b. Les cartes .... usées.

c. La poupée .... souriante et douce.

d. Les enfants .... en pleine forme.

e. Le jeu de l'oie .... démodé à notre époque.

f. Les jeux vidéo .... de plus en plus perfectionnés.

5 * Selon la fonction du mot souligné, classe ces phrases en recopiant leur numéro dans le tableau.**

1 – Ce jeu est passionnant.
2 – Ce tournoi a du succès.
3 – Cette course reste très difficile.
4 – Ce sport paraît très populaire.
5 – Pierre poursuit sa sœur sur son vélo.
6 – Les joueurs ont pris du plaisir à jouer.
7 – L'enjeu semble très important pour cette équipe.
8 – Ces raquettes de tennis perdent leur cordage.

Attribut du sujet

COD

EXO DÉFI **Construis trois phrases comportant un attribut et trois phrases avec un COD à l'aide des verbes suivants (sur l'ardoise).**

être – laver – demeurer – chercher – sembler – choisir

Bravo ! Maintenant, tu sais reconnaître l'attribut du sujet.

Corrigés p. 22 GUIDE PARENTS

24 Grammaire
Compléments d'objet, d'agent, d'attribution

Pour comprendre

Savoir

- **Le COD est un complément essentiel** ; il fait partie du groupe verbal de la phrase et est **indispensable**. Il n'est **pas déplaçable**.
Il est construit directement, sans préposition. *Julien a mangé* ***la tartine****.*
Le **COD** peut être :
  – un nom. *Tu regardes* ***Pierre****.*
  – un groupe nominal. *Simon découvre* ***le pot de confiture****.*
  – un verbe à l'infinitif. *Cécile adore* ***manger****.*
  – un pronom. *Ce petit chat, je* ***le*** *surveille.*

Un complément second est un COI dans une phrase qui comporte déjà un COD.

- **Le complément d'agent** est un complément qui n'apparaît qu'avec les **verbes à la voix passive**. À la voix passive le sujet subit l'action. Le complément d'agent indique qui fait l'action. *L'élève est interrogé* ***par le maître****.*
Le complément d'agent est introduit, la plupart du temps, par la préposition *par*, parfois *de*. *Il était aimé* ***de cette femme****.*
- **Le complément d'attribution** est un complément d'objet introduit par la préposition *à* désignant le destinataire de l'action.
J'ai donné mes lunettes ***à mon cousin****.*
- **Le complément d'objet indirect (COI) :**
  – est relié au verbe par une **préposition** (*à, de, pour*...),
  – n'est pas déplaçable. *Julien pense* ***à son goûter****.*

Savoir faire

Poser la question après le verbe

- **Pour trouver le COD**, pose la question « quoi ? » ou « qui ? » après le verbe.
Il aime (quoi ?) *le chocolat. Il voit* (qui ?) *son frère.*
- **Ne confonds pas** le COD avec l'attribut du sujet.
Il semble inquiet. (le COD n'est pas construit avec un verbe d'état)
attribut

Infos parents

- **Le COD peut être aussi une proposition** subordonnée complétive.
Jean pense qu'il ira.
- **Rappelez que le COD est un complément essentiel.** Il ne peut être déplacé.

S'entraîner

1 * Entoure les verbes et souligne les COD.

a. Les visiteurs adorent ce jardin entretenu.

b. Le jardinier a tondu la pelouse.

c. Il a vu des poussins dans le poulailler.

d. Il leur apporte du grain.

e. Les lapins mangent les mauvaises herbes.

f. Les enfants souhaitent entrer dans le poulailler.

2 ** Complète avec un COD.

a. J'ai laissé .... dans le jardin.

b. Tu découvriras .... dans la cave.

c. Le cochon a mangé ....
....

d. Des grappes de nénuphars recouvrent ....
....

e. Un renard a dévoré ....
....

3 * Remplace le COD verbe à l'infinitif par un COD groupe nominal.**

a. Mes camarades aiment (*jouer au football*).
....

b. Ma sœur préfère (*peindre*).
....

c. Tes parents adorent (*écouter les oiseaux*).
....

d. Ma voisine aime (*danser*).
....

e. Le gardien préfère (*se promener*).
....

4 ** Souligne le COI dans la phrase.

a. Le chien obéit à son maître.

b. Il parle de son chien.

c. Il manque de croquettes avec des épinards.

d. Ce chien déborde d'énergie.

e. Il apporte le journal à son maître.

f. Il rêve souvent de balades dans la forêt.

5 * Entoure en bleu les compléments d'agent et en rouge les compléments d'attribution.**

a. La souris a été attrapée par le chat.

b. La souris a donné un coup de queue au chat.

c. Le chat a été renvoyé par le chien.

d. Le chien est mordu par la souris.

e. La souris offre son fromage au rat.

EXO DÉFI Écris le complément demandé.

a. Je regarde (COD)
....

b. Le poisson a été pêché (Agent)
....

c. Tu offres tes jouets (Attribution)
....

d. Les souris prennent (COD)
....

e. La petite fille prête son livre (Attribution)
....

f. Il a choisi (COD)
....

Bravo ! Maintenant, tu sais reconnaître les compléments d'objet, le complément d'agent et le complément d'attribution.

Corrigés p. 23 GUIDE PARENTS

25

Grammaire

Les pronoms

Pour comprendre

Savoir

- **Les pronoms servent à remplacer** des noms ou des groupes nominaux.
  ***Les amis de Pierre** sont arrivés. **Ils** ont voyagé toute la nuit.*
- **Les pronoms personnels** correspondent aux trois personnes du singulier et du pluriel du verbe conjugué. *Je, tu, il (elle, on), nous, vous, ils (elles).*
- **Le pronom relatif** remplace un nom **antécédent** (qui vient avant). Les pronoms relatifs invariables sont : *qui, que, dont, où.*
  *Le voyage **qui** a débuté la veille a été très long.*
- **Le pronom interrogatif** est mis à la place d'un nom introduit par un adjectif interrogatif.
  ***Qui** a cassé le vase ?* ➜ Quel homme, quelle femme, quelle personne…
- **Les pronoms démonstratifs** servent à désigner ce dont on parle.
  *Les fleurs sont belles, **celles** de ma mère aussi.*
- **Les pronoms possessifs** indiquent la possession. *Le mien, le tien, etc.*
- **Les pronoms indéfinis** remplacent un nom sans donner de précision sur lui.
  Quelqu'un, quelque chose, aucun, plusieurs, d'autres…

Savoir faire

Trouver la fonction du pronom

- Demande-toi toujours ce que désigne le pronom pour retrouver le nom ou le groupe nominal qu'il remplace.

Les bandits sont pris. *Le héros **les** a cernés.*	➜	« Le héros a cerné qui ? » *les*, qui remplace *bandits* *les* est COD du verbe *cerner*

Infos parents

- **Pronom signifie** « mis pour le nom ».
- **Le pronom relatif établit une relation** entre son antécédent et la subordonnée relative qu'il introduit. D'où son nom de « relatif ».
- **Les pronoms démonstratifs** ont une forme **simple** ou **composée** : *ceux → ceux-ci, ceux-là ; celle → celle-ci, celle-là*, etc.

S'entraîner

1 * Remplace le groupe nominal par un pronom possessif afin d'éviter la répétition.

a. Ta voiture est plus propre que ma voiture.

....

b. Nous avons tondu notre pelouse. Les voisins tondent leur pelouse.

....

....

c. Pour ce voyage, nous prendrons notre chien. Vous prendrez votre chien.

....

....

d. Vous avez descendu une valise au pied de l'immeuble. Nous descendons notre valise aussi.

....

....

2 ** Entoure dans ces phrases les pronoms indéfinis en rouge et les pronoms interrogatifs en bleu.

a. Plusieurs camarades sont venus jouer avec toi. Chacun a apporté un goûter.

b. Ces cartes à jouer sont belles. Plusieurs manquent dans ce jeu qui est incomplet.

c. Qui a perdu son jeu électronique ?

d. À cause du brouillard aucun avion n'a atterri.

e. Quel homme pilote cet avion ?

3 ** Complète le texte avec les bons pronoms.

L'astronaute nous montre les étoiles. .... parle d'une nouvelle galaxie .... est remplie d'astres inconnus. .... montre aussi des étoiles filantes ; .... sont superbes et très colorées. .... n'avons jamais vu un tel spectacle.

4 *** Complète avec les pronoms relatifs qui conviennent *(qui, que, dont, où)*.

a. Les cosmonautes .... voyagent dans l'espace sont bien entraînés.

b. La fusée .... l'étage supérieur a été révisé est au point.

c. Le secteur de l'espace .... la fusée arrive est inconnu.

d. Le scaphandre .... chaque cosmonaute porte est très souple.

e. Les repas .... ces voyageurs doivent manger sont très étudiés.

5 *** Complète avec des pronoms démonstratifs.

a. Il prit ses chaussures, ce sont .... qu'il utilise pour marcher sur la Lune.

b. Range tes bouteilles d'oxygène dans ce coffre et retire .... qui m'appartiennent.

c. Dans cette navette spatiale, il y a .... qui sont inquiets et .... qui paraissent sereins.

EXO DÉFI Observe les pronoms en italique et indique leur nature.

a. Ces affaires sont *les tiennes*.

....

b. Cette fusée est arrêtée, *celle-ci* va décoller.

....

c. La galaxie *que* nous traversons est lumineuse.

....

d. *Nous* flottons dans l'espace.

....

e. L'air *qui* remplit la navette est nettoyé.

....

Bravo ! Maintenant, tu sais reconnaître les pronoms.

Corrigés p. 23 GUIDE PARENTS

Grammaire

26 Les subordonnées relative et complétive

Pour comprendre

Savoir

- **La proposition subordonnée relative** complète un nom.

Elle fait partie du groupe nominal, c'est un **complément du nom**.

Elle est introduite par un pronom relatif : *qui, que.*

C'est le petit [que ma voisine a recueilli].

La proposition subordonnée relative a la même valeur qu'un adjectif ou un complément de nom. Elle remplit la même fonction.

*L'oiseau **des îles** chante souvent.* (complément de nom)

*L'oiseau **qui vit dans les îles** chante souvent.* (subordonnée relative)

- **La proposition subordonnée complétive** appartient le plus souvent au **groupe verbal**. Les conjonctions de subordination introduisant une subordonnée complétive sont : *que, à ce que, de ce que.*

Je veux	*que*	*tu finisses ton travail.*
proposition principale	conjonction de subordination	proposition subordonnée complétive

Savoir faire

Écrire une proposition relative

- **Lorsque tu enrichis un groupe nominal avec un pronom relatif**, tu introduis une phrase qui doit comporter un **verbe conjugué**.

*La poule rousse. La poule rousse **qui picore**.*

- **Surveille bien l'accord du verbe.** *La poule rousse que j'ai pris**e** dans mes bras.*

Distinguer une proposition relative d'une proposition complétive

- **Pour savoir si la subordonnée appartient au groupe nominal** ou au groupe verbal, remplace-la par un adjectif de couleur qui a la même valeur dans la phrase :

*La robe **que j'aime** est douce. ➜ La robe **bleue** est douce.*

La nouvelle phrase a du sens : *que j'aime* est une proposition relative.

*Je souhaite **que tu portes** cette robe. ➜ Je souhaite **bleu** cette robe.*

La nouvelle phrase n'a pas de sens : *que tu portes* est une proposition complétive.

Infos parents

- **L'utilisation de la subordonnée relative est fréquente** en CM2. Il est important que les élèves mesurent le lien possible avec un adjectif ou un complément de nom.

S'entraîner

1 * Remplace le texte entre crochets par un pronom relatif pour réunir les deux phrases.

a. Je crains ce chien [. Il] .... a déjà mordu un copain.

b. Regarde ce tableau [. Ce tableau] .... représente mon ancêtre.

c. Le viticulteur descend dans la cave [. Dans la cave] .... se trouvent des vins précieux.

d. Le policier a un aide [. Cet aide] .... surveille la porte du musée.

e. Derrière le tableau se trouve une porte [. Cette porte] .... mène à la cave voûtée du château.

2 ** Réécris les phrases en remplaçant les adjectifs en italique par une proposition subordonnée relative.

a. L'escalier *immense* est fait de marbre.

....

....

b. Les *toutes petites* chambres ont été repeintes.

....

....

....

c. Le salon *décoré* rappelle celui d'un château.

....

....

....

3 ** Trouve la phrase complexe qui comporte une subordonnée relative.

a. Tu fermeras le portail une fois que Paul sera sorti.

b. Les histoires de fantômes que je raconte plaisent aux enfants.

c. L'ouvrier peindra les murs du château dès que le charpentier aura réparé le toit.

4 *** Indique la nature des subordonnées : relative Ⓡ ou complétive Ⓒ.

a. J'aimerais sentir **que tu es content.** Ⓡ Ⓒ

b. La pelouse **que tu as tondue** est belle. Ⓡ Ⓒ

c. Il pense **qu'il n'y parviendra pas.** Ⓡ Ⓒ

d. Je t'offre ce bijou ancien **que tu as vu dans mon tiroir.** Ⓡ Ⓒ

5 *** À l'aide des conjonctions de subordination données, écris une proposition subordonnée complétive.

a. Je souhaite *que* ....

....

b. J'espère sincèrement *que* ....

....

c. Je te promets *que* ....

....

EXO DÉFI Souligne les subordonnées relatives et encadre le nom antécédent.

a. Tu découvres les chemins dont je t'ai longuement parlé.

b. Il est arrivé dans le village où il veut séjourner.

c. C'est le lieu le plus magique que je connaisse.

d. Elle a trouvé un itinéraire qui me semble judicieux.

e. Ce n'est pas celui auquel je pense.

Bravo ! Maintenant, tu sais reconnaître les propositions subordonnées relatives et complétives.

Corrigés p. 23 GUIDE PARENTS

Grammaire

27 Les compléments et subordonnées circonstanciels

Pour comprendre

Savoir

■ **Les compléments circonstanciels précisent les circonstances de l'action** (le lieu, le moment, la durée…). *Ils pêchent la truite* ***durant la matinée.***

Les compléments circonstanciels peuvent, le plus souvent, être déplacés ou supprimés.

Ils pêchent la truite ~~durant la matinée~~. (complément circonstanciel supprimé)

Les principaux compléments circonstanciels sont de **lieu** ou de **temps**.

Tu passes tes vacances ***à la montagne.*** (complément circonstanciel de lieu)

Elle mange son gâteau ***pendant la sieste.*** (complément circonstanciel de temps)

Il y a aussi des compléments circonstanciels de **manière**, de **cause**, de **but**, de **moyen**.

Il existe deux types de compléments : essentiels et non essentiels.

■ **Une proposition subordonnée circonstancielle complète une proposition principale.** Elle est introduite par un mot de liaison : *dès que, quand, si…*

Ces mots s'appellent des **subordonnants**. Ils indiquent différentes notions : **le temps**, **le lieu**, **la condition**, **la cause**, etc.

Elle est partie en courant ***dès qu'****elle a vu ce chien énorme !*

Savoir faire

Reconnaître un complément ou une subordonnée circonstancielle

■ **Tu peux déplacer ou supprimer** un complément circonstanciel. La phrase conserve le même sens.

Il attrape les papillons ***avec son filet.*** ➜ ***Avec son filet****, il attrape les papillons.* (déplacé)

➜ *Il attrape les papillons.* (supprimé)

■ **Tu peux déplacer** une proposition subordonnée circonstancielle, la phrase conserve le même sens.

Je viendrai te voir ***aussitôt que j'aurai le temps.***

➜ ***Aussitôt que j'aurai le temps****, je viendrai te voir.*

La subordonnée circonstancielle peut être un participe présent.

Fermez la porte ***en sortant.*** ➜ ***En sortant****, fermez la porte.*

Infos parents

■ **Il n'est plus demandé de détailler toutes les circonstancielles** (temps, cause, but, condition, etc.).

S'entraîner

1 * Relie chaque proposition principale à la subordonnée circonstancielle qui lui correspond.

a. Les trains sont arrêtés ▪
b. La chaussée est glissante ▪
c. Je suis frigorifiée ▪
d. Les avions ne peuvent décoller ▪
e. Les services de l'équipement mettent du sel ▪
f. Je ne sors pas ▪

parce qu'

▪ il y a du brouillard.
▪ il a trop neigé.
▪ il fait très froid.
▪ elle est couverte de feuilles.
▪ il y a du verglas.
▪ il y a du givre sur les câbles électriques.

2 ** Souligne les compléments circonstanciels dans ces phrases. Indique s'ils sont de temps (T) ou de lieu (L).

a. Depuis hier, les vagues déferlent à vive allure. ....

b. Tous les jours, le petit chien se promène dans le jardin. ....

c. Le soir, ils s'endorment sur la plage dans leurs sacs de couchage. ....

d. Je dois arriver à l'école avant midi. ....

e. Tous les matins, avant de me lever, je lis un livre. ....

3 ** Subordonne une phrase à l'autre en utilisant *dès que*, *sitôt que*, *avant que*.

a. Les fleurs sortent .... le printemps revient.

b. On ramasse les pommes .... elles sont tombées des arbres.

c. Vendredi matin, nous ferons les courses .... les magasins seront ouverts.

d. Nous quittons le stade .... la rencontre sportive ne soit finie.

e. Tu as fermé la maison .... Pierre est parti.

4 * Complète les subordonnées circonstancielles introduites par *si*.**

a. Si ...., tu aurais réussi l'exercice.

b. Si ...., nous ne serions pas en retard.

c. J'aurais pu dormir davantage si ....

d. Les pêcheurs seraient heureux si ....

e. Ils découvriraient ce pays si ....

EXO DÉFI Complète les phrases en utilisant un participe présent.

a. En ...., l'automobiliste a eu un accident.

b. En .... la pelouse, il s'est mouillé les pieds.

c. Le chien a fait peur aux enfants en ....

d. Les cigognes arrivent en Europe en ....

e. En ...., durant ta promenade dans les bois, tu as attrapé froid.

Bravo ! Maintenant, tu sais reconnaître les compléments et subordonnées circonstanciels.

Corrigés p. 23 GUIDE PARENTS

Les adverbes

Pour comprendre

Savoir

- **Les adverbes sont des mots invariables.**
- **Les adverbes modifient ou complètent le sens :**
  – d'un verbe ;
  *Le chat observe **attentivement** la souris.*
  – d'un adjectif ;
  *Le chat n'est pas **si méchant**.*
  – d'un autre adverbe.
  *Le chat est **très nettement** rusé.*
- **Beaucoup d'adverbes sont dérivés d'adjectifs.** Le plus souvent, **on ajoute le suffixe -ment au féminin de l'adjectif.**
  *rapide ➜ rapide**ment*** *lent ➜ lente**ment*** *attentif ➜ attentive**ment***

Attention ! Ne confonds pas *plus tôt* et *plutôt* :
*Il est arrivé **plus tôt** que toi.* (= avant)
*Il est **plutôt** en forme.* (= assez)

Savoir faire

Distinguer un adverbe d'un adjectif

- Certains adjectifs peuvent être employés comme des adverbes.

Si tu hésites, mets la phrase au féminin.
*Il est très fort (elle est très fort**e**). Il parle **fort** (elle parle **fort**).*
L'adverbe ne change pas : il est invariable.

Infos parents

- **Les adverbes sont des mots invariables sauf *tout*.**
- **Les adverbes en *-ment*** sont les plus nombreux. Vous pouvez attirer l'attention de votre enfant sur les particularités des terminaisons :
  *prudent ➜ prud**emment*** *bruyant ➜ bruy**amment***

S'entraîner

1 * Écris les adverbes en *-ment* qui correspondent aux adjectifs.

correct → ……………………………………………
juste → ……………………………………………
rapide → ……………………………………………
long → ……………………………………………
profond → ……………………………………………
énorme → ……………………………………………
logique → ……………………………………………
précise → ……………………………………………

2 ** Entoure les adverbes dans cette liste.

maintenant – supplément – longtemps – certainement – aliment – immédiatement – d'abord – moins – emplacement – purement – ronflement – original – rarement – plutôt – jamais

3 ** Réécris chaque expression en utilisant un adverbe.

a. Parler de manière nerveuse.

……………………………………………

b. Observer les animaux en silence.

……………………………………………

……………………………………………

c. Parler avec grossièreté.

……………………………………………

d. Agir avec courage.

……………………………………………

4 *** Ajoute un adverbe de ton choix dans ces phrases.

a. Cette peinture ressemble …………………… à une toile de maître.

b. Dans cette bande dessinée, les héros sont …………………… drôles.

c. La voiture à cheval est …………………… moins rapide que celle à moteur.

d. Le pianiste joue …………………… des œuvres du répertoire français.

e. J'ai du mal à le suivre, il joue …………………… vite !

f. La musique douce finit …………………… par le calmer.

5 *** Remplace les groupes soulignés par un adverbe.

a. Il a vu la voiture arriver avec vitesse (……………………).

b. Un mensuel est un magazine qui paraît chaque mois (……………………).

c. Tu recopies ce tableau avec précision (……………………).

d. Vous dirigez votre orchestre avec fermeté (……………………).

e. Ma nièce range ses jouets avec soin (……………………).

f. Nettoyer une montre avec patience (……………………).

EXO DÉFI Après chaque mot souligné, indique s'il s'agit d'un adverbe (adv.) ou d'un adjectif (adj.).

a. Quel bon (……………) gâteau !

b. Tu as pris ton pantalon clair. (……………)

c. Paul est fort (……………) en sport.

d. La voiture s'arrêta net. (……………)

e. Ce repas sent terriblement bon. (……………)

f. Il est trop tôt pour aller au lit ! (……………)

g. C'est un vrai casse-tête ! (……………)

h. Ce n'est pas grave. (……………)

Bravo ! Maintenant, tu sais reconnaître les adverbes.

Corrigés p. 24 GUIDE PARENTS

29 Présent et passé composé

Pour comprendre

Savoir

- **Le présent exprime le plus souvent un fait qui se déroule au moment où l'on en parle.**

  Oui, je t'écoute.

  – La conjugaison des verbes du 1er et du 2e groupe est toujours identique.

  1er groupe : *-e, -es, -e, -ons, -ez, -ent*

  2e groupe : *-is, -is, -it ,-issons, -issez, -issent*

  – La conjugaison des verbes du **3e groupe** est un peu plus compliquée pour les verbes qui se terminent en ***-dre, -indre , -soudre, -tir, -tre.***

Va voir le tableau de conjugaison p. 46 des Corrigés.

Attention ! N'oublie pas les « s » aux deux premières personnes du singulier pour les verbes du 2e et du 3e groupe.

- **Le passé composé exprime un événement du passé qui est terminé.**

C'est le temps du passé dans la langue parlée.

*Les avions **ont atterri** ce matin* (ils sont au sol maintenant).

Le passé composé se forme avec le présent d'un **auxiliaire** (*être* ou *avoir*), suivi du **participe passé** du verbe.

Savoir faire

Accorder le participe passé

- **Avec l'auxiliaire *être* : le participe passé s'accorde avec le sujet.**

N'oublie pas les « s » aux personnes du pluriel : *Nous sommes effrayé**s**.*

N'oublie pas les « e » au féminin : *Elles sont effrayé**es**.*

- **Avec l'auxiliaire *avoir* : le participe passé ne s'accorde pas avec le sujet.**

Il **s'accorde avec le COD s'il est placé avant le verbe.**

*Nous avons vu **des fantômes**.* — COD derrière le verbe → pas d'accord

***Les fantômes** que nous avons vus.* — COD devant le verbe → accord

Infos parents

- **Un élève de CM2 doit maîtriser le présent et le passé composé** avant l'entrée au collège.
- **Faites réviser régulièrement votre enfant :** réciter les conjugaisons à voix haute l'aidera à mieux mémoriser.

S'entraîner

1 * Écris les verbes entre parenthèses au présent de l'indicatif.

a. J'.............................. *(observer)* la vallée.
b. Nous .... *(voir)* un renard.
c. Les aigles .... *(voler)* au-dessus des nuages.
d. D'en haut, le village .... *(paraître)* tout petit.
e. Tu .... *(pouvoir)* nous rejoindre.
f. Nous .... *(redescendre)* par un chemin abrupt.

2 ** Écris l'infinitif des verbes soulignés.

a. Vous agissez (.................................) avec assurance.
b. Nous lisons (.................................) des romans sur la montagne.
c. Tu remontes (.................................) la pente et ils te lancent (.................................) des boules de neige.
d. Les renards laissent (.................................) leurs empreintes dans la neige.

3 * Écris les verbes au passé composé de l'indicatif (attention à l'accord avec l'auxiliaire *être*).**

a. Tu .... *(manger)* ton pique-nique sur l'herbe verte.
b. Les filles .... *(partir)* tôt ce matin.
c. Les chamois .... (*descendre*) nous voir.
d. J'.. *(entendre)* une marmotte siffler.
e. Il n'........................... pas .... *(pouvoir)* nous rattraper.
f. Les maisons .... *(passer)* à l'ombre.

4 * Conjugue ces verbes au passé composé.**

Applaudir
j' ....
tu ....
il/elle/on ....
nous ....
vous ....
ils/elles ....
Découvrir
j' ....
tu ....
il/elle/on ....
nous ....
vous ....
ils/elles ....

EXO DÉFI Complète les phrases avec les verbes proposés. Écris-les au présent puis au passé composé.

aller – être – vérifier – descendre – dire

a. Nous .... / .... vers le lac gelé.
b. Vous .... / .... visiter cette ferme d'alpage.
c. Tu .... / .... fier d'avoir réussi l'ascension.
d. Il .... / .... qu'il n'a jamais vu de renard.
e. Je .... / .... le matériel avant de partir pour ne pas avoir de mauvaises surprises.

Bravo ! Maintenant, tu sais conjuguer au présent et au passé composé.

Corrigés p. 24 GUIDE PARENTS

Conjugaison

30 Imparfait et plus-que-parfait

Pour comprendre

Savoir

Regarde la leçon suivante sur le passé simple qui est lui aussi employé dans les récits.

- **L'imparfait de l'indicatif est un temps simple du passé.**

– Il est souvent employé pour décrire des événements du passé qui ont duré ou qui sont habituels. *Elle racont**ait** une histoire chaque soir.*

– C'est le temps de la description. On le trouve souvent dans les récits. *Quand les chiens aboy**aient**, que les chats miaul**aient** et que les oiseaux chant**aient**, il fall**ait** se boucher les oreilles.*

– Les terminaisons de l'imparfait de l'indicatif sont :

-ais, *-ais*, *-ait*, *-ions*, *-iez*, *-aient*

- **Le plus-que-parfait marque une action qui se serait déroulée bien avant.**

Le plus-que-parfait est un temps composé. L'auxiliaire *être* ou *avoir* est conjugué à l'imparfait suivi du participe passé du verbe.

*Elle apportait le colis qu'elle **avait reçu** deux jours plus tôt.*

Savoir faire

Ne pas oublier certaines lettres à l'imparfait

- Le i aux deux premières personnes du pluriel pour les verbes :
  - – en *-iller* (*travailler : vous travailli**ez***),
  - – en *-ier* (*mendier : nous mendi**ions***),
  - – en *-gner* (*gagner : nous gagn**ions***),
  - – en *-yer* (*appuyer : vous appuy**iez***).
- Le u, pour les verbes se terminant en *-guer* (*larguer : je larg**uais** les amarres*).
- La cédille pour les verbes se terminant par *-cer* (*lancer : tu lan**çais***).

Infos parents

- **L'imparfait présente un fait en cours de réalisation** dans le passé. Il donne l'impression de continuité car le début et la fin ne sont pas indiqués. *La musique résonnait sous les toits.*
- **L'imparfait peut aussi indiquer un désir** (*Ah ! si je pouvais gagner à la loterie*), une **habitude** (*Tant qu'il était là, je lui tenais la main*).
- **Le plus-que-parfait** est la forme accomplie de l'imparfait. Il peut marquer un fait antérieur à un fait exprimé à un autre temps du passé. → *Il cherchait la lettre qu'il avait reçue la veille.*

S'entraîner

1 * Sur l'ardoise, conjugue les verbes suivants à la 3e personne du singulier et du pluriel de l'imparfait de l'indicatif.

oublier – lancer – dormir – mettre

2 * Sur l'ardoise, conjugue les verbes suivants à la 1re personne du singulier et du pluriel de l'imparfait et du plus-que-parfait.

courir – prendre – être – avoir – faire

3 ** Conjugue les verbes à l'imparfait puis au plus-que-parfait.

Lorsque le train ………………………… / ………………………… *(entrer)* en gare, le bruit ………………………… / ………………………… *(être)* impressionnant. Nous………………………… /………………………… *(devoir)* nous boucher les oreilles. La fumée ………………………… / ………………………… *(envahir)* tout l'espace. C'………………………… *(être, seulement à l'imparfait)* au début du XIXe siècle, lorsque les locomotives ………………………… / ………………………… *(fonctionner)* au charbon et à la vapeur. Des peintres ………………………… / ………………… *(s'inspirer)* de ces nouvelles gares.

4 * Trouve et écris l'infinitif et le temps des verbes soulignés.**

a. Tu <u>trouvais</u> (…………………………) les voyages sympathiques.

b. Nous <u>avions regardé</u> (………………………… …………………………) la locomotive entrer au bout du quai.

c. Les voyageurs <u>étaient</u> (………………………… …………………………) impressionnés par le train.

d. Je n'étais pas <u>parvenu</u> (………………………… …………………) à dormir dans les wagons-lits.

5 * Réécris ces phrases en mettant le sujet au pluriel.**

a. Le contrôleur vérifiait les billets et répondait aux passagers.

…………………………………………………………
…………………………………………………………
…………………………………………………………

b. Tu avais joué aux cartes pour passer le temps.

…………………………………………………………
…………………………………………………………
…………………………………………………………

c. Le marchand déambulait dans les couloirs et vendait des boissons et des sandwichs.

…………………………………………………………
…………………………………………………………
…………………………………………………………

d. J'avais adoré regarder par la fenêtre et j'avais compté les poteaux électriques.

…………………………………………………………
…………………………………………………………
…………………………………………………………

EXO DÉFI Écris les verbes à l'imparfait ou au plus-que-parfait.

a. Le train ………………………… *(pouvoir)* repartir, les machinistes ………………………… *(finir)* de réparer les caténaires endommagées.

b. Le départ pour Rouen ………………………… (annoncer), mais le train ………………………… *(avoir)* du retard.

c. Les passagers ………………………… *(monter)* dans les wagons, le train ………………………… *(pouvoir)* partir.

Bravo ! Maintenant, tu sais conjuguer à l'imparfait et au plus-que-parfait.

Corrigés p. 24 GUIDE PARENTS

31 Conjugaison
Passé simple et passé antérieur

Pour comprendre

Savoir

- **Le passé simple** est, comme son nom l'indique, **un temps du passé.**
Il est surtout utilisé dans la **langue écrite**.
Il s'emploie principalement avec l'imparfait de l'indicatif pour raconter une histoire.
Dans un récit, il exprime un **événement précis, bref**.

Il était une fois un roi qui perdit la tête. Il fit un vœu mais l'oublia aussitôt.

(Il était une fois : action qui dure : imparfait ; perdit, fit, oublia : action brève et précise : passé simple)

- **Le passé antérieur situe une action avant celle décrite par le passé simple.**
Le passé antérieur est un temps composé. L'auxiliaire *être* ou *avoir* est conjugué au passé simple suivi du participe passé du verbe.

*Quand la petite fille **eut choisi** sa poupée, elle retourna se coucher.*

Savoir faire

Reconnaître le passé simple

- Les verbes du 2e groupe et certains verbes du 3e groupe (pour les personnes du singulier) se conjuguent de la même façon au présent et au passé simple.
Si le reste du texte est au passé, il s'agit alors du passé simple.

*La sorcière arriva et **dit** « Abracadabra ».* (passé simple) *La sorcière arrive et **dit** « Abracadabra ».* (présent)

Infos parents

- **Le passé simple est employé dans les textes littéraires** ou historiques.
- **Le passé simple situe un fait de courte durée** dans le passé, du début jusqu'à la fin. Dans un récit, il marque la succession des faits au fil de leur déroulement.
- **Un élève de cycle 3** doit savoir conjuguer un verbe au passé simple aux 1re et 3e personnes du singulier ainsi qu'à la 3e personne du pluriel.
- **Le passé antérieur est l'aspect accompli du passé simple.** Il peut ainsi, dans une subordonnée, marquer un fait antérieur à celui exprimé par le verbe principal au passé simple.

S'entraîner

1 * Écris les verbes au passé simple.

a. Je .... *(descendre)* du grenier rapidement.

b. Vous .... *(prendre)* peur en me voyant.

c. Elle .... *(regarder)* si on la suivait.

d. L'araignée y .... *(faire)* sa toile.

e. Nous .... *(penser)* longtemps à ce conte.

f. Tu .... *(croire)* que j'avais peur.

g. Les enfants .... *(apprendre)* à se méfier du loup.

2 ** Écris l'infinitif et le temps des verbes.

a. Vous fûtes (.. ....) ravis de le retrouver.

b. Tu eus captivé (....................................... ....) ton auditoire.

c. L'histoire en excita (.................................. ....) plus d'un.

d. Ils eurent cru (.. ....) que le héros était vivant.

e. À la fin, tous les enfants pleurèrent (.......... ....) de joie.

3 ** Conjugue au passé simple puis au passé antérieur les verbes suivants aux 3es personnes du singulier et du pluriel.

a. être ....
....

b. salir ....
....

c. avoir ....
....

d. aller ....
....

4 ** Sur l'ardoise, conjugue au passé simple puis au passé antérieur les verbes suivants à la 1re personne du singulier et du pluriel.

sourire – posséder – aplatir – défendre

5 ** Entoure en bleu les verbes conjugués au passé simple et en rouge ceux conjugués au passé antérieur.

je viendrai – tu arrivas – nous pourrions – ils eurent aimé – tu ouvris – j'eus récité – nous racontâmes – ils eurent hurlé – il faisait – je tremblais

6 *** Souligne dans le texte les verbes employés au passé simple.

Dès que les enfants apprirent qui était le héros, ils commencèrent à s'énerver. Il faut dire que c'était le même nom que celui de l'un de leurs camarades. Le héros pouvait disparaître en un rien de temps. Au moment de sa réapparition, la lumière s'éteignit. C'était un simple problème de tension mais les enfants crurent un instant que le héros était dans la pièce, à côté d'eux, prêt à les toucher. Quelle frayeur !

EXO DÉFI Indique le temps des verbes en bleu.

a. Quand l'histoire débute, Paul **finit** vite sa soupe. → présent | passé simple

b. Le chiot courait dans l'herbe mouillée, il se **salit** les pattes. → présent | passé simple

c. Cet homme était un aventurier, il **partit** pour les mers australes. → présent | passé simple

d. Pour faire plus d'effet, Pierre s'arrête de lire et **dit** : Attention ! → présent | passé simple

e. Paul changea de position et **réfléchit** à la suite de l'histoire. → présent | passé simple

Bravo ! Maintenant, tu sais conjuguer au passé simple et au passé antérieur.

Corrigés p. 24 GUIDE PARENTS

32 Conjugaison
Futur, futur antérieur, conditionnel présent

Pour comprendre

Savoir

Un mode comporte plusieurs temps (présent, passé, futur).

- **Le futur simple de l'indicatif exprime une action qui n'a pas encore eu lieu** mais qui aura lieu plus tard, dans le futur.

*Je **prendrai** des cours de piano à partir du mois prochain.*

Le futur se construit avec l'infinitif du verbe auquel on ajoute les terminaisons du futur : *-ai, -as, -a, -ons, -ez, -ont* *Lancer ➜ je lancer/**ai*** (lancer : infinitif ; ai : terminaison)

- **Le futur antérieur de l'indicatif marque une action** qui s'accomplira aussi dans l'avenir, mais **avant celle décrite par l'action au futur simple.**

Le futur antérieur est un temps composé. L'auxiliaire *être* ou *avoir* est conjugué au futur simple suivi du participe passé du verbe.

*Tu pourras jouer quand tu **auras terminé** tes devoirs.*

Voir les tableaux de conjugaison p. 46 des Corrigés.

- **Le conditionnel est un mode.**

Il sert à indiquer une action qui se produira à condition qu'une autre action se soit déjà déroulée. **Cette condition est introduite par *si*.**

***Si** ma mère était d'accord, je **prendrais** des cours de piano.*

Pour construire le conditionnel présent, il faut prendre le radical du verbe au futur et ajouter les terminaisons de l'imparfait :
Futur : *nous prend**rons*** Conditionnel : *nous prend**rions***

Savoir faire

Modifier le radical de certains verbes

- L'infinitif sert à former le futur. Cependant, pour certains verbes du 1er groupe, tu dois le modifier un peu : *nettoyer ➜ je netto**ie**rai – appeler ➜ nous appe**ll**erons*

Infos parents

- **Le futur situe un fait dans l'avenir.** Il peut exprimer un ordre : *Tu prendras tes affaires !*
- **Le conditionnel** exprime l'incertitude encore plus nettement que le futur. Il peut aussi marquer la politesse. *Je voudrais vous demander l'autorisation de…*

S'entraîner

1 * Donne l'infinitif des verbes.

Nous *conjuguerons* .... les verbes en surveillant les terminaisons. La leçon faite en classe nous *permettra* .... de ne pas nous tromper. Mais il *faudra* .... faire attention à ne pas confondre les groupes des verbes. Nous *pourrons* .... alors gagner du temps pour ensuite aller jouer.

2 ** Réécris ces verbes au futur simple.

a. Tu *(écris)* .... sur les pages de ton carnet.

b. Vous *(découvrez)* .... les règles du solfège et les *(trouvez)* .... faciles.

c. Il *(aime)* .... les difficultés qu'il *(s'impose)* .... lui-même.

d. Je *(choisis)* .... cette chanson en premier.

3 ** Conjugue les verbes indiqués au futur simple et au futur antérieur.

Demain, le professeur *(demander)* .... / .... à écouter les morceaux de musique que nous avons travaillés. Elle *(être)* .... / .... certainement surprise. Nous *(avoir)* .... / ...., je l'espère, une bonne note. Nous *(choisir)* .... / .... un passage que nous *(devoir)* .... / .... présenter à la classe.

4 * Complète avec le verbe *être* au conditionnel présent.**

a. Nous .... très habiles si nous nous entraînions davantage.

b. Les instruments .... mieux rangés sur l'étagère.

c. Tu ne .... pas déçu de ce concert.

5 * Réécris ces phrases en mettant les conditions à l'imparfait.**

a. Si tu fais attention, tu réussiras cette note.

....

....

b. Si les voisins écoutent la musique, ils achèteront le disque.

....

....

c. Si vous le souhaitez, nous chanterons ensemble.

....

....

d. Si le temps le permet, nous jouerons dans la cour.

....

....

EXO DÉFI **Sur l'ardoise, réécris ce texte pour qu'il soit en correspondance avec son titre.**

Si tu pouvais réaliser ton rêve...

Tu achètes un superbe bateau à voiles, tu vogues sur les mers du monde et tu jettes l'ancre devant une île déserte, le long des plages bordées de cocotiers. Les noix de coco tombent devant toi et tu en bois le lait.

Bravo ! Maintenant, tu sais conjuguer au futur, au futur antérieur et au conditionnel présent.

Corrigés p. 25
GUIDE PARENTS

Conjugaison

33 Participe présent et adjectif verbal

Pour comprendre

Savoir

■ **Le participe présent est une forme verbale** **invariable**. Elle se termine en *-ant*.

Le participe présent exprime une action qui accompagne une autre action.

Je rentre à la maison en ***chantant****.*

■ **L'adjectif verbal** se termine aussi en *-ant* mais il est **variable en genre et en nombre**. Cela signifie qu'il peut s'accorder au féminin et au pluriel.

*Un chocolat brûl**ant*** (masculin) *une crème brûl**ante*** (féminin) *des cafés brûl**ants*** (pluriel)

Savoir faire

Distinguer le participe présent de l'adjectif verbal

■ On peut chercher à l'employer avec un nom féminin. **Si le mot se met au féminin, il s'agit de l'adjectif verbal.**

*Un garçon souriant ➜ une fille sour**iante*** (adjectif verbal)

Infos parents

■ **Le participe présent** est souvent suivi de compléments d'objet ou circonstanciels.

■ **Pour certains verbes**, le participe présent et l'adjectif verbal ont une orthographe différente.

	Participes présents	Adjectifs verbaux
Les verbes en *-quer : communiquer*	*-quant (communiquant)*	*-cant (communicant)*
Les verbes en *-guer : fatiguer*	*-guant (fatiguant)*	*-gant (fatigant)*

S'entraîner

1 * Écris le participe présent des verbes suivants.

descendre – parler – attraper – fleurir – croire – échafauder – déguiser

....

....

....

....

....

2 * Écris les adjectifs verbaux au féminin.

fatigant → ....

éprouvant → ....

perçant → ....

criant → ....

descendant → ....

3 ** Écris l'expression au masculin qui correspond. Sers-toi du nom donné entre parenthèses.

a. une voiture polluante *(camion)*

....

b. une maison inquiétante *(immeuble)*

....

c. des fraises fondantes *(melons)*

....

d. une région attirante *(parc naturel)*

....

e. une pièce de théâtre passionnante *(film)*

....

f. une couteau tranchant *(lame)*

....

4 ** Continue selon le modèle.

Exemple : partir → un joueur partant/ une équipe partante

a. vivre → ....

....

b. plaire → ....

....

c. nourrir → ....

....

5 * Complète par un participe présent ou un adjectif verbal.**

a. Pierre s'est blessé en *(jouer)*......................

b. Le soleil apporte une chaleur *(rassurer)* ....

c. Les arbres *(déborder)* .... sur le jardin voisin sont des citronniers.

d.Le directeur reçoit les danseuses *(débuter)* ....

e. L'animateur annonce les numéros *(gagner)* ....

EXO DÉFI Complète par un participe présent ou un adjectif verbal.

a. Communiquer → Les papillons se parlent en .... avec leurs antennes.

b. Fatiguer → Les chatons sont ....

c. Hurler → J'entends les loups .... de faim.

d. Sauter → On pouvait voir les sauterelles .... dans le champ.

e. Rugir → On entendait la lionne .... dans sa cage.

Bravo ! Maintenant, tu sais reconnaître un participe présent et un adjectif verbal.

Corrigés p. 25 GUIDE PARENTS

Conjugaison

34 Le subjonctif présent

Pour comprendre

Savoir

Un mode comporte plusieurs temps (présent, passé, futur).

- **Le subjonctif est un mode.** Il indique une **action qui ne s'est pas encore déroulée.**
  *Il faut que je **vienne** te voir plus souvent.*
- **Le subjonctif est toujours introduit par *que*.**
  *Il faut **que** tu parles plus fort.*
- **On le trouve surtout après des verbes qui expriment :**
  – un désir : *Je voudrais que nous **puissions** franchir cet obstacle.*
  – un souhait : *Je souhaite que les textes **soient publiés**.*
  – un conseil : *Il faudrait que vous **preniez** le temps d'écrire.*
  – une supposition : *Imagine que tu **sois tombée** dans le trou…*
  – un ordre : *J'exige que tu **sois** à l'heure tous les matins.*
  – une obligation : *Il faut que tu **comprennes** ce qu'il dit.*
- **Les terminaisons du subjonctif présent sont :**
  – verbes du 1er groupe : *-e*, *-es*, *-e*, *-ions*, *-iez*, *-ent*
  – verbes du 2e groupe : *-isse*, *-isses*, *-isse*, *-issions*, *-issiez*, *-issent*
  – verbes du 3e groupe : regarde le tableau de conjugaison p. 46 des Corrigés.

Savoir faire

Connaître les verbes usuels du 3e groupe

Voir → que je voie
Aller → que j'aille
Faire → que je fasse
Être → que je sois
Venir → que je vienne
Pouvoir → que je puisse
Prendre → que je prenne
Avoir → que j'aie

Infos parents

- **Le subjonctif exprime un fait qui a pu, qui peut ou qui pourrait arriver.** Il est employé après tous les verbes qui marquent une forte présence de l'émetteur : par exemple, les verbes d'opinion et de sentiment.

S'entraîner

1 * Conjugue ces verbes à la 1re personne du singulier et du pluriel du présent du subjonctif (sur l'ardoise).

grandir – sortir – penser – faire – pouvoir – venir

2 ** Complète le tableau en conjuguant au subjonctif présent.

Verbes	2e personne du singulier	2e personne du pluriel
Paraître		
Décorer		
Soumettre		
Placer		
Joindre		

3 ** Écris les verbes entre parenthèses au présent du subjonctif.

a. Il faut que tu .... *(être)* attentif.

b. Il faut que les voyageurs .... *(partir)* sur-le-champ.

c. Il est nécessaire que vous .... *(parler)* plus fort.

d. Pourvu que nous .... *(pouvoir)* lire leur message.

4 * Complète avec le verbe *avoir* au présent du subjonctif.**

a. Il faut que j'.............. terminé avant midi.

b. Il faut qu'il .... reçu mon colis dès demain.

c. Il est urgent qu'elle .... son argent de poche.

5 * Transforme ces phrases en commençant par *Il faut que*.**

a. Range tes clés !

Il faut que ....

b. Sois plus attentif à ce que l'on te dit !

Il faut que ....

....

c. Descendez immédiatement de cette échelle !

Il faut que ....

....

6 * Réécris les phrases suivantes en commençant par *Supposons que*.**

a. Tu prends le train de nuit de 22 h 30.

Supposons que ....

....

b. Le contrôleur est inquiet tellement le train est rempli.

Supposons que ....

....

c. Les passagers craignent de ne pas avoir leur couchette.

Supposons que ....

....

d. La SNCF décide de rajouter des wagons.

Supposons que ....

....

EXO DÉFI Complète avec *être* ou *avoir* au présent du subjonctif.

a. Il faut que je .... lavé de tout soupçon.

b. Il est essentiel que tu .... pris les informations.

c. Il est fondamental que nous .... choisi une activité rapidement.

d. Il faut que tu .... inscrit avant la semaine prochaine.

Bravo ! Maintenant, tu sais conjuguer au présent du subjonctif.

Corrigés p. 25 GUIDE PARENTS

35

Conjugaison

L'impératif présent

Pour comprendre

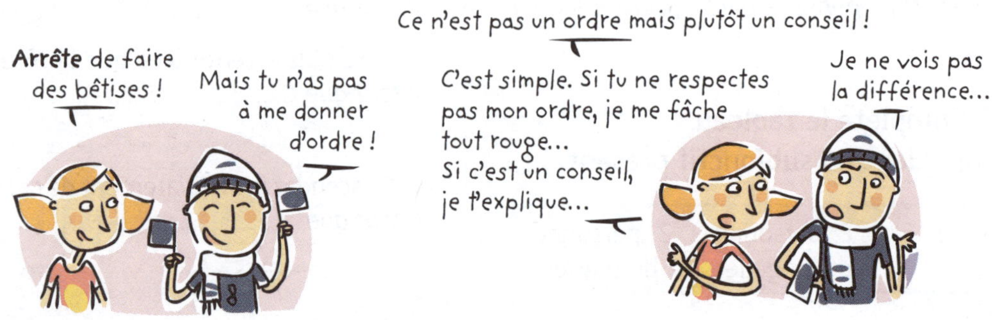

Savoir

- **L'impératif est un mode** comme l'indicatif ou le subjonctif.
- **L'impératif exprime** un **ordre**, une **interdiction**, un **conseil** ou un **souhait**.

Un conseil ou un ordre ne se donnent qu'à des personnes à qui l'on s'adresse.

- **L'impératif présent ne se conjugue donc qu'à trois personnes :**
  - – la 2e personne du singulier → *Arrête !*
  - – la 1re personne du pluriel → *Arrêtons !*
  - – la 2e personne du pluriel → *Arrêtez !*

Pour reconnaître la personne, il faut observer la terminaison du verbe. Il n'y a pas de pronom personnel devant le verbe.

Savoir faire

Connaître les particularités des verbes des 1er et 3e groupes

- **Les verbes du 1er groupe** ne prennent **pas de « s »** à la 2e personne du singulier.

Range ton étagère !

- **Les verbes du 3e groupe** dont la 2e personne du singulier est en **-e** ne prennent **pas** non plus **de « s »**.

Cueille ces fruits mûrs !

Attention ! On rajoute dans certains cas un « s » au verbe pour faciliter la prononciation.

*Ces fruits sont mûrs, **cueilles**-en ! Cette étagère est peu remplie, **ranges**-y tes disques ! La patinoire est ouverte, **vas-y** !*

Infos parents

- **L'impératif est un mode** qui ne connaît que la 1re personne du pluriel et la 2e personne du singulier et du pluriel.

S'entraîner

1 * Entoure les verbes conjugués à l'impératif présent.

a. Quand tu vas à la pêche au bord de l'étang, sois silencieux.

b. Quand tu vas à la pêche au bord de l'étang, je souhaiterais que tu sois silencieux.

c. Interdiction de faire des graffitis.

d. Ne faites pas de graffitis.

e. Venez-vous cette semaine ?

f. Venez cette semaine.

2 ** Écris ce texte au présent de l'impératif, à la 2e personne du singulier et à la forme négative.

Pour faire une bonne photographie :

– mettre ses doigt devant l'objectif

…………………………………………………

…………………………………………………

– couper le personnage en deux

…………………………………………………

…………………………………………………

– déclencher la photo trop tôt

…………………………………………………

…………………………………………………

– être face au soleil

…………………………………………………

…………………………………………………

3 ** Qu'exprime l'impératif dans les phrases suivantes ? (ordre – conseil – souhait – interdiction)

a. **Prends** ma place, tu verras mieux.
➜ …………………………………………………

b. **Prends** la porte, et ne reviens plus !
➜ …………………………………………………

c. **Prends** ton temps, tu réussiras.
➜ …………………………………………………

d. **Prends** mon sac, je ne parviens plus à le porter. ➜ …………………………………

e. Ne **Prends** pas ce pull, il est sale !
➜ …………………………………………………

f. Ne **Prends** pas ce chemin, il est dangereux !
➜ …………………………………………………

4 ** Transforme les phrases comme dans l'exemple.

Exemple : Je te dis de monter. ➜ *Monte !*

a. Je te demande de te tenir bien.
➜ …………………………………………………

b. Je te dis d'être sage. ➜ ……………………

c. On te dit d'écouter. ➜ ……………………

d. Je te demande de sourire. ➜ ………………

5 *** Conjugue à la personne qui convient de l'impératif présent.

a. *(Laver)* vos draps et les *(mettre)* à sécher.

…………………………………………………

…………………………………………………

b. *(Secouer)* le prunier, *(ramasser)* les fruits au sol et (remplir) nos paniers.

…………………………………………………

…………………………………………………

c. *(Débarrasser)* la table et *(laver)* ton assiette.

…………………………………………………

…………………………………………………

d. *(Distribuer)* tes bonbons puis *(aller)* te ranger.

…………………………………………………

…………………………………………………

EXO DÉFI Complète les verbes de ces phrases. Attention au mode du présent (indicatif ou impératif).

a. Retourn...... à votre maison. Retourn.......-y vite.

b. Coup.......-moi une tranche de gâteau. Coup.......-tu le gâteau pour tout le monde ?

c. Recompt...... ton addition. Compt.......-tu ton addition ?

d. Attrap.......-tu des papillons ? Attrap.......-en quelques-uns.

Corrigés p. 25 GUIDE PARENTS

Bravo ! Maintenant, tu sais conjuguer à l'impératif.

Bilan Lecture

Lis attentivement ce texte pour répondre aux questions.

Juste après le repas, Pierre partait à la plage, armé de ses outils. Il laissait derrière lui la maison de tante Éliane, une grande bâtisse de pierres roses, qui dominait l'Océan. Il descendait le chemin, au flanc de la falaise, puis prenait l'escalier de bois gris qui menait à la grève. Enfin, il arrivait dans son domaine, protégé des regards indiscrets par les rochers luisants d'écume.

C'était son territoire. Son île déserte. Son fief.

Pierre allait toujours au même endroit, sur la plage. Un coin secret, rien qu'à lui, avec de gros rochers noirs et luisants, et un sable extraordinaire. Un sable parfait, juste comme il fallait pour faire des châteaux fins, mais pas trop, d'un beau jaune doré. Et qui permettait de construire de solides remparts.

Parfois, lorsque l'Océan s'était mis en colère, Pierre trouvait sur la plage d'étranges bois flottés, aux formes d'animaux fantastiques, ou bien de curieux coquillages au vernis écaillé, à la nacre ternie. Il s'en servait pour décorer les toits de ses châteaux, ou paver les cours intérieures.

Car Pierre, chaque jour, construisait une nouvelle forteresse. Un peu plus grande, un peu plus belle que la précédente. Il ajoutait des tours, des voûtes, des créneaux. Puis il creusait un grand fossé autour des murs dorés, lorsqu'il avait fini. Et, patiemment, il attendait que la marée monte. Il attendait qu'elle vienne emplir ce fossé circulaire, peu à peu, jusqu'à ras bord. Alors, assis non loin de là, sur un rocher, il regardait l'eau verte et froide lécher le pied des murs, les imbiber de sa salive amère. Puis, lorsque les remparts s'effondraient lentement, par pans entiers, dans un désastre silencieux, Pierre sautait à bas de son trône de pierre et retournait chez lui, la pelle sur l'épaule et le seau à la main.

Le Château de Pierre, M.-S. Roger (Nathan poche)

1 Dans le texte, entoure les mots qui répondent à ces questions.

où ? ➜ en bleu

quand ? ➜ en rouge

qui ? ➜ en vert

quoi ? ➜ en jaune

.... /4

2 Sans regarder le texte, complète ces phrases avec les mots :
parfois – car – puis – toujours

a. Pierre allait .... au même endroit.

b. .... , lorsque l'Océan s'était mis en colère, Pierre trouvait sur la plage d'étranges bois flottés.

c. .... Pierre, chaque jour, construisait une nouvelle forteresse.

d. .... , lorsque les remparts s'effondraient lentement, par pans entiers, dans un désastre silencieux, Pierre sautait à bas de son trône.

.... /2

3 L'auteur présente l'Océan comme une personne (l. 13 à 15). Trouve deux indices qui le montrent.

Indice 1 : ....

Indice 2 : ....

.... /2

4 Coche la phrase qui garde les idées essentielles.

Parfois, lorsque l'Océan s'était mis en colère, Pierre trouvait sur la plage d'étranges bois flottés, aux formes d'animaux fantastiques, ou bien de curieux coquillages au vernis écaillé, à la nacre ternie.

a. ☐ Parfois l'Océan se mettait en colère.

b. ☐ Pierre trouvait sur la plage des animaux fantastiques et de la nacre ternie.

c. ☐ Pierre trouvait sur la plage d'étranges bois flottés ou bien de curieux coquillages.

.... /1

5 Relie pour former des phrases qui aient un sens.

Lorsque l'Océan s'était mis en colère ▪	▪ car c'est là qu'il trouvait le meilleur sable.
Pierre sautait à bas de son trône de pierre ▪	▪ pour rentrer chez lui.
Pierre allait toujours au même endroit ▪	▪ pour que la mer détruise le château.
Patiemment, il attendait que la marée monte ▪	▪ il faisait de jolis cadeaux à Pierre.

.... /4

6 Coche le meilleur titre pour cet extrait.

a. ☐ La Baignade **b.** ☐ La Peine de Pierre **c.** ☐ Le Coin Secret

.... /1

7 Trouve, dans les lignes 7 à 15, des mots que l'on pourrait faire rimer avec ceux-ci.

a. discret ....

b. plaisants ....

c. l'été ....

d. départs ....

e. orage ....

f. plaire ....

.... /6

TOTAL
.... /20

Corrigés p. 26
GUIDE PARENTS

Bilan Vocabulaire

Les familles de mots

1 Coche la bonne orthographe.

a. Famille de *carré* : ☐ careaux ☐ carreaux
b. Famille de *vent* : ☐ évantail ☐ éventail
c. Famille de *fleur* : ☐ fleuriste ☐ fleriste

.... /1

2 Relie les mots à celui qui a servi à les former.

a. poing b. point

- poignée
- pointure
- empoigner
- pointillés
- poignard

.... /2

3 Trouve le radical.

a. pliure – pliage – déplier – surplis : ....
b. déborder – abordage – bordure – aborder : ....

.... /2

4 Trouve l'intrus de chaque liste.

a. marin – mer – maritime – mari – marine
b. roue – roulade – rouge – enrouler – rouleau
c. flamboyant – flambée – enflammer – flamant – flambeau – flamme

.... /3

Le dictionnaire

5 Coche le mot qui sera le plus proche du mot en bleu dans le dictionnaire.

a. marteau : ☐ marchand ☐ martial ☐ mèche
b. pliant : ☐ poignet ☐ passé ☐ plume
c. éveil : ☐ étui ☐ erroné ☐ éventail

.... /1

6 À l'aide du dictionnaire, choisis le bon mot.

irruption – éruption

a. Ce volcan risque d'entrer en .... à tout moment.

collision – collusion

b. Une terrible .... a été la cause d'un embouteillage monstre.

.... /2

Les synonymes

7 Quel est l'intrus de chaque liste de synonymes ?

a. apprécier – aimer – adorer – mesurer – estimer

b. manie – différence – habitude – penchant – routine

c. infect – puant – nauséabond – maladif – malodorant

d. honnête – loyal – semblable – fidèle – estimable

.... /2

8 Relie les synonymes entre eux.

monter ▪	▪ jeter
crier ▪	▪ friper
lancer ▪	▪ gravir
conduire ▪	▪ manœuvrer
chiffonner ▪	▪ beugler

.... /2

Les niveaux de langue

9 Indique F pour familier, C pour courant et S pour soutenu.

a. s'assoupir : .... roupiller : .... dormir : ....

b. automobile : .... bagnole : .... voiture : ....

c. appartement : .... appart : .... logis : ....

.... /3

10 Coche ce qui permet de dire que cette phrase appartient à un niveau de langue familier.

Je viendrai pas demain : je fais un truc.

a. ☐ Emploi d'un vocabulaire recherché.

b. ☐ Phrase négative construite sans « ne ».

c. ☐ Emploi d'une formule de politesse.

.... /2

TOTAL .... /20

Corrigés p. 26 GUIDE PARENTS

Bilan Orthographe

Les règles d'accord

1 Le verbe s'accorde en nombre avec :

a. ☐ les adjectifs.
b. ☐ le sujet.
c. ☐ les adverbes.
d. ☐ les compléments.

.... /1

2 Dans la phrase suivante, l'adjectif doit s'écrire :

Ce jeu vidéo a vraiment des images et un son très réussi…

a. ☐ réussi b. ☐ réussie c. ☐ réussis d. ☐ réussies

.... /1

3 Le participe passé employé avec l'auxiliaire *être* s'accorde avec :

a. ☐ le verbe. b. ☐ le COD. c. ☐ le sujet.

.... /1

4 Dans la phrase suivante, le participe passé employé avec l'auxiliaire *avoir* doit s'écrire :

Elle m'a envoy… un livre et un CD.

a. ☐ envoyé b. ☐ envoyés c. ☐ envoyée d. ☐ envoyées

.... /2

Les verbes

5 Dans les formes verbales, après l'auxiliaire, le verbe est :

a. ☐ au pluriel. b.☐ à l'infinitif. c. ☐ au participe passé.

.... /2

6 Après *à*, *de*, *pour*, le verbe est :

a. ☐ au pluriel. b. ☐ à l'infinitif. c. ☐ au masculin.

.... /2

7 Lorsque deux verbes se suivent, le second est :

a. ☐ au pluriel. b. ☐ conjugué. c. ☐ à l'infinitif.

.... /2

8 Les verbes du 2e groupe ont un participe passé qui se termine par :

a. ☐ -i b. ☐ -is c. ☐ -it

.... /2

L'adjectif et le participe passé

9 L'adjectif qualificatif peut être :

a. ☐ le seul mot dans une phrase.
b. ☐ épithète ou attribut.
c. ☐ accordé à toutes les personnes.

.... /1

10 Le participe passé est employé avec :

a. ☐ un temps simple. b. un temps composé. c. une proposition.

.... /1

11 Dans la phrase suivante, le verbe est :

Aujourd'hui, nous sommes arrivés en retard à la cantine.

a. ☐ au passé composé.
b. ☐ au participe présent.
c. ☐ au passé simple.

.... /1

Les mots invariables, les homophones et les synonymes

12 Dans la phrase suivante, *vers* et *vert* sont :

Il vient vers moi avec un t-shirt vert.

a. ☐ des homophones. b. ☐ des synonymes. c. ☐ des mots invariables.

.... /1

13 Le mot *jamais* :

a. ☐ s'accorde. b. ☐ est toujours au pluriel. c. ☐ est invariable.

.... /1

14 Dans la proposition soulignée, quel est le mot invariable ?

J'avais vu ce film un an avant, mais je décidai de le regarder à nouveau.

a. ☐ ce b. ☐ an c. ☐ avant

.... /1

15 Quel est le synonyme du mot *groupe* ?

a. ☐ individu b. ☐ assemblée c. ☐ division

.... /1

TOTAL
.... /20

Corrigés p. 26 GUIDE PARENTS

Bilan Grammaire

Les phrases

1 Dans une phrase simple, il y a :

a. ☐ un seul verbe conjugué.
b. ☐ plusieurs verbes conjugués.
c. ☐ pas de verbe.

.... /1

2 Une phrase complexe comporte :

a. ☐ plusieurs adjectifs.
b. ☐ plusieurs verbes conjugués.
c. ☐ plusieurs verbes à l'infinitif.

.... /1

3 Quelle est la phrase exclamative ?

a. ☐ Tu m'as parlé de tes vacances.
b. ☐ Tu m'as surpris !
c. ☐ Tu ne viendras pas ?

.... /1

4 La phrase interrogative marque :

a. ☐ une question. b. ☐ une crainte. c. ☐ une pensée.

.... /1

Les propositions

5 La partie soulignée de la phrase suivante est :

Sur le quai, les passagers attendent <u>que les porteurs prennent leurs bagages</u>.

a. ☐ une proposition principale.
b. ☐ une proposition subordonnée relative.
c. ☐ une proposition indépendante.

.... /2

6 La proposition subordonnée est :

a. ☐ indépendante.
b. ☐ dépendante de la proposition principale.
c. ☐ déplaçable.

.... /2

7 La proposition subordonnée relative :

a. ☐ fait partie du groupe verbal.
b. ☐ fait partie du groupe nominal.
c. ☐ est une proposition essentielle.

.... /2

8 **Quelle est la phrase comportant une proposition circonstancielle ?**

a. ☐ Quelle chance ! Il a gagné le gros lot à la tombola !
b. ☐ Si tu gagnes un vélo, pourras-tu me le prêter ?
c. ☐ Ma voisine n'a pas regardé le numéro de son billet.

.... /2

Le sujet et le nom

9 **Dans la phrase suivante, le verbe doit s'écrire :**

Léo et Amine se (voir) pendant le week-end.

a. ☐ voit b. ☐ vois c. ☐ voient

.... /1

10 **La voix passive indique que :**

a. ☐ le sujet dort. b. ☐ le sujet subit l'action. c. ☐ le sujet est actif.

.... /1

11 **L'attribut du sujet est séparé du nom par :**

a. ☐ un verbe d'action. b. ☐ un pronom. c. ☐ un verbe d'état.

.... /1

Les compléments

12 **Le COD est un complément :**

a. ☐ circonstanciel. b. ☐ essentiel. c. ☐ déplaçable.

.... /2

13 **Le COD :**

a. ☐ est une phrase.
b. ☐ appartient au groupe nominal.
c. ☐ appartient au groupe verbal.

.... /1

Les pronoms

14 **Coche le pronom relevé dans cette phrase.**

Le vélo, nous ne l'avons pas gagné, mais nous avons eu un lot de consolation.

a. ☐ Le b. ☐ l' c. ☐ de

.... /1

15 **Les pronoms ne peuvent pas être :**

a. ☐ possessifs. b. ☐ qualificatifs. c. ☐ personnels.

.... /1

TOTAL .... /20

Corrigés p. 26 GUIDE PARENTS

Bilan Conjugaison

Les modes et les verbes

1 Le présent, le passé simple, l'imparfait et le passé composé font partie du mode :

a. ☐ impératif. b. ☐ indicatif. c. ☐ subjonctif. .... /1

2 Relève le verbe au présent dans la phrase suivante :

J'ai regardé dans le journal si le spectacle que je veux voir se jouera encore pendant les vacances.

a. ☐ ai regardé b. ☐ veux c. ☐ se jouera .... /1

3 Dans *tu es vraiment fatigant*, le mot souligné est :

a. ☐ un adjectif verbal. b. ☐ le participe présent du verbe « fatiguer ». .... /2

4 Quelle est la phrase contenant un verbe au conditionnel ?

a. ☐ J'aimerais bien qu'elle nous accompagne au cirque.
b. ☐ Je veux vraiment aller au cirque avec ma cousine.
c. ☐ Si elle n'arrive pas, nous raterons le premier numéro du spectacle ! .... /2

Les temps simples

5 L'imparfait sert à :

a. ☐ parler à l'oral. b. ☐ décrire un événement. c. ☐ parler du futur. .... /1

6 Le passé simple est :

a. ☐ le temps pour les dialogues.
b. ☐ le temps de la condition.
c. ☐ le temps du récit. .... /1

7 Coche le verbe au passé simple dans la phrase suivante :

Alors que le spectacle se déroulait et que les enfants riaient, un projecteur tomba en panne.

a. ☐ se déroulait b. ☐ riaient c. ☐ tomba .... /1

8 Le futur simple annonce :

a. ☐ une action passée. b. ☐ une action à venir. c. ☐ une action présente. .... /1

Les temps composés

9 Relève la phrase contenant un verbe au passé composé.

a. ☐ Lorsque mon frère va au cinéma, il se met au dernier rang.
b. ☐ Ce film a reçu trois grands prix lors de sa sortie.
c. ☐ Si tu empruntes un DVD, tu devras le rendre demain.

.... /1

10 Un temps composé est construit avec :

a. ☐ l'auxiliaire *être* ou *avoir* et un participe passé.
b. ☐ l'auxiliaire *être* ou *avoir* et un verbe à l'infinitif.
c. ☐ l'auxiliaire *être* ou *avoir* et un participe présent.

.... /2

Le subjonctif et le conditionnel

11 Le subjonctif est :

a. ☐ un temps.
b. ☐ un verbe.
c. ☐ un mode.

.... /1

12 Le subjonctif indique une action :

a. ☐ qui ne s'est pas déroulée.
b. ☐ terminée.
c. ☐ en train de se dérouler.

.... /2

13 Dans la phrase suivante, indique quel est le verbe au subjonctif :

Il faudra absolument que tu voies le cadeau qu'elle m'a offert.

a. ☐ faudra
b. ☐ voies
c. ☐ a offert

.... /2

14 Relève le verbe au conditionnel.

a. ☐ je serai là
b. ☐ je serais là
c. ☐ j'étais là

.... /2

TOTAL
.... /20

Corrigés p. 26 GUIDE PARENTS

Les grands nombres entiers

Pour comprendre

Savoir

< se lit plus petit que… ou inférieur à…
> se lit plus grand que… ou supérieur à…

- **Dans un grand nombre, la place de chaque chiffre est importante.** Ils sont groupés par 3 à partir de la droite.
- Ces groupements par 3 correspondent à des **classes** (ou familles).
- **Ce système est appelé décimal** car on passe d'une colonne à l'autre en faisant des **groupements par 10** : **10 unités** donnent **1 dizaine**
  10 dizaines donnent **1 centaine**…

Savoir faire

Écrire et lire des grands nombres

- **Pour lire des grands nombres, utilise un tableau** représentant les classes.

Dans chaque classe, on retrouve des unités, des dizaines, et des centaines.

Classe des milliards			Classe des millions			Classe des mille ou milliers			Classe des unités simples		
c	d	u	c	d	u	c	d	u	c	d	u
2	7	5	4	5	1	6	8	7	3	2	1

Écris 275 451 687 321. Les espaces entre les classes sont nécessaires à la lecture.
Lis de gauche à droite : 275 milliards 451 millions 687 mille 321 (unités simples).

- **Tu dois distinguer chiffre et nombre** : le chiffre des unités simples est 1.

Le nombre total d'unités est 275 451 687 321.

- **Si tu dois comparer et ranger des nombres entiers :**
  – 1er cas : ils n'ont pas le même nombre de chiffres 569 877 < 7 214 981
  – 2e cas : ils ont le même nombre de chiffres et tu dois les comparer un à un **à partir de la gauche** 125 585 189 > 125 565 999 car 8 > 6.

Infos parents

- **Votre enfant doit bien connaître l'orthographe des vingt-cinq mots servant à écrire les nombres :** *un*, *deux*, …, *onze*… et les règles concernant les cas particuliers de *vingt* et de *cent*.

S'entraîner

1 * Réécris correctement les nombres pour qu'ils soient lisibles.

a. 78 56 21 06 ....

b. 9 8 756 47 8 12 ....

c. 21069 87 0 ....

d. 3 56 789 2 5 ....

e. 45789658 ....

2 ** Pour chaque nombre, souligne le chiffre des unités de mille.

a. 1 328 231

b. 445 360 984

c. 789 456 123 456

3 ** Pour chaque nombre, souligne le nombre de milliers.

a. 1 328 231

b. 1 598 651 200

c. 789 456 123 456

4 * Que représente le chiffre 9 dans les nombres suivants ?**

a. 975 302 : 9 est le chiffre des ....

....

b. 18 691 704 : ....

....

c. 149 028 310 : ....

....

d. 7 103 698 : ....

....

5 * Compare les nombres et utilise le signe < ou >.**

a. 123 500 .... 99 999

b. 31 548 562 .... 31 515 963

c. 205 325 .... 200 586

d. 45 950 000 .... 48 958 000

e. 52 120 023 .... 52 110 029

f. 8 899 999 999 .... 8 999 999 999

6 * Écris les nombres suivants sous la forme d'une somme (décomposition additive) puis sous la forme d'une somme de produits, suivant l'exemple :**

7 254 000 = 7 000 000 + 200 000 + 50 000 + 4 000
= (1 000 000 × 7) + (100 000 × 2) + (10 000 × 5) + (1 000 × 4)

a. 205 480 = ...
= ....

b. 20 603 500 = ...
= ....
= ....

EXO DÉFI Recopie la droite numérique sur l'ardoise et place les nombres au bon endroit.

98 752 ; 354 894 ; 165 247 ; 215 671

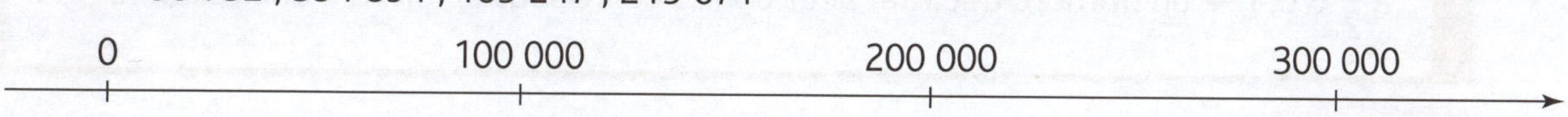

Bravo ! Maintenant, tu sais écrire les grands nombres.

Corrigés p. 26 GUIDE PARENTS

2 Numération

Les fractions

Pour comprendre

Savoir

- **Une fraction est un nombre écrit sous la forme $\frac{\mathbf{n}}{\mathbf{d}}$.**
- Le **numérateur n** t'indique le nombre de parts égales dont on parle.
- Le **dénominateur d** t'indique le nombre total de parts égales dans une unité.
- $\frac{1}{2}$ se lit **un demi**, $\frac{1}{3}$ se lit **un tiers**, $\frac{1}{4}$ se lit un **quart**, ensuite on utilise les mots cinquième $\left(\frac{1}{5}\right)$, sixième… dixième, etc.

Savoir faire

Représenter des fractions

- Pour représenter $\frac{3}{4}$ L, on sait que dans un litre on peut faire 4 parts égales ; $\frac{3}{4}$ indique que l'on parle de 3 parts sur 4 possibles dans **l'unité**.
L'unité est le litre, c'est-à-dire que 4 parts sur 4 possibles égalent $\frac{4}{4} = 1$.
- Tu peux représenter cette fraction de manières différentes :

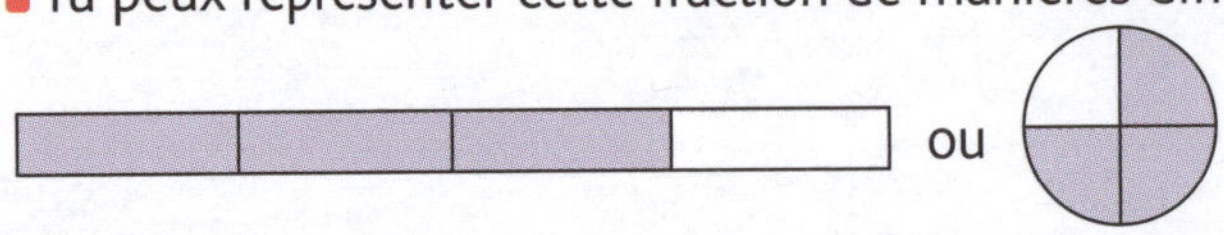

- Regarde ces deux **camemberts** pour vérifier que deux fractions peuvent représenter le même nombre $\frac{1}{2} = \frac{2}{4}$.

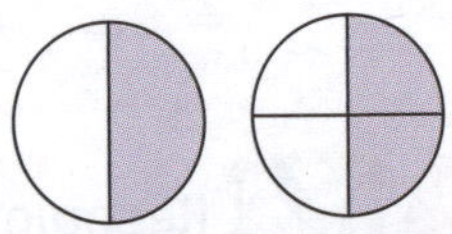

- Tu peux également en conclure qu'une moitié est égale à $\frac{1}{2} = 0{,}5$ ➜ un **nombre décimal** peut donc s'écrire sous la forme d'une fraction.

Infos parents

- **Écrivez $\frac{3}{4}$.** Évitez que votre enfant écrive 3/4.

S'entraîner

1 * Lis les nombres suivants.

a. $\frac{1}{3}$ b. $\frac{2}{5}$ c. $\frac{4}{10}$ d. $\frac{2}{7}$

e. $\frac{5}{2}$ f. $\frac{3}{100}$ g. $\frac{7}{9}$ h. $\frac{5}{1\,000}$

2 ** Trouve la fraction correspondant à l'unité coloriée.

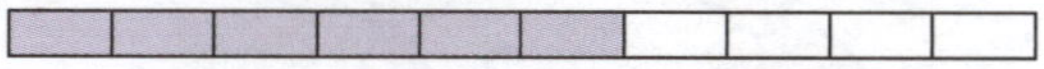

....

....

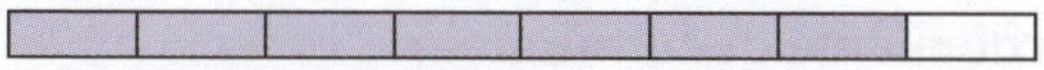

....

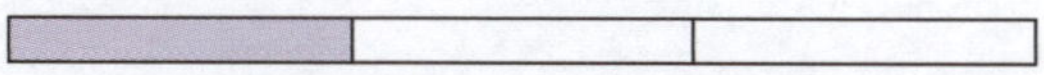

....

3 ** À toi de colorier les fractions de l'unité proposées.

$\frac{2}{6}$

$\frac{1}{4}$

$\frac{2}{3}$

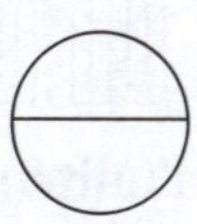

$\frac{1}{2}$

$\frac{3}{8}$

$\frac{7}{8}$

4 * Place les fractions suivantes sur la droite.**

$\frac{2}{6}$; $\frac{6}{6}$; $\frac{8}{6}$; $\frac{4}{6}$.

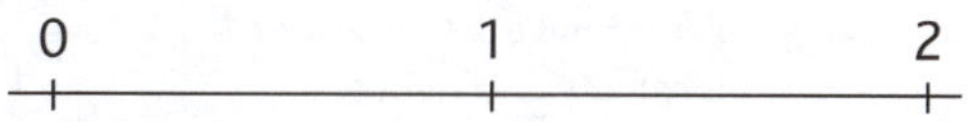

5 * Observe la partie coloriée de chacun des exemples.**

a. Écris les fractions correspondantes.

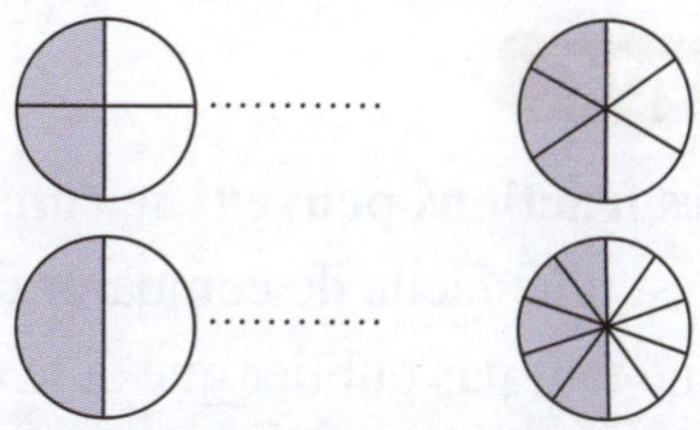

....

....

b. Que remarques-tu ?

....

....

EXO DÉFI Reconnais les fractions équivalentes et relie-les entre elles.

$\frac{1}{2}$ ■	■ $\frac{2}{6}$
$\frac{1}{3}$ ■	■ $\frac{2}{4}$
$\frac{1}{4}$ ■	■ $\frac{4}{6}$
$\frac{2}{3}$ ■	■ $\frac{3}{12}$

Bravo ! Maintenant, tu sais écrire les fractions.

Corrigés p. 26 GUIDE PARENTS

3 Comparer les fractions

Pour comprendre

Savoir

- **Les fractions peuvent se comparer.**
- Il est plus facile de comparer des fractions de **même dénominateur**.
- Il ne faut pas oublier que si le dénominateur et le numérateur sont égaux, on obtient 1 ; c'est l'unité. $\frac{4}{4} = 1$.
- Si deux fractions ont le même dénominateur, la plus grande est celle qui a le plus grand numérateur.

Savoir faire

Comparer les fractions

- **Si tu veux comparer des fractions entre elles :**

Un album est partagé en cinq parties et un enfant en a lu 3, donc les $\frac{3}{5}$.

On peut dire que $\frac{1}{5} < \frac{3}{5} < \frac{4}{5}$

ou représenter les fractions pour les comparer : 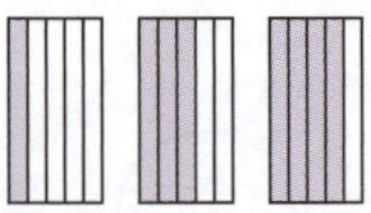

- **Si tu veux comparer des fractions par rapport à l'unité :**

On peut manger les $\frac{4}{4}$ d'une pizza 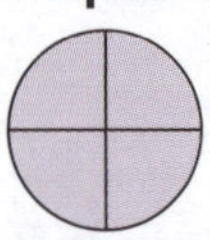 mais aussi les $\frac{7}{4}$ 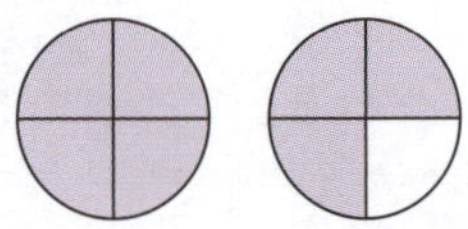

c'est-à-dire presque 2 pizzas ! Donc $\frac{7}{4} > \frac{4}{4}$ donc $\frac{7}{4} > 1$

Infos parents

- **Réduire au même dénominateur relève du collège** mais on peut remarquer que $\frac{1}{2}$ est égal à $\frac{3}{6}$.
- **Voir aussi les fractions** p. 88 et les additions de fractions p. 106.

S'entraîner

1 * Compare les fractions suivantes en utilisant les signes < ou > :

a. $\frac{2}{6}$ .... $\frac{5}{6}$ b. $\frac{8}{3}$ .... $\frac{6}{3}$ c. $\frac{3}{7}$ .... $\frac{7}{7}$

d. $\frac{1}{4}$ .... $\frac{5}{4}$ e. $\frac{4}{10}$ .... $\frac{2}{10}$

f. $\frac{15}{100}$ .... $\frac{85}{100}$ g. $\frac{75}{1\,000}$ .... $\frac{25}{1\,000}$

2 ** Décompose en prenant modèle sur l'exemple.

$\frac{7}{4} = \frac{4}{4} + \frac{3}{4} = 1 + \frac{3}{4}$ donc $\frac{7}{4} > 1$

a. $\frac{9}{3}$ = ... + ... + ... = ...

donc $\frac{9}{3}$ ....

b. $\frac{15}{10}$ = ... + ... = ...

donc $\frac{15}{10}$ ....

c. $\frac{8}{6}$ = ... + ... = ...

donc $\frac{8}{6}$ ....

3 ** Ces fractions sont-elles égales, inférieures ou supérieures à 1 ?

a. $\frac{2}{3}$ .... 1 b. $\frac{5}{4}$ .... 1 c. $\frac{8}{2}$ 1

d. $\frac{10}{10}$ .... 1 e. $\frac{6}{9}$ .... 1 f. $\frac{10}{9}$ 1

4 ** Problème de pizza.

Pierre a mangé les $\frac{3}{5}$ d'une pizza, Rémi seulement $\frac{1}{5}$ et Étienne $\frac{4}{5}$.

Range ces 3 fractions dans un ordre décroissant.

$\frac{.}{.}$ > $\frac{.}{.}$ > $\frac{.}{.}$

5 ** Encadre ces fractions entre deux fractions consécutives (qui se suivent).

a. .... < $\frac{5}{2}$ < .... b. .... < $\frac{4}{7}$ < ....

c. .... < $\frac{7}{10}$ < .... d. .... < $\frac{25}{1\,000}$ < ....

6 * Chacune de ces fractions est égale à un nombre entier, lequel ?**

a. $\frac{5}{5}$ = b. $\frac{4}{2}$ = c. $\frac{12}{4}$ =

d. $\frac{9}{3}$ = e. $\frac{10}{5}$ = f. $\frac{9}{9}$ =

7 * Compare ces fractions.**

Sarah a lu $\frac{1}{4}$ des pages du roman qu'elle vient d'acheter. Massoud en a lu les $\frac{2}{8}$.

Qu'en penses-tu ?

....

....

EXO DÉFI Encadre ces fractions entre deux nombres entiers consécutifs.

a. .... < $\frac{3}{5}$ < .... b. .... < $\frac{7}{3}$ < ....

c. .... < $\frac{13}{4}$ < .... d. .... < $\frac{14}{2}$ < ....

Bravo ! Maintenant, tu sais comparer des fractions.

Corrigés p. 27 GUIDE PARENTS

Numération

4 Les nombres décimaux

Pour comprendre

Savoir

Il peut y avoir une infinité de chiffres derrière la virgule.

- **Un nombre décimal est un nombre qui possède une partie décimale inférieure à 1.**
- **La partie décimale se trouve à droite de la virgule. 3,750**
- **La partie décimale est constituée de :**
  – dixièmes (10 fois plus petits que l'unité) ;
  – centièmes (100 fois plus petits que l'unité) ;
  – millièmes (1 000 fois plus petits que l'unité).

Savoir faire

Écrire et lire des nombres décimaux

- **Pour bien lire et écrire un nombre décimal**, observe le tableau.

Classe unités simples			Partie décimale		
c	d	u	dixièmes $\frac{1}{10}$	centièmes $\frac{1}{100}$	millièmes $\frac{1}{1\,000}$
0	0	3 ,	7	5	0

- **On écrit** 3,75 ➜ il ne faut pas oublier la virgule.
- **On lit de gauche à droite :** 3 unités et 750 millièmes ou 3 unités, 7 dixièmes et 5 centièmes ou encore : 3 virgule 75 centièmes...
- **Selon leur place, les 0 sont importants ou inutiles :** dans 021,080 le chiffre des dixièmes ne peut pas être supprimé car alors 8 centièmes deviendraient 8 dixièmes...

Infos parents

- **Les nombres abordés sont simples** et la partie décimale est limitée à deux chiffres dans la majorité des cas.
- **Votre enfant doit s'entraîner à associer** la désignation orale et l'écriture chiffrée. Si besoin, vous pouvez revoir les nombres entiers p. 86.

S'entraîner

1 * Écris les nombres décimaux dans le tableau.

	centaines	dizaines	unités	dixièmes	centièmes	millièmes
92,47						
4,8						
731,07						
0,543						

2 ** Écris ces nombres sous la forme d'une décomposition.

92,47 = (10 × 9) + (1 × 2) + (0,1 × 4) + (0,01 × 7)

a. 4,8 = ……………………………………………………

b. 731,07 = ……………………………………………………

c. 0,543 = ……………………………………………………

3 ** Réécris les nombres en supprimant les 0 lorsque c'est possible.

a. 005,705……………………………

b. 020,05……………………………

c. 012,280……………………………

d. 98,005……………………………

e. 561,200……………………………

f. 8 007,750……………………………

4 ** Complète le tableau pour chaque nombre.

Nombre	Chiffre des dizaines	Chiffre des dixièmes
41,50		
123,87		
698,325		
87,45		

5 ** Place sur la droite graduée les points suivants.

A : 1,1 B : 1,5 C : 0,9 D : 0,2

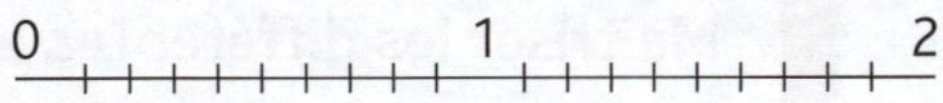

6 * Sur l'ardoise, trace des segments dont les longueurs sont indiquées ci-dessous.**

[AB] = 3,2 cm [CD] = 7,5 cm

[EF] = 0,8 cm [GH] = 5,1 cm

EXO DÉFI Dans chaque nombre, place la virgule au bon endroit.

a. 3 est le chiffre des unités : 2 3 7

b. 5 est le chiffre des dixièmes : 2 0 8 5 7

c. 0 est le chiffre des centièmes : 4 3 7 0 6

d. 4 est le chiffre des millièmes : 1 3 7 2 0 4

Bravo ! Maintenant, tu connais les nombres décimaux.

Corrigés p. 27 GUIDE PARENTS

5 Numération

Fractions et nombres décimaux

Pour comprendre

Savoir

- **Les fractions décimales** ont un dénominateur égal à 10, 100, 1 000…
- **Un nombre décimal** peut toujours s'écrire sous la forme d'une fraction, ce sont deux écritures d'un même nombre. $6{,}3 = \frac{63}{10}$

Savoir faire

Maîtriser les différentes écritures d'un même nombre

- **Sur cette droite** sont portées les différentes écritures d'un même nombre :

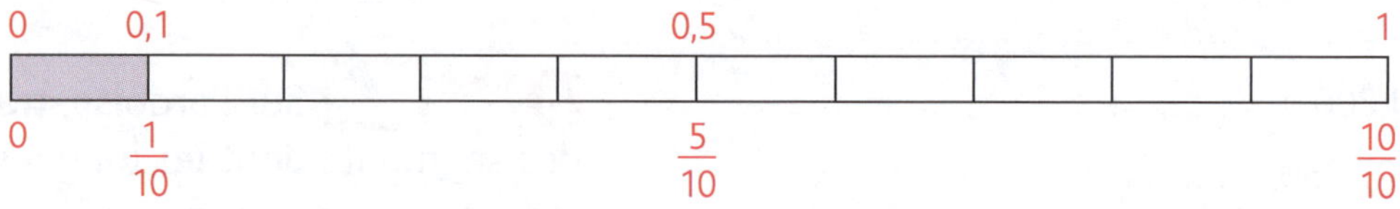

ainsi : $\frac{1}{10} = 0{,}1$ $\frac{5}{10} = 0{,}5$ $\frac{10}{10} = 1$

Il en est de même des centièmes et des millièmes : $\frac{1}{100} = 0{,}01$ et $\frac{1}{1\,000} = 0{,}001$.

- **Pour décomposer une fraction décimale :**

$\frac{25}{100} = \frac{20}{100} + \frac{5}{100} = 0{,}2 + 0{,}05$

u	d	c	m
1	$\frac{1}{10}$	$\frac{1}{100}$	$\frac{1}{1\,000}$
0,	2	5	

Tu peux écrire un nombre entier sous la forme d'un nombre décimal et sous la forme d'une fraction : $43 = 43{,}00 = \frac{430}{10} = \frac{4\,300}{100}$

Infos parents

- **La relation entre les nombres décimaux et les fractions décimales** sera observée dans le domaine des mesures (longueur, capacité…).
- **Vous pouvez rappeler à votre enfant** que dans « fraction décimale », *décimal* signifie « système des dizaines » (donc 10).

S'entraîner

1 * **Place les nombres suivants sur la droite numérique.**

$\frac{45}{10}$; $\frac{51}{10}$; $\frac{47}{10}$; 4,5 ; 4,9 et 5,1

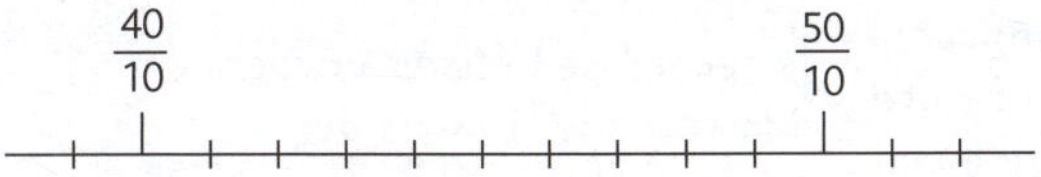

Que remarques-tu ?

....

....

2 ** **Relie les nombres décimaux aux fractions décimales correspondantes.**

3,2 ■	■ $\frac{32}{100}$
0,32 ■	■ $\frac{32}{10}$
0,032 ■	■ $\frac{32}{1000}$

3 *** **Écris la fraction proposée sous la forme d'une décomposition puis écris les nombres décimaux correspondants. Aide-toi du tableau.**

Exemple :

$\frac{25}{100} = \frac{20}{100} + \frac{5}{100} = 0,2 + 0,05 = 0,25$

u	d *ou* $\frac{1}{10}$	c *ou* $\frac{1}{100}$	m *ou* $\frac{1}{1\,000}$
0,	2	5	

$\frac{375}{1000}$ = ...

$\frac{89}{100}$ = ...

$\frac{38}{10}$ = ...

4 *** **À partir d'un nombre décimal, écris la fraction correspondante.**

Exemple : $1,8 = 1 + \frac{8}{10} = \frac{10}{10} + \frac{8}{10} = \frac{18}{10}$

a. 1,5 = ...

b. 1,43 = ...

c. 3,92 = ...

$= \frac{100}{100} +$ ....

EXO DÉFI **Trouve le dénominateur ou le numérateur des fractions suivantes.**

a. $\frac{25}{\ldots\ldots} = 0,25$ **b.** $\frac{457}{\ldots\ldots} = 0,457$

c. $\frac{3}{\ldots\ldots} = 0,03$ **d.** $\frac{15}{\ldots\ldots} = 0,015$

e. $\frac{17}{\ldots\ldots} = 1,7$ **f.** $\frac{\ldots\ldots}{10} = 1,4$

g. $\frac{\ldots\ldots}{100} = 0,65$ **h.** $\frac{\ldots\ldots}{100} = 5,12$

i. $\frac{\ldots\ldots}{10} = 0,4$ **j.** $\frac{\ldots\ldots}{100} = 0,06$

Bravo ! Maintenant, tu sais écrire un même nombre sous la forme d'un nombre décimal ou d'une fraction décimale.

Corrigés p. 27 GUIDE PARENTS

6 Ranger des nombres décimaux

Pour comprendre

Savoir

- **Les nombres décimaux peuvent être comparés et rangés du plus grand au plus petit** comme on le fait avec des nombres entiers.
- **Le nombre décimal dont la partie entière** est la plus grande, est le plus grand.
  8,19 > 7,99
- **Lorsque la partie entière est identique**, on compare un à un les chiffres qui constituent la partie décimale en partant du chiffre qui se trouve derrière la virgule.
  8,29 > 8,17

Attention ! Lorsque l'on compare 2,9 et 2,57 ➜ 9 dixièmes est plus grand que 57 centièmes.

- En ordre croissant : du plus petit au plus grand.
- En ordre décroissant : du plus grand au plus petit.

Savoir faire

Comparer et ranger des nombres décimaux

- **Si on veut comparer** 8,95 et 8,54 ➜ on différencie les deux nombres en comparant la partie décimale : 95 > 54

Classe unités simples			Partie décimale		
c	d	u	dixièmes $\frac{1}{10}$	centièmes $\frac{1}{100}$	millièmes $\frac{1}{1\,000}$
0	0	8 ,	9	5	0
0	0	8 ,	5	4	0

- **Traduis le résultat** de la comparaison en utilisant les signes >, < ou = : 8,95 > 8,54

Infos parents

- **Faites comprendre à votre enfant que lorsque l'on compare** 9 dixièmes et 5 dixièmes, ce ne sont pas des entiers, mais $\frac{9}{10}$ et $\frac{5}{10}$.

S'entraîner

1 * Ajoute des 0 pour compléter les égalités.

Ajouter des 0 à la droite du dernier chiffre après la virgule permet de comparer plus facilement deux nombres qui n'ont pas le même nombre de décimales.

Exemple : 4,5 = 4,50 = 4,500

a. 245,2 = ...

b. 21,5 = ...

c. 45,5 = ...

2 ** Compare en utilisant les signes > ou =.

23,2 ...... 23,20 45,75 45,25

245,2 ...... 245,125 78,45 77,89

3 ** Compare en utilisant les signes < ou >.

84,56 ..... 85,56 98 98,5

21,42 ..... 21,5 45,5 45,490

4 * Choisis un chiffre qui convient (il y a plusieurs solutions).**

a. 2...,51 < 24,51

b. 2...,51 > 24,51

c. 35,24 < 35,2...

d. 35,24 > 35,...1

e. 75,231 < 75,23...

f. 75,231 > 75,23...

5 * Classe les distances dans l'ordre décroissant.**

Tableau des résultats de saut en longueur depuis 1987

Continent	Athlète	Pays	Distance	Date
Afrique	Cheikh Tidiane Touré	Sénégal	8,46	juin 1997
Asie	Jianfeng Lao	Chine	8,40	mai 1997
Amérique du Nord et centrale	Mike Powell	États-Unis	8,95	août 1991
Amérique du Sud	Douglas de Souza	Brésil	8,40	février 1995
Europe	Robert Emmiyan	URSS	8,86	mai 1987
Océanie	Jai Taurima	Australie	8,49	sept. 2000

....

Quelle remarque peut-on faire ? ....

EXO DÉFI **Place les distances indiquées dans le tableau (exercice 5) sur la droite suivante.**

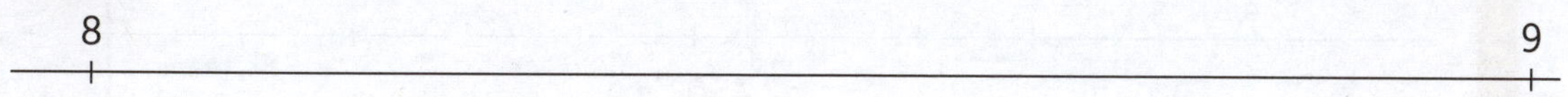

Bravo ! Maintenant, tu sais comparer des nombres décimaux.

Corrigés p. 28 GUIDE PARENTS

Numération

7 Encadrer des nombres décimaux

Pour comprendre

Savoir

- **On peut encadrer** les nombres décimaux **entre deux nombres entiers.**
  9 > 8,40 > 8
- **On peut encadrer** les nombres décimaux **entre deux nombres décimaux** comprenant 1 chiffre, 2 chiffres ou encore 3 chiffres derrière la virgule.
  9,2 > 9,1 > 8,9

Savoir faire

Encadrer des nombres décimaux

- Entre deux nombres entiers :

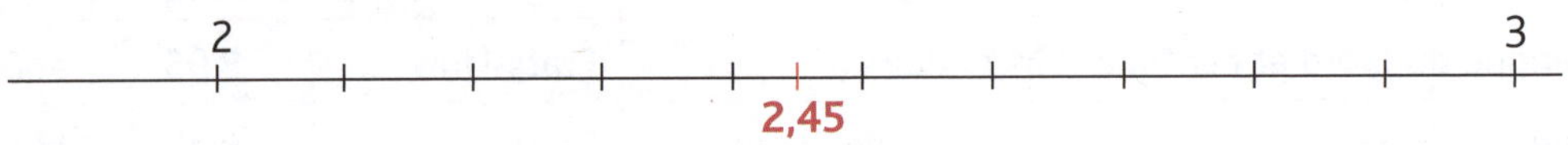

- Entre deux dixièmes (au dixième près) :

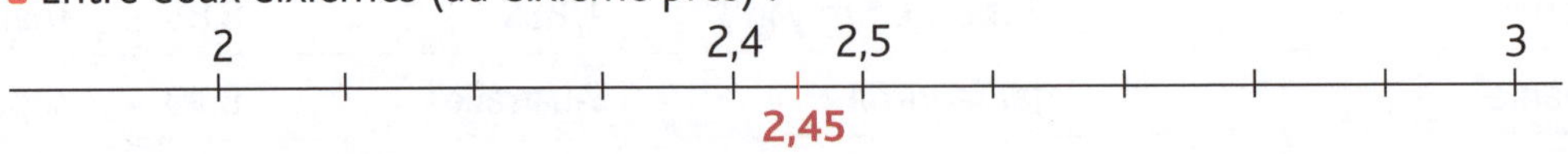

- Entre deux centièmes (au centième près) :

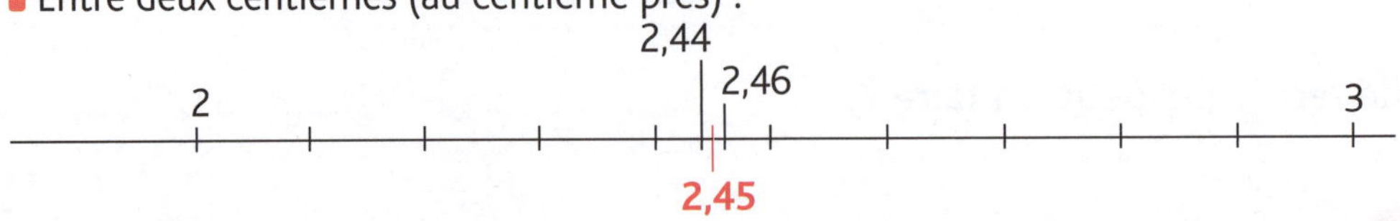

- Entre deux millièmes (au millième près) :

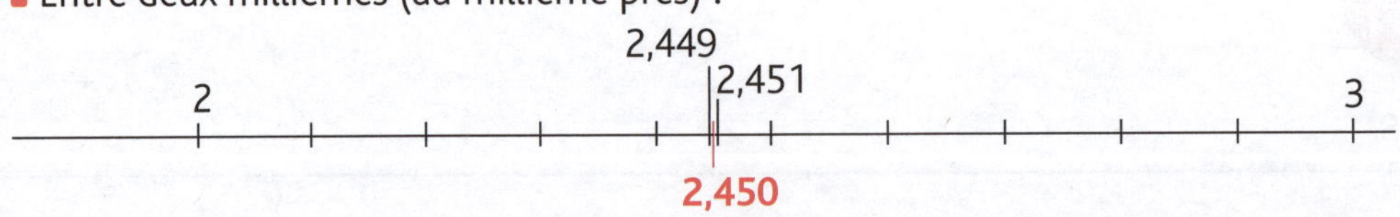

Infos parents

- **Encadrer un nombre décimal entre deux nombres décimaux** est toujours possible. Ces encadrements peuvent donner l'occasion d'utiliser des nombres avec plus de trois chiffres dans leur partie décimale.

S'entraîner

1 * Encadre les nombres décimaux suivants entre deux nombres entiers.

a. ...... < 4,5 < ......   b. ...... < 8,3 < ......
c. ...... < 13,1 < ......   d. ...... < 65,8 < ......
e. ...... < 187,5 < ......   f. ...... < 203,6 < ......

2 ** Encadre ces mêmes nombres au dixième près.

a. .... < 4,5 < ....
b. .... < 8,3 < ....
c. .... < 13,1 <...............
d. .... < 65,8 < ....
e. .... < 187,5 < ....
f. .... < 203,6 < ....

3 ** Encadre les nombres décimaux au centième près.

a. .... < 4,52 < ....
b. .... < 8,38 < ....
c. .... < 13,18 < ....
d. .... < 65,89 < ....
e. .... < 187,53 < ....
f. .... < 203,60 < ....

4 ** Trouve un nombre décimal qui convient.

a. 8 < .... < 9   b. 0 < .... < 1
c. 15 < .... < 16   d. 35 < .... < 36
e. 99 < .... < 100   f. 60 < .... < 61

5 ** Encadre ces nombres entiers entre 2 nombres décimaux.

a. .... < 5 < ....
b. .... < 29 < ....
c. .... < 115 < ....

6 ** Trouve un nombre décimal qui convient (2 décimales).

a. 8,54 < .... < 8,56
b. 0,12 < .... < 0,22
c. 15,21 < .... < 15,25
d. 35,47 < .... < 35,50
e. 99,56 < .... < 99,60
f. 60,79 < .... < 60,89
g. 47,01 < .... < 47,06

7 * Encadre ce nombre au dixième près et place les nombres trouvés sur la droite.**

15,59

....

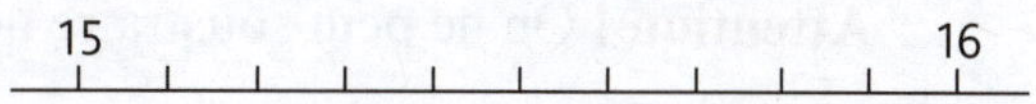

EXO DÉFI **Devinette !**

- Je suis un nombre décimal inférieur à 99.
- Je suis composé de 4 chiffres.
- Le chiffre de mes unités simples est 3.
- Le chiffre de mes dizaines est le double de mes unités.
- Le chiffre de mes centièmes est le tiers de mes dizaines.
- Ma partie décimale est comprise entre 51 centièmes et 60 centièmes.

Qui suis-je ?

....

Bravo ! Maintenant, tu sais encadrer les nombres décimaux.

Corrigés p. 28 GUIDE PARENTS

8 Calcul et opérations

Additionner et soustraire

Pour comprendre

Savoir

- **Pour additionner ou soustraire des nombres, il faut d'abord poser son opération en tenant compte de la place de chaque chiffre.**
  – On commence toujours par s'occuper des **unités** (c'est-à-dire par la droite).
  – On peut additionner plusieurs nombres à la fois.

Attention ! On ne peut soustraire qu'un nombre à la fois !

Savoir faire

Additionner et soustraire des entiers

```
      1
  12 208
+    137
+  4 112
--------
  16 457
```

- **Si tu veux additionner deux ou plusieurs nombres :**
  – commence par additionner les unités,
  8 + 7 + 2 = 17 → c'est 7 unités et 1dizaine
  – écris 7 au résultat et place la dizaine 1 (c'est la retenue) dans la colonne des dizaines,
  – continue en additionnant les dizaines puis les centaines…

```
  2 5 8 9 13
-   4 8 3  5
         +1
------------
  2 1 0 5  8
```

- **Si tu veux soustraire un nombre à un autre :**
  – vérifie que c'est possible, le nombre que l'on soustrait doit être le plus petit des deux,
  – commence par soustraire les unités,
  – si ce n'est pas possible, ajoute une dizaine 1 pour obtenir 13 – 5 = 8
  – pour ne pas modifier l'opération, ajoute également la dizaine au nombre que tu soustrais ; tu obtiens :
  9 – (3 + 1) = 9 – 4 = 5

Infos parents

- **Au CM2, on se limitera à des calculs qui peuvent se rencontrer** dans l'usage courant.
- **Vous pouvez revoir** avec votre enfant les grands nombres p. 86 si besoin.

S'entraîner

1 * **Calcule mentalement en repérant les compléments qui sont égaux à 10, à 100…**

a. 13 + 4 + 7 = …. e. 6 + 34 + 8 = ….

b. 47 + 13 + 20 = …. f. 65 + 17 + 15 = ….

c. 12 + 22 + 58 = …. g. 60 + 340 + 80 = ….

d. 250 + 50 + 90 = …. h. 25 + 75 + 73 = ….

2 ** **Pose et effectue les opérations suivantes sur l'ardoise. Attention place bien les chiffres.**

a. 485 + 18 + 5 105

b. 9 + 7 530 + 32 867

c. 86 753 – 7 582

d. 81 008 – 8 547

3 ** **À partir des indices donnés, complète les opérations.**

a. 85 + 24 = ……..	
109 – 24 = ……..	109 – 85 = ……..
b. 56 +16 = ……..	
…….. – 16 = ……..	…….. – 56 = ……..
c. 308 + 37 = ……..	
…….. – …….. = ……..	…….. – …….. = ……..
d. …….. + 356 = 989	
…….. – …….. = ……..	…….. – …….. = ……..
e. …….. + …….. = ……..	
876 – …….. = 252	…….. – …….. = ……..

4 ** En 2011, Tom visite la tour Eiffel construite par Gustave Eiffel à l'occasion de l'Exposition universelle en 1889.

Quel est l'âge de la tour en 2011 ?

………………………………………………………………

………………………………………………………………

5 ** Laure a économisé 25 € et elle reçoit 50 € pour son anniversaire.

Combien lui restera-t-il si elle s'abonne à sa revue préférée coûtant 62 € à l'année.

………………………………………………………………

………………………………………………………………

6 *** **Remplis le carré magique.**

Toutes les sommes horizontales, verticales ainsi que les diagonales doivent être égales ; chaque nombre est utilisé une seule fois. Ils sont compris entre 1 et 16 !

10		5	16
	13	11	
	6	4	
1		14	

EXO DÉFI Lors d'un jeu télévisé, Nicolas gagne 100 000 €. Avec cet argent, il achète une voiture à 24 000 €, un ensemble home cinéma à 999 € et il fait un don de 5 000 € à une association caritative. Il place le reste à la banque.

Quelle somme va-t-il placer ?

………………………………………………………………

………………………………………………………………

………………………………………………………………

Bravo ! Maintenant, tu sais additionner et soustraire des nombres entiers.

Corrigés p. 28 GUIDE PARENTS

9 Multiplier des nombres entiers

Pour comprendre

Savoir

- **La multiplication remplace l'addition répétée d'un même nombre.**
  6 × 3 = 6 + 6 + 6.
- On commence toujours l'opération par les unités.
- On doit faire attention lorsque l'un des nombres comporte des 0 ou se termine par des 0.

Savoir faire

	458
×	326
	2 748
+	9 160
+	137 400
	149 308

	347		541
×	320	×	502
	694		1 082
+	1 0410	+	270 500
	1 11040		271 582

Multiplier un nombre par un autre

- **Multiplier sans difficulté**
  – Tu sais que 326 = 6 + 20 + 300
  – multiplie 458 par 6
  – multiplie 458 par 20, ce qui revient à placer un 0 dans les unités, et multiplie 458 par 2
  – multiplie 458 par 300, ce qui revient à placer deux 0 et multiplie 458 par 3.
- **Multiplier avec des nombres contenant des 0**

Si le nombre se termine par un ou plusieurs 0 :
– tu sais que 347 × 320 = 347 × 32 × 10
– calcule 347 × 32
– multiplie par 10 le résultat en ajoutant un 0 à la droite du nombre.

Si le nombre comporte un ou plusieurs 0 :
– tu sais que 502 = 2 + 500
– commence par multiplier par 2 puis multiplie par 500.

Infos parents

- **Sensibilisez votre enfant à l'ordre de grandeur du résultat** en arrondissant les nombres. 541 × 502 ≃ 500 × 500 = 250 000. Il doit maîtriser les tables de multiplication jusqu'à 10 et la multiplication par 100, 1000…
- **Entraînez votre enfant à rédiger ses réponses** aux problèmes en faisant des phrases.

S'entraîner

1 * **Sur l'ardoise, pose et effectue la multiplication suivante puis sers-toi du résultat pour calculer les autres multiplications sans les poser.**

624 × 87 = ...

a. 624 × 870 = ...

b. 624 × 8 700 = ...

c. 6 240 × 87 = ...

d. 62 400 × 87 = ...

e. 6 240 × 870 = ...

f. 6 240 × 8 700 = ...

2 ** **Calcule mentalement.**

a. 24 × 2 = ...

b. 15 × 3 = ...

c. 2 × 5 × 12 = ...

d. 24 × 200 = ...

e. 12 × 40 = ...

f. 13 × 50 × 2 = ...

g. 24 × 2000 = ...

h. 11 × 500 = ...

i. 60 × 10 × 40 = ...

3 ** **Arrondis les nombres et trouve l'ordre de grandeur de la solution.**

Exemple : 541 × 502 > 500 × 500 = 250 000

a. 416 × 13 > ....

b. 79 × 325 > ....

c. 578 × 98 > ....

d. 19 × 23 > ....

4 ** **Pose et effectue ces multiplications sur l'ardoise.**

a. 459 × 25 b. 906 × 57

c. 862 × 403 d. 461 × 4 200

5 *** Olivier ne déjeune pas à la cantine. Il habite à 500 mètres de l'école.

a. Quelle distance parcourt-il chaque jour ?

....

....

b. Quelle distance parcourt-il dans une semaine scolaire de 4 jours ?

....

....

6 *** Le sol de la classe d'Olivier est recouvert de carreaux de dallage. Olivier a compté 40 rangées de 35 carreaux chacune.

De combien de carreaux le sol est-il recouvert ?

....

....

....

....

7 *** Mlle Alain, salariée, est payée 1 330 € par mois.

Quel est le montant de son salaire annuel ?

....

....

EXO DÉFI Un fermier possède des lapins dont 24 femelles. Chaque lapine met au monde en moyenne 15 petits 7 fois par an.

Combien de lapins sont nés lors de la première année ?

....

....

....

Bravo ! Maintenant, tu sais faire une multiplication.

Corrigés p. 29 GUIDE PARENTS

Opérations avec les décimaux

Pour comprendre

Savoir

- **Pour additionner ou soustraire des nombres décimaux**, on procède comme avec les nombres entiers.
- **Il faut d'abord poser son opération** en tenant compte de la place de chaque chiffre sans oublier la virgule.
  - On commence toujours par les chiffres situés à droite.
  - On ajoute la virgule au résultat.
- **Si l'un des nombres possède moins de chiffres décimaux que l'autre**, il faut compléter avec des 0.

```
    1 1
  211,75
+ 157,35
--------
  369,10
```

Savoir faire

Additionner ou soustraire des nombres décimaux

```
 ¹2 ¹68,55
+ 1  49,30
----------
  4  17,85

  475,30 ¹0
– 213,27  6
       +1
-----------
  262,02  4
```

- **Aligne les chiffres :** dizaines, unités, dixièmes, centièmes **et aussi les virgules.**

Exemples : 268,55 + 149,3 et 475,3 – 213,276

- **N'oublie pas d'ajouter des 0** si c'est nécessaire :
  – ici ajoute un 0 pour le chiffre des centièmes car 149,3 = 149,30
  – là ajoute un 0 pour les centièmes et un 0 pour les millièmes car 475,3 = 475,300

Attention ! Vérifie au fur et à mesure le résultat trouvé en faisant une addition :
10 – 6 = 4 et 4 + 6 = 10

Infos parents

- **Faites travailler votre enfant sur la cohérence du résultat** en ayant une idée de l'ordre de grandeur de celui-ci.
- **L'erreur fréquente** est l'oubli de la virgule au résultat. En cas de difficulté, revenez sur l'étude des nombres p. 86 et suivantes.

S'entraîner

1 * Calcule rapidement.

a. 4,5 + 2,3 = ……

b. 6,15 + 5,04 = ……

c. 67,89 – 54,11 = ……

d. 18,2 + 1,7 = ……

e. 9,5 + 12,12 = ……

f. 10 – 0,1 = ……

g. 3,45 + 7,23 = ……

h. 15, 8 – 3,4 = ……

2 * Arrondis les nombres et trouve l'ordre de grandeur de la solution.

162,25 + 45,2 ➔ 150 + 50 = 200

456,7 + 54,95 ➔ ……………………………………

963,75 – 158,53 ➔ ……………………………………

87,5 – 7,35 ➔ ……………………………………

3 * Pose les opérations et compare les résultats à tes réponses précédentes (exercice 2).

a. 162,25 + 45,2   b. 456,7 + 54,95

……………………………………

……………………………………

……………………………………

c. 963,75 – 158,53   d. 87,5 – 7,35

……………………………………

……………………………………

……………………………………

4 ** Complète les « opérations à trous » suivantes.

2,1 + …… = 7,6   8,4 – …… = 6,1

5,7 + …… = 5,9   12,5 – …… = 12

45,4 + …… = 50,45   15 – …… = 13,5

6,8 + …… = 9   41,9 – …… = 40,8

5 ** Complète pour « faire » 10.

a. 4,5 + …… = 10   b. 1,7 + …… = 10

c. 3,8 + …… = 10   d. 2,6 + …… = 10

e. 7,9 + …… = 10   f. 5,5 + …… = 10

g. 9,9 + …… = 10   h. 3,2 + …… = 10

i. 4,4 + …… = 10   j. 6,3 + …… = 10

6 *** Florent fait des petites courses pour aider sa mamie ; il doit acheter une baguette à 1,05 €, un litre de lait à 0,75 € et un petit pot de crème à 1,45 €.

a. Combien a-t-il dépensé ?

……………………………………

……………………………………

b. Sa grand-mère lui a donné un billet de 5 €.

Combien Florent doit-il lui rendre ?

……………………………………

……………………………………

c. Le sac de courses du marché est bien lourd.

Calcule sa masse à l'aide des données suivantes :

3,5 kg de pommes de terre, 2 kg de carottes, 0,600 kg de prunes, 2,5 kg de pommes et 2 barquettes de framboises de 0,250 kg.

……………………………………

……………………………………

EXO DÉFI Lola s'amuse avec une balance : sur le plateau de gauche, elle a placé les masses marquées suivantes : 2 kg, 1 kg, 0,500 kg, 0,200 kg, 0,020 kg, 0,005 kg. Sur le plateau de droite, elle a mis son cartable et une masse de 0,10 kg. La balance est en équilibre.

Calcule la masse du cartable.

……………………………………

Bravo ! Maintenant, tu sais faire des calculs avec des nombres décimaux.

Corrigés p. 29 GUIDE PARENTS

Français
Maths
Histoire Instruction civique
Géographie
Sciences
Anglais

Opérations avec des fractions

Pour comprendre

Savoir

Rappel : $\frac{\text{numérateur}}{\text{dénominateur}}$

- **Les fractions peuvent s'additionner ou se soustraire.**
- **Pour additionner ou soustraire des fractions**, il faut qu'elles aient le **même dénominateur**.

$$\frac{1}{3} + \frac{2}{3} = \frac{3}{3}$$

Savoir faire

Additionner et soustraire des fractions

- **Si tu veux additionner des fractions**

$\frac{1}{3}$ représente la part de bonbons ; $\frac{1}{3}$ la location des DVD ; $\frac{1}{3}$ les mangas

$$\frac{1}{3} + \frac{1}{3} + \frac{1}{3} = \frac{3}{3}$$

$\frac{3}{3}$ représente l'argent de poche de Jules.

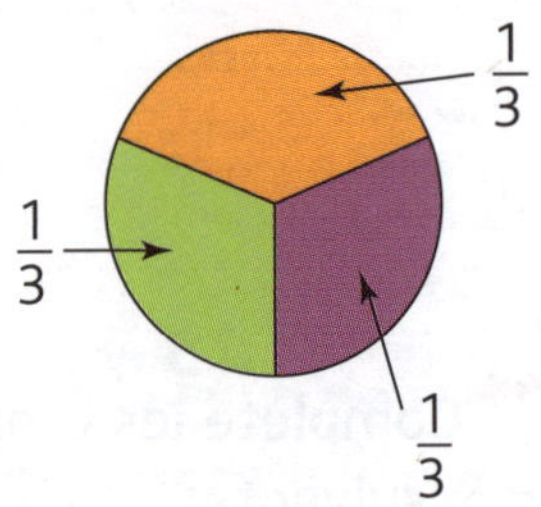

- **Si tu veux soustraire des fractions**

Lorsque Jules a acheté des bonbons, il lui reste :

$$\frac{3}{3} - \frac{1}{3} = \frac{2}{3}$$

- Si ton opération comporte un nombre entier, tu dois le convertir :

$$\boxed{1} + \frac{1}{4} = \frac{4}{4} + \frac{1}{4} = \frac{5}{4}$$

Infos parents

- **Utilisez des fractions d'usage courant** pour entraîner votre enfant.
- **L'étude du calcul sur les fractions** est développée au collège.

S'entraîner

1 * Additionne ces fractions.

a. $\frac{2}{6} + \frac{5}{6} = ...$

b. $\frac{8}{3} + \frac{6}{3} = ...$

c. $\frac{3}{7} + \frac{7}{7} = ...$

d. $\frac{1}{4} + \frac{5}{4} = ...$

e. $\frac{4}{10} + \frac{2}{10} = ...$

f. $\frac{15}{100} + \frac{85}{100} = ...$

g. $\frac{75}{1\,000} + \frac{25}{1\,000} = ...$

2 * Calcule les soustractions suivantes.

a. $\frac{4}{4} - \frac{3}{4} = ...$

b. $\frac{9}{3} - \frac{6}{3} = ...$

c. $\frac{8}{6} - \frac{7}{6} = ...$

3 ** Écris les nombres entiers sous la forme de fractions équivalentes (en multipliant le numérateur et le dénominateur par le même nombre).

Exemple : $2 = \frac{4}{2} = \frac{8}{4} = \frac{100}{50}$

a. 3 =

b. 1 =

c. 5 =

4 ** Écris le nombre entier sous la forme d'une fraction et calcule les opérations.

Exemple : $2 + \frac{1}{2} = \frac{4}{2} + \frac{1}{2} = \frac{5}{2}$

a. $1 + \frac{1}{3} = ...$

b. $2 - \frac{1}{3} = ...$

c. $1 + \frac{1}{2} = ...$

d. $2 - \frac{1}{2} = ...$

5 ** Tom achète un ordinateur portable, il paie le jour de son achat $\frac{1}{3}$ du prix total.

Quelle fraction du prix lui reste-t-il à payer ?

....

....

6 ** Sophie boit trois bouteilles de $\frac{1}{2}$ litre d'eau par jour.

Quelle quantité d'eau cela représente-t-il ?

....

....

7 *** Pour l'entrée en 6ᵉ, $\frac{4}{7}$ des élèves ont choisi d'étudier l'anglais, $\frac{2}{7}$ ont opté pour l'allemand et le reste étudiera le russe.

Quelle fraction du nombre des élèves a choisi le russe ?

....

....

EXO DÉFI Pour réaliser une recette, on utilise 1 L de lait et $\frac{1}{4}$ de litre d'eau.

Quelle fraction de liquide obtient-on ?

....

....

Bravo ! Maintenant, tu sais faire des calculs de fractions.

Corrigés p. 29 GUIDE PARENTS

12

Calcul et opérations

Multiples et diviseurs

Pour comprendre

Savoir

Les multiples de 2 sont des nombres pairs.
Les multiples de 5 se terminent par 0 ou 5.

- **Un multiple** est un nombre qui **contient plusieurs fois le même nombre.**
  32 = 8 × 4
- **Le diviseur est un nombre** qui peut diviser le multiple de façon à ce que le reste de la division soit nul.
  32 : 8 = 4 reste 0.
- Un nombre peut être le multiple de plusieurs nombres.
- **Les nombres premiers** ne sont divisibles que par 1 et par eux-mêmes :
  1 ; 2 ; 3 ; 5 ; 7 ; 11…

Savoir faire

Trouver le multiple ou le diviseur d'un nombre

- **Pour trouver le multiple d'un nombre**

32 est un multiple de 8 car il contient **4 fois** le nombre 8.
Si 32 est un multiple de 8 alors 8 est un diviseur de 32.

32 est le multiple de plusieurs nombres.
Car : il contient 8 fois le nombre 4 → 4 × 8 = 32
il contient 2 fois le nombre 16 → 16 × 2 = 32
il contient 16 fois le nombre 2 → 2 × 16 = 32
il contient 32 fois le nombre 1 → 1 × 32 = 32
il contient 1 fois le nombre 32 → 32 × 1 = 32

32 est donc **multiple** de : 1 ; 2 ; 4 ; 8 ; 16 et 32.
1 ; 2 ; 4 ; 8 ; 16 et 32 sont des **diviseurs** de 32.

Infos parents

- **La somme des chiffres qui composent un multiple de 3** est un multiple de 3.
Exemple : 52 674 est un multiple de 3 car 5 + 2 + 6 + 7 + 4 = 24 et 24 = 3 × 8
- **La somme des chiffres qui composent un multiple de 9** est un multiple de 9.

S'entraîner

1 * Complète ce tableau.

8 × 4 = 32	32 : 8 = 4	32 : 4 = 8
4 × 5 = 20	20 : 4 = ...	20 : 5 = ...
7 × 9 = 63	63 : ...... = ...	63 : ...... = ...
6 × 7 = 42	...... : ...... = ...	...... : ...... = ...
...... × ...... = ...	18 : 3 = 6	18 : ...... = ...

2 * Entoure dans les listes suivantes :

a. Les multiples de 2 : 45 ; 89 ; 78 ; 650 ; 897 ; 541 ; 862 ; 843 ; 746 ; 300.

b. Les multiples de 5 : 20 ; 64 ; 95 ; 305 ; 456 ; 540 ; 986 ; 200 ; 111 ; 70.

c. Les multiples de 10 : 210 ; 564 ; 800 ; 785 ; 6 200 ; 550 ; 658 ; 789 ; 1 030.

3 ** Entoure les nombres qui sont à la fois multiples de 2 et de 5.

25 ; 56 ; 8 ; 450 ; 67 ; 600 ; 95 ; 100 ; 541 ; 2 300

4 ** Entoure les nombres qui sont à la fois multiples de 3 et de 5.

630 ; 54 ; 970 ; 780 ; 97 ; 555 ; 6 100 ; 315 ; 663 ; 100

5 ** Entoure les nombres qui sont à la fois multiples de 2, de 3, de 5 et de 10.

3 120 ; 362 ; 8 550 ; 2 365 ; 690 ; 3 365 ; 887 ; 1 000 ; 3 900

6 ** Écris tous les diviseurs du nombre 48.

....

....

7 * Complète les nombres pour qu'ils deviennent des diviseurs de 9.**

a. 68 . **b.** 630 . **c.** 91 . **d.** 11 . **e.** 46 .

8 * Un professeur organise des relais dans la cour ; il a 24 élèves.**

Combien d'équipes peut-il constituer ?

....

....

EXO DÉFI Pour son mal de gorge, Maud doit prendre 4 pastilles par jour. Une boîte de pastilles en contient 36. Le médecin lui a prescrit 2 boîtes.

a. Combien de jours son traitement durera-t-il ?

....

....

....

....

b. Pour un traitement de 1 mois, combien faut-il de boîtes ?

....

....

....

....

Bravo ! Maintenant, tu sais trouver les multiples et les diviseurs.

Corrigés p. 30 GUIDE PARENTS

Calcul et opérations

13 Diviser deux nombres entiers

Pour comprendre

Savoir

dividende	diviseur
reste	quotient

- **La division est un partage en parts égales.**
- **La division est l'opération « inverse » de la multiplication.**

Si 15 : 3 = 5 c'est parce que 3 × 5 = 15.

- **Lorsque le partage est effectué**, soit il ne reste rien, soit il reste un nombre qui n'est plus divisible car il est inférieur au diviseur, c'est le reste.

Savoir faire

12 : 4 = 3 → reste 0

14 : 4 = 3 → reste 2

678	5
– 5	135
17	
– 15	
28	
– 25	
3	reste < 5

378	5
– 35	75
28	
– 25	
3	reste < 5

Diviser deux nombres entiers

- **Il faut d'abord chercher si le dividende est un multiple du diviseur.**

12 **est un multiple** de 4. Le reste est égal à 0.

14 **n'est pas un multiple** de 4. Le résultat est égal à 3 et il reste 2.

- **Faire une division, c'est rechercher un quotient et un reste.**

Cherche d'abord le nombre de chiffres au quotient :

→ 6 est supérieur à 5, il y aura 3 chiffres au quotient.

→ 3 est inférieur à 5, il faut diviser 37 : il y aura 2 chiffres au quotient.

- **Vérifie que le reste** est inférieur au diviseur !

Infos parents

- **Travaillez les tables de multiplication dans les 2 sens :** 9 × 8 et 8 × ? = 72. Pour que le calcul soit efficace, les tables doivent être mémorisées.
- **Les produits peuvent être posés** pour trouver certains chiffres du quotient par tâtonnement.

S'entraîner

1 * Complète le tableau suivant.

Dividende	Diviseur	Quotient	Reste
48	6		
83	9		2
39	5	7	4
74	8		
55	11		

2 * Encadre les nombres suivants par les deux multiples de 5 les plus proches (consécutifs).

Exemple : 50 < 54 < 55

...... < 89 < .... < 622 < ......

...... < 278 < .... < 1 041 < ......

3 ** Écris les 2 écritures mathématiques correspondantes.

Exemple :
12 : 4 = 3 reste 0 ➜ 4 × 3 = 12
14 : 4 = 3 reste 2 ➜ (4 × 3) + 2 = 14

26 : 5 = ... reste 1 ➜ (5 × ......) + ... = 26
88 : 9 = ... reste 7 ➜ (9 × ......) + ... = 88
...... : 6 = 7 reste 5 ➜ (6 × 7) + 5 = 47
17 : ...... = 1 reste ...... ➜ (9 × ......) + 8 = ...

4 ** Pierre vérifie que sa division est juste. Quelle était la division ? (2 solutions)

52 × 15 = 780

....

5 * Effectue les divisions suivantes en posant les opérations sur l'ardoise.**

875 : 5   258 : 7   562 : 25   4 928 : 14

6 * ** Les 35 membres d'une association se rendent au restaurant en fin de saison sportive. Ils partagent l'addition qui est de 770 €.

Combien chacun paiera-t-il ?

....

....

7 * ** Le restaurant scolaire accueille chaque jour 282 élèves. La salle contient 96 places assises.

a. Combien de services faut-il prévoir ?

....

....

b. À chaque table, on peut asseoir 8 élèves, combien y a-t-il de tables ?

....

EXO DÉFI Alix, Marie et Ludovic se partagent l'ordinateur de la maison ; ils ont un abonnement Internet de 5 heures par mois. De combien de minutes chacun dispose-t-il ?

a. Exprime ce résultat en heures.

....

....

b. Si leur abonnement était de 20 heures de combien disposeraient-ils ?

....

....

Bravo ! Maintenant, tu sais comment on fait une division.

Corrigés p. 30 GUIDE PARENTS

Calcul et opérations

14 La division avec quotient décimal

Pour comprendre

Savoir

dividende	diviseur
reste	quotient

- **La division est un partage en parts égales.** 12 : 3 = 4.
- **S'il y a un reste,** il peut être partagé. 14 : 3 = 4 + **2**.
- **Le partage du reste** est plus petit que 1, c'est la **partie décimale du quotient.**
  2 : 3 < 1

Savoir faire

Soient 15 euros
15 : 2 = 7 reste **1**
15 : 2 = 7,5

15,**0**	2
– 14	7,**5**
10	
– 10	
0	

Partager le reste

Pour trouver le quotient décimal de 15 : 2

- Le reste **« 1 »** est divisé par 2, ce qui donne 0,5 car 0,5 × 2 = 1.
- En écrivant un 0 à la droite du dividende, on partage des dixièmes. Place une virgule au quotient car on va trouver des dixièmes. **10** dixièmes divisés par 2 donnent **5** dixièmes.
- Tu peux ajouter autant de 0 que nécessaire à droite du dividende pour partager des centièmes, des millièmes...
- Si le dividende est un nombre décimal, place une virgule au quotient lorsque tu divises les dixièmes de ce nombre.
  33,75 : 9 = 3,75
- Remarque : certaines divisions ne s'arrêtent jamais ! C'est le cas de 10 : 3 (= 3,333 3...)

Infos parents

- **On ne recherche de quotient décimal que si cela a du sens** (c'est le cas des centimes d'euro ou encore des centièmes de mètres puisque ce sont des centimètres).
- **La mise en place d'un calcul complexe** dont le résultat est un quotient décimal n'est pas exigible au CM2. On peut avoir recours à une calculatrice.

S'entraîner

1 * Complète cette facture de matériel informatique.

Article	Prix à l'unité	Quantité	Prix total
Cartouches d'encre		2	39 €
Clés USB		10	150 €
CD		25	34,50 €
Ramettes de papier		1	6,25 €
Montant de la facture			

2 ** Divise par 10, 100 ou 1000.

15 : 10 = ...
458 : 10 = ...
890 : 10 = ...
6 200 : 10 = ...
4 : 10 = ...

245 : 100 = ...
9 000 : 100 = ...
75 : 100 = ...
2 : 100 = ...
789 : 1 000 = ...

3 ** Complète ce tableau sans poser les opérations.

Dividende	Diviseur	Quotient
6	4	
9	2	
11	2	
12	5	
15	6	

4 ** Pour réaliser un cadre dont la forme est un carré, Elsa a acheté une baguette de bois de 62 cm. Elle veut scier cette baguette en 4 morceaux qu'elle assemblera.

Quelle sera la mesure de chacun des côtés de ce cadre ?

....

....

5 ** Étienne a acheté un ordinateur portable 1 056 €. Il règle son achat en 10 mensualités.

Calcule ses mensualités.

....

6 ** Hugo a fait le plein d'essence de sa voiture. Il a payé 97 € les 50 litres.

Quel est le prix d'un litre ?

....

....

7 * Pose et calcule ces opérations sur l'ardoise.**

a. 51 : 4 **b.** 358 : 5 **c.** 102 : 4
d. 7,5 : 2 **e.** 56,75 : 5

EXO DÉFI Marie a profité d'une offre promotionnelle, elle a acheté 3 flacons de shampoing pour 7,20 €.

a. Quel est le prix d'un seul flacon ?

....

b. Le prix à l'unité est de 2,80 €. Quelle économie réalise-t-elle ?

....

Bravo ! Maintenant, tu sais comment on divise avec un nombre décimal.

Corrigés p. 30 GUIDE PARENTS

15 Calcul et opérations

Multiplier un décimal par un entier

Pour comprendre

Savoir

- **Pour multiplier un nombre décimal par un nombre entier**, on procède comme avec deux nombres entiers.
- **On s'occupe de la virgule après** avoir écrit le résultat. Attention à ne pas l'oublier.
- Il y a autant de chiffres derrière la virgule qu'il y en a au nombre décimal.

Savoir faire

Multiplier un nombre décimal par un nombre entier

①

```
  4,50
×    3
 13,50
```

- **Pour multiplier un nombre décimal par un nombre entier**, procède par étapes :
  – dans le nombre décimal 4,50, il y a 50 centièmes donc 2 chiffres derrière la virgule ;
  – après avoir fait tous les calculs, **place la virgule au résultat** de façon à ce qu'il y ait aussi 2 chiffres derrière elle.
  Remarque : on procède de même pour multiplier deux décimaux : 4,5 × 3,75 = 16,875.
  – Lorsque, au résultat on trouve 2 zéros derrière la virgule, le nombre est un **entier** : 27,00 = 27.

③

```
  4,50
×    6
 27,00
```

- **Pour multiplier un nombre décimal par 10 ; 100 ; 1 000 : déplace la virgule** de 1 ; 2 ; 3 chiffres vers la droite et ajoute des 0 si c'est nécessaire.

6,5 × 10 = 65
58,235 × 100 = 5 823,5
12,2 × 1 000 = 12 200

Infos parents

- **Travaillez sur la cohérence du résultat** en ayant une idée de l'ordre de grandeur de celui-ci.
- **Travaillez** la multiplication par 10 ; 100 ; 1 000 et les tables jusqu'à 9.

S'entraîner

1 * **Pose la multiplication sur l'ardoise puis sers-toi du résultat pour calculer les multiplications suivantes sans les poser.**

54 × 25 = ...

a. 54 × 2,5 = ...
b. 54 × 0,25 = ...
c. 5,4 × 25 = ...
d. 0,54 × 25 = ...
e. 5,40 × 2,5 = ...
f. 5,4 × 2 500 = ...

2 ** **Calcule rapidement.**

a. 1,5 × 3 = ...
b. 8,7 × 100 = ...
c. 54,8 × 10 = ...
d. 3,45 × 2 = ...
e. 9,05 × 10 = ...

3 ** **Pose les opérations sur l'ardoise et effectue les calculs.**

a. 3,95 × 5
b. 4,3 × 500
c. 2,42 × 7,3
d. 1,5 × 46,8

4 ** **Trouve le multiplicateur manquant ; il s'agit de 10, 100 ou 1 000.**

a. 45,7 × .... = 457
b. 56,18 × .... = 561,8
c. 54,25 × .... = 5 425
d. 8,9 × .... = 890
e. 2,6 × .... = 2 600
f. 1,02 × .... = 10,2
g. 87,99 × .... = 879,9
h. 12,3 × .... = 12 300

5 ** **Trouve le multiplicateur manquant ; il s'agit d'un nombre entier.**

a. 1,6 × ...... = 6,4
b. 0,5 × ...... = 3
c. 9,4 × ...... = 18,8
d. 8,1 × ...... = 24,3
e. 4,2 × ...... = 16,8

6 ** Julien loue 3 DVD à 2,5 € l'un.

Combien doit-il payer ?

....

7 *** La piste du stade fait 400,75 m. Le professeur demande à ses élèves d'effectuer 4,5 tours.

Quelle distance ont-ils parcourue ?

....

....

8 *** Eric collectionne les timbres ; il achète une planche de 100 timbres à 0,53 € ainsi que 10 timbres sur l'aviation à 1,23 €.

Que doit-il payer au guichetier ?

....

....

....

EXO DÉFI Lola voudrait s'abonner à une revue mais ne sait pas quelle formule choisir. Aide-la à prendre sa décision. Si elle l'achète tous les mois chez son libraire, cela lui coûte 3,80 € tandis que l'abonnement annuel est à 41,40 €.

Quelle économie réalise-t-elle en choisissant la meilleure formule ?

....

....

Bravo ! Maintenant, tu sais multiplier par un nombre décimal.

Corrigés p. 31 GUIDE PARENTS

16

Calcul et opérations

La proportionnalité et la règle de trois

Pour comprendre

Savoir

- **Dans une situation de proportionnalité**, on passe d'un ensemble de nombres à un autre en multipliant ou en divisant ces nombres **par le même opérateur** ou en faisant une **règle de trois**.
- On dit alors que les nombres sont **proportionnels**.

Savoir faire

Comprendre des situations de proportionnalité

- **En général, on présente les données sous la forme d'un tableau :**

Recette des crêpes

Pour 2 personnes :

$\frac{1}{2}$ L de lait

3 œufs

250 g de farine

1 cuillerée d'huile

: 4

	Pour 2	Pour 8
lait	$\frac{1}{2}$ L	2 L
œufs	3	12
farine	250 g	1 000 g = 1 kg
huile	1	4

× 4

- Pour passer de la première à la deuxième colonne, on multiplie tous les nombres par 4. L'opérateur 4 est le **coefficient de proportionnalité**.
- **On peut représenter une situation de proportionnalité par un graphique :** on obtient une droite qui passe par 0.

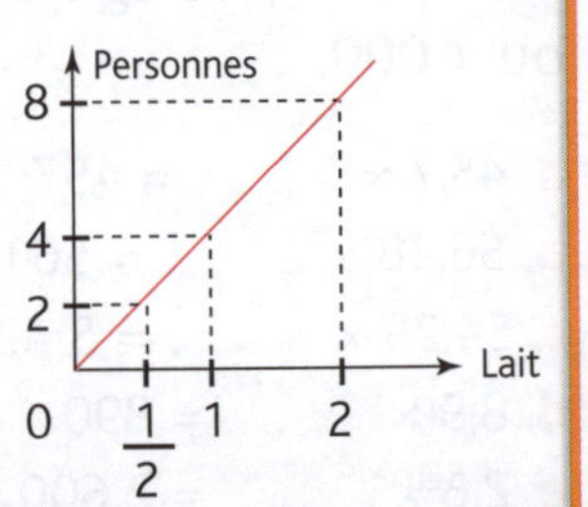

- **Méthode de la règle de trois**

	Pour 1	Pour 8
farine	250 : 2 = 125	125 × 8 = 100

Infos parents

- **Votre enfant doit bien connaître les tables de multiplication et les multiples** (p. 108).
- **L'étude de la proportionnalité** sera approfondie au collège.

S'entraîner

1 * Complète les tableaux pour qu'ils correspondent à des situations de proportionnalité ; écris dans la bulle l'opérateur.

(× 2) (: 2)

2	3	4	5	6
4	6			

(× ...) (: ...)

3	4		20	
15		50		500

2 ** Utilise la règle de trois pour trouver les données manquantes de cette recette.

	Pour 6 pers.	Pour 1 pers.	Pour 4 pers.	Pour 5 pers.
Farine	300 g			

3 ** Barre les tableaux qui ne sont pas proportionnels.

A

2	3
3	7
4	11
5	20

B

1	10
2	20
3	30
4	40

C

1	2
2	3
5	4
10	7

4 * Proportionnalité ? Vrai ou Faux ?**

a. Pour faire un cake pour 4 personnes, il faut 300 g de farine. Pour 8 personnes, il en faut 600 grammes. V F

b. Un ticket de métro coûte 1,40 €. Un carnet de 10 tickets vaut 10,70 €. V F

c. Michel mesurait 1,20 m à 10 ans, à 20 ans il mesure 1,85 m. V F

d. Un litre d'essence coûte 1,98 €, 10 litres coûtent 19,80 €. V F

5 * Complète le tableau.**

Bahya se rend au parc d'attraction. L'entrée coûte 15 €.

a. Elle s'y rend seule.

b. Elle s'y rend avec une amie.

c. Avec trois amies.

d. À 10, le jour de son anniversaire.

EXO DÉFI **Réponds aux questions.**

Lou colle 4 images sur chaque page de l'album.

a. Est-ce une situation de proportionnalité ? oui non

b. Complète le tableau.

Nombre d'images	4	12	20	
Nombre de pages	1			6

c. Vérifie avec un graphique.

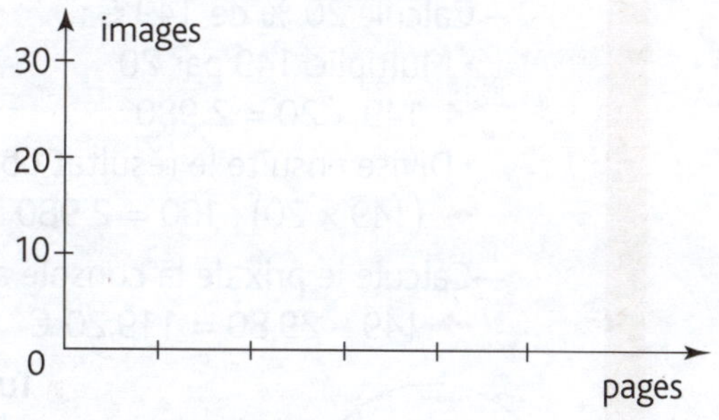

d. Que remarques-tu ?

....

....

....

Bravo ! Maintenant, tu connais les situations de proportionnalité.

Corrigés p. 31 GUIDE PARENTS

Calcul et opérations

17 Les graphiques et les pourcentages

Pour comprendre

Savoir

- **Calculer un pourcentage, c'est calculer la proportion** d'un nombre par rapport à **100**.
- En général, on cherche le pourcentage d'un nombre pour le lui ajouter ou pour le lui enlever ou encore pour comparer des quantités.
- Il s'agit d'une **situation de proportionnalité**.

Savoir faire

Calculer un pourcentage

- **Pour calculer le prix** d'une console (149 €) avec une réduction de 20 % :
  - Calcule 20 % de 149 € :
    - Multiplie 149 par 20
      ➜ 149 × 20 = 2 980
    - Divise ensuite le résultat obtenu par 100
      ➜ (149 × 20) : 100 = 2 980 : 100 = 29,80
  - Calcule le prix de la console avec la réduction de 20 % :
    ➜ 149 – 29,80 = 119,20 €

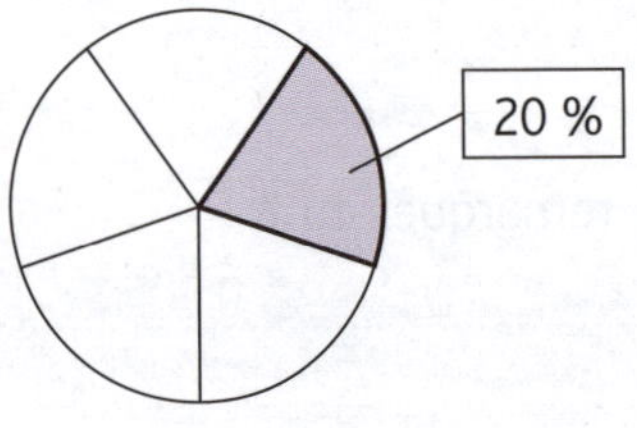

- **Tu peux représenter la réduction** à l'aide d'un **camembert**, d'un **histogramme** ou d'un **graphique**.
  C'est une **situation de proportionnalité** :
  100 % du prix, c'est 149 €
  1 % est égal à 1,49 €
  20 % sont égaux à 29,80 €

Infos parents

- **La touche % de la calculatrice ne doit pas être utilisée :** votre enfant doit connaître la suite des opérations à réaliser pour trouver un pourcentage.

S'entraîner

1 * 80 % des 20 élèves du CM2 déjeunent à la cantine :

a. Combien d'enfants cela représente-t-il ? ....

....

b. Colorie la partie du disque correspondante.

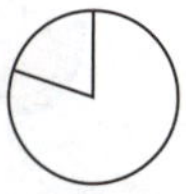

c. 6 enfants restent à l'étude. Pour savoir à quel pourcentage cela correspond, complète le tableau.

Élèves	20					6
Pourcentage	100	80	40	20	10	

2 ** **Complète ce tableau.**

Applique la formule donnée dans l'exemple de la leçon mais aussi les propriétés de la proportionnalité (p. 116).

Pourcentage / Nombre	1 %	10 %	5 %	30 %
100		10		
200	2			
	5			
25				
		9		

3 *** Pour préparer de la grenadine, Maëva ajoute 15 % de sirop à 100 cL (1 L) d'eau.

a. Calcule en cL la quantité de sirop utilisée.

....

b. Quelle quantité de sirop doit-elle ajouter pour : 2 L ; 3 L ; 4 L ; 5 L ; 8 L ?

....

....

....

c. Complète le graphique suivant.

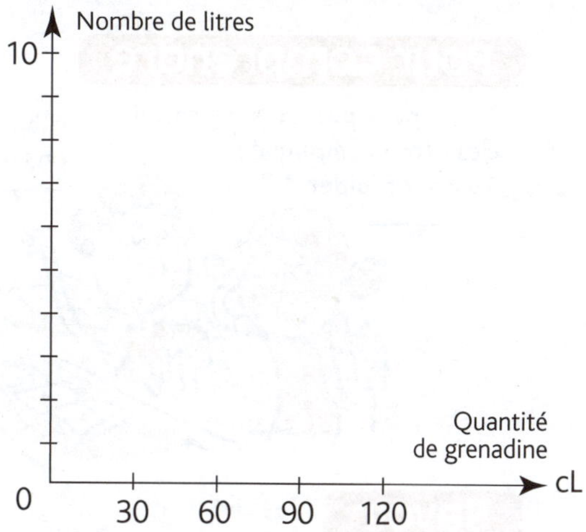

4 *** **Repère les segments [AB].**

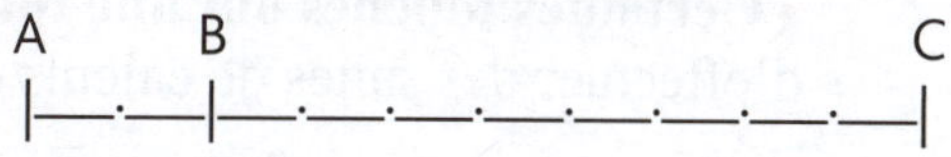

a. [AB] représente ... % du segment [AC]

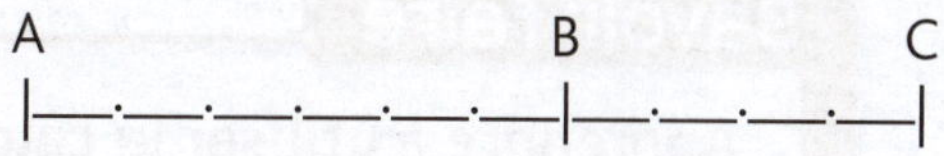

b. [AB] représente ... % du segment [AC]

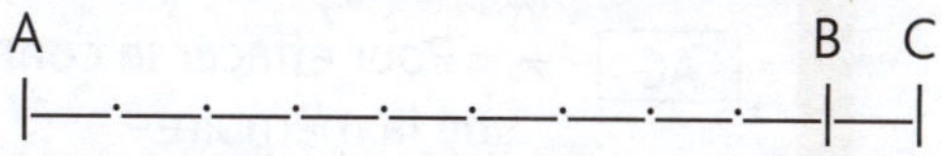

c. [AB] représente ... % du segment [AC]

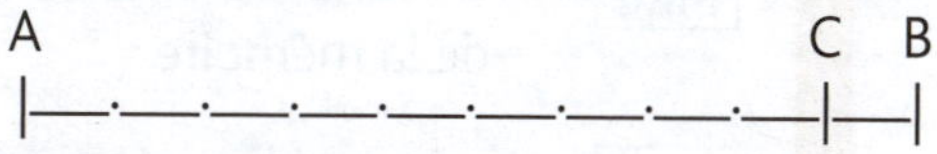

d. [AB] représente ... % segment [AC]

EXO DÉFI Sur 40 employés d'une entreprise, 60 % se rendent au travail en métro, 20 % en voiture, 15 % en deux roues et le reste à pied.

a. Calcule le nombre d'employés par catégorie.

....

....

b. Vérifie tes calculs en additionnant les résultats.

....

Bravo ! Maintenant, tu connais les pourcentages.

Corrigés p. 31 GUIDE PARENTS

18 Utiliser la calculatrice

Pour comprendre

Savoir

- **On utilise la calculatrice** lorsque c'est nécessaire, pour des calculs un peu longs.
- **Certaines touches ont une fonction particulière**, ces touches permettent d'effectuer des suites de calculs en mémorisant des résultats intermédiaires.

Savoir faire

Apprendre à utiliser la calculatrice

Les touches

- AC → Pour effacer le contenu de la mémoire
- MRC → Pour afficher le contenu de la mémoire
- M+ → Pour ajouter le nombre affiché au contenu de la mémoire
- M– → Pour soustraire le nombre affiché au contenu de la mémoire
- C/CE → Pour effacer l'écran
- = → Permet de répéter l'opération plusieurs fois

À savoir…

- Les touches ON et OFF permettent d'allumer et d'éteindre la machine.
- L'affichage contient 8 chiffres :
  – certains chiffres de la partie décimale d'un résultat peuvent donc manquer,
  – lorsque l'on multiplie des grands nombres terminés par des 0, on tape l'opération en les supprimant puis on les ajoute à la droite du résultat obtenu.

Exemple :
23(000) × 125(00) = 287 500 000

- La virgule est remplacée par un point.
- L'ordre des calculs est très important.

Infos parents

- **L'utilisation de la calculatrice permet de se concentrer** sur la résolution de problèmes. Elle **n'est utilisée que pour des calculs complexes**.
- **Dès la 6e,** il sera demandé une calculatrice qui affiche les calculs et les résultats simultanément.
- **Toutes les calculatrices ordinaires** possèdent à peu près les mêmes fonctions.

S'entraîner

1 * Effectue les calculs suivants avec une calculatrice.

214,75 + 46,56 =

Allume la calculatrice en appuyant sur la touche [ON]

Tape dans l'ordre les chiffres qui composent le premier nombre :

[2] [1] [4] [.] [7] [5]

Appuie sur la touche [+]

Tape les chiffres qui composent le second nombre :

[4] [6] [.] [5] [6]

Appuie sur la touche [=]

Copie le résultat dans les cases suivantes.

[ ] [ ] [ ] [.] [ ] [ ]

2 ** Procède de la même façon pour les opérations suivantes en utilisant les signes qui conviennent.

[–] [:] [×]

a. 561,5 – 237, 89 =

[ ] [ ] [ ] [.] [ ] [ ]

b. 498,4 : 32 =

[ ] [ ] [.] [ ] [ ] [ ]

c. 123,25 × 8,4 =

[ ] [ ] [ ] [ ] [.] [ ]

3 ** Répète l'opération 4 fois en utilisant la touche [=].
Écris les résultats successifs.

117 – 5 [=] ...... [=] ...... [=] ...... [=] ......

25 × 2 [=] ...... [=] ...... [=] ...... [=] ......

4 ** Effectue les suites de calcul.

a. 45,2 [–] 6,8 [+] 94 [–] 21,9

[=] [ ] [ ] [ ] [.] [ ]

b. 289 [+] 78,2 [–] 7 [+] 75,3

[=] [ ] [ ] [ ] [.] [ ]

5 ** Pense à mettre les 0 de côté pour pouvoir effectuer les calculs.

26 000 × 8 900 = ...

785 000 × 250 = ...

6 000 × 21 000 = ...

6 ** Fais l'expérience suivante :

Tape l'opération 3 + (7 × 9)

Combien trouves-tu ? ....

Pourtant le résultat est égal à ....

La machine a donc associé les deux premiers nombres !

Tu comprends maintenant pourquoi c'est important d'utiliser la touche [M+] ?

3 [M+] + 7 × 9 = 63 + [MRC] = 66

EXO DÉFI **Réponds aux questions.**

a. Utilise les touches mémoire pour effectuer les suites de calcul.

(4 × 119) – (456 : 12)

tu dois taper

4 [×] 119 = [M+] 456 [:] 12 [M–] [MRC]

b. Procède de même pour cette suite :

(215 : 5) + (956 – 23)

....

c. Puis calcule : (45 + 9 + 78) × 13

....

Bravo ! Maintenant, tu sais utiliser une calculatrice.

Corrigés p. 32 GUIDE PARENTS

Les angles

Pour comprendre

Savoir

- **Un angle est le secteur compris entre 2 demi-droites** qui ont une extrémité commune : le **sommet**.
- **Les 2 demi-droites** sont les **côtés** de l'angle.

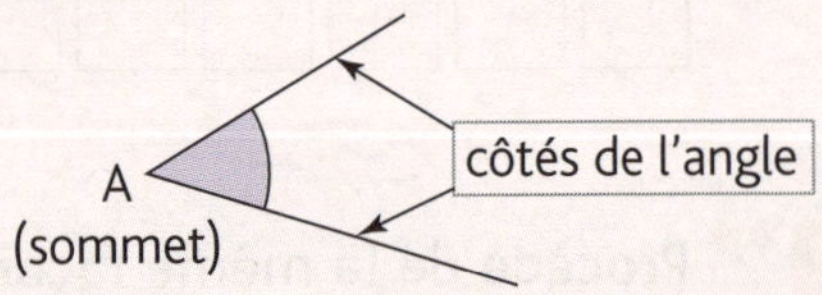

- **On classe les angles en 3 familles :**

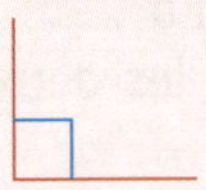

– les angles **droits**, dont les côtés sont perpendiculaires (marqués par 2 segments perpendiculaires),

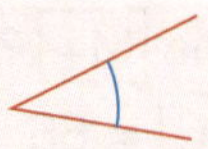

– les angles **aigus**, inférieurs à l'angle droit,

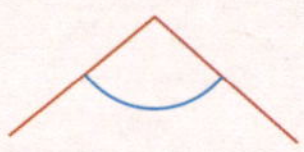

– les angles **obtus**, supérieurs à l'angle droit.

Savoir faire

Construire soi-même une équerre

- **Une équerre permet de vérifier les angles droits** (et les autres).

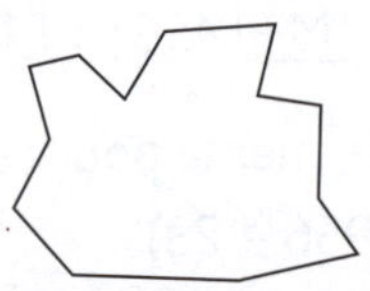

1. Prends une feuille de papier quelconque (même si les bords sont déchirés).

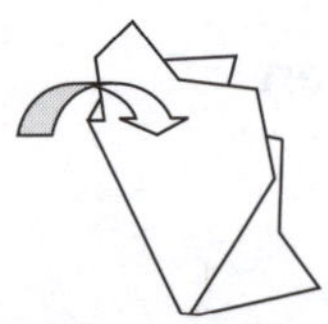

2. Plie-la une fois en n'importe quel endroit.

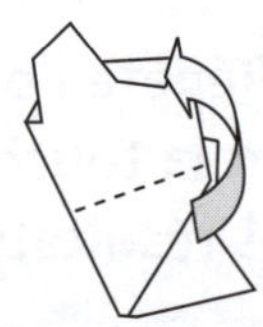

3. Plie à nouveau en suivant le pli précédent bord à bord.

Infos parents

- **On ne mesure pas la valeur d'un angle au cycle 3** (réservé au collège). Votre enfant n'a donc pas besoin d'un rapporteur.

S'entraîner

1 * Un angle droit est :

a. ☐ inférieur à l'angle aigu.
b. ☐ inférieur à l'angle obtus.
c. ☐ supérieur à l'angle aigu.
d. ☐ formé par deux droites perpendiculaires.

2 ** À l'aide de ton équerre en papier, détermine si ces angles sont droits, obtus ou aigus.

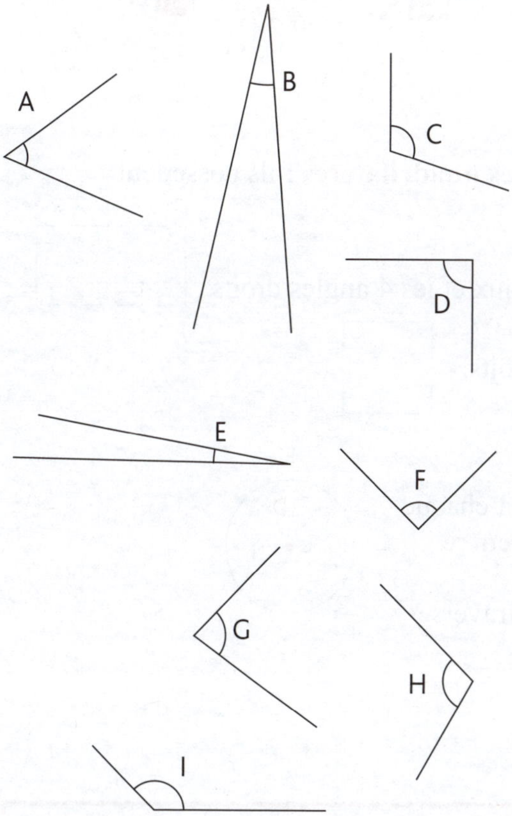

Angles aigus :
....

Angles obtus :
....

Angles droits :
....

EXO DÉFI **Dans cette figure, reconnais les angles avec ton équerre et classe-les dans le tableau.**

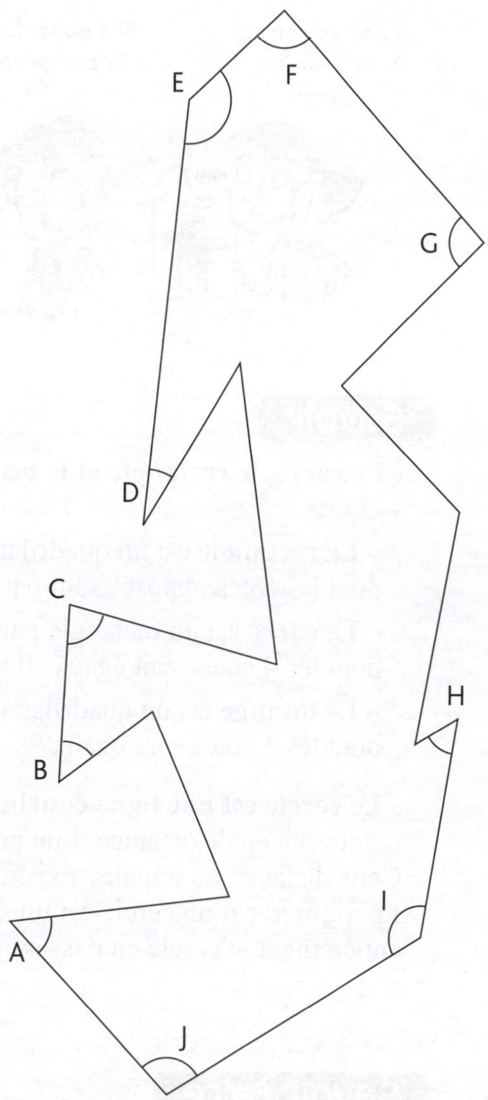

Angles obtus					
Angles aigus					
Angles droits					

Bravo ! Maintenant, tu sais reconnaître les angles.

Corrigés p. 32 GUIDE PARENTS

20 Espace et géométrie
Carré, rectangle, losange, cercle

Pour comprendre

Savoir

▪ **Le carré, le rectangle et le losange sont des quadrilatères :** ils possèdent **4 côtés**.

– **Le rectangle** est un quadrilatère dont les côtés opposés sont parallèles et égaux et les 4 angles droits.

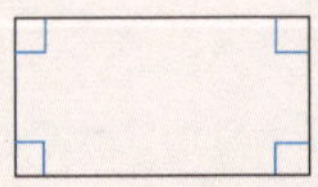

– **Le carré** est un rectangle particulier dont les 4 côtés sont égaux. Il a 4 angles droits.

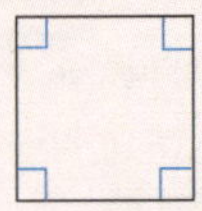

– **Le losange** est un quadrilatère dont les 4 côtés sont égaux.

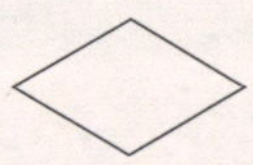

Le rayon est égal au diamètre divisé par 2.

▪ **Le cercle est une ligne courbe fermée** dont chaque point est à égale distance d'un point appelé **centre**. Cette distance est appelée **rayon**. Le **diamètre** d'un cercle est un segment qui traverse entièrement le cercle en passant par le centre.

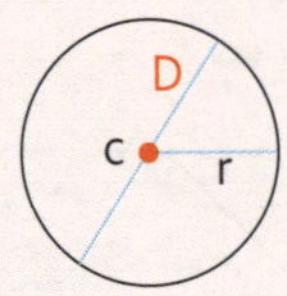

Savoir faire

S'assurer que les côtés sont parallèles

▪ **Pour vérifier que des côtés sont parallèles,** utilise la règle et l'équerre.
Fais glisser l'équerre le long d'un côté du rectangle et vérifie que l'écart avec le côté opposé est constant.

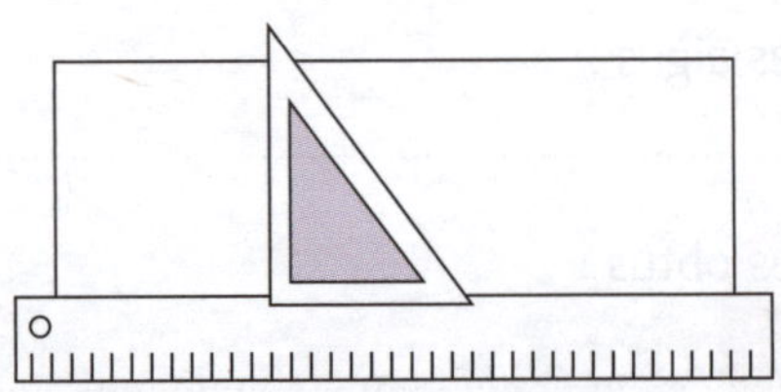

Infos parents

▪ **Il existe d'autres quadrilatères** appartenant à la famille des polygones : trapèzes, parallélogrammes, quadrilatères quelconques...

S'entraîner

1 * Observe les figures ci-dessous et complète le tableau avec une croix ou un rond, comme dans l'exemple.

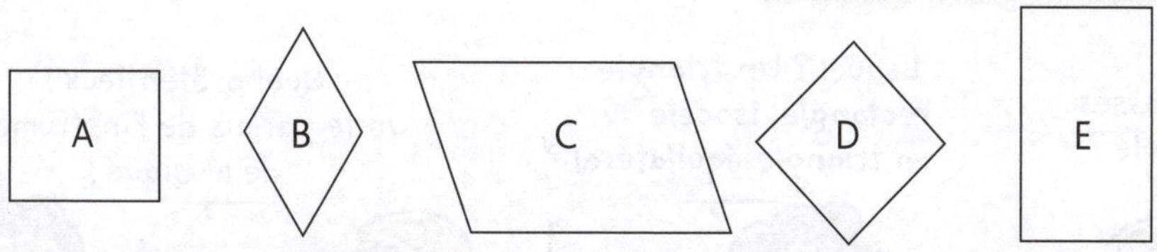

Figure	Les côtés opposés sont parallèles	Les 4 côtés ont la même longueur	Les 4 angles sont droits	Nom de la figure
A				
B				
C	X	O	O	parallélogramme
D				
E				

2 * Sur ce quadrillage, trace un rectangle dont le point A est un sommet.**
Trace un losange dont le point E est un sommet.
Trace un cercle dont le point O est le centre.

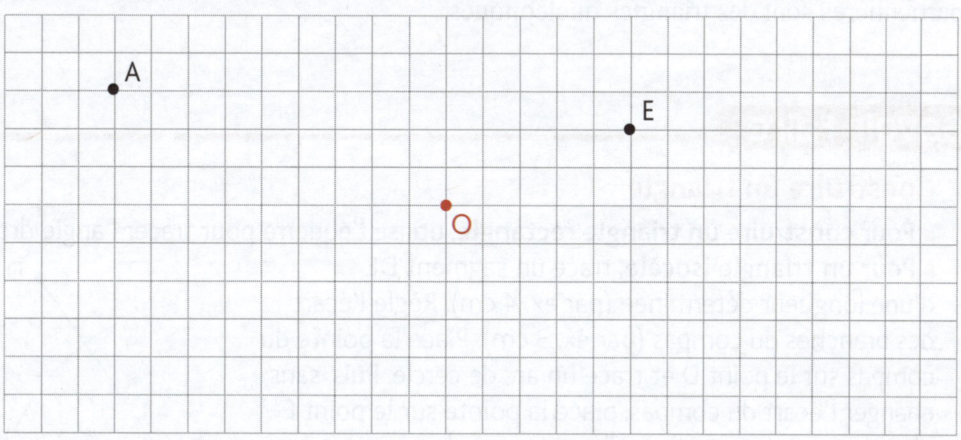

EXO DÉFI

a. Sur l'ardoise, trace un cercle dont le rayon est égal à 3 cm.

b. Avec une règle, mesure le diamètre du cercle que tu viens de tracer.
Compare à présent le rayon et le diamètre.
Que remarques-tu ?

....

Bravo ! Maintenant, tu sais reconnaître les figures les plus courantes.

Corrigés p. 32 GUIDE PARENTS

21 Espace et géométrie

Les triangles

Pour comprendre

Savoir

- **Les triangles sont des polygones à 3 côtés.**
- **Les triangles rectangles** ont un angle droit.
- **Les triangles isocèles** ont 2 côtés égaux et 2 angles égaux.
- **Les triangles équilatéraux** ont les 3 côtés égaux et les 3 angles égaux.
- Les triangles qui n'ont pas de propriétés particulières sont des triangles quelconques.

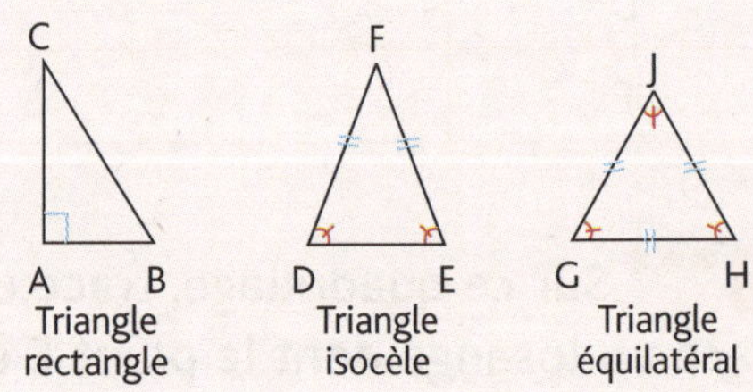

Savoir faire

Construire un triangle

- **Pour construire un triangle rectangle**, utilise l'équerre pour tracer l'angle droit.
- **Pour un triangle isocèle**, trace un segment DE d'une longueur déterminée (par ex. 4 cm). Règle l'écart des branches du compas (par ex. 3 cm). Place la pointe du compas sur le point D et trace un arc de cercle. Puis, sans changer l'écart du compas, place la pointe sur le point E et trace un autre arc de cercle, qui coupe le premier. Le point d'intersection des deux arcs (F) est le troisième sommet du triangle. Joins-le aux points D et E.

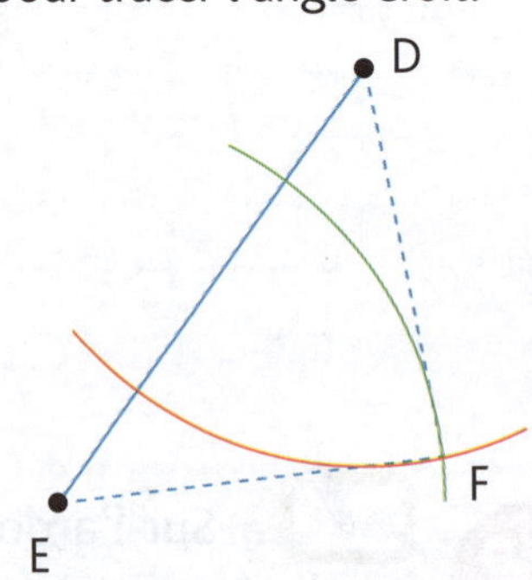

- **C'est la même chose pour un triangle équilatéral**, mais l'écart des branches du compas doit être égal au segment tracé au départ (ici 4 cm).

Infos parents

- **Insistez auprès de votre enfant pour qu'il utilise le compas** dans la réalisation des triangles. C'est précis, fiable et cela montre que le compas ne sert pas qu'à tracer des cercles.

S'entraîner

1 * **Observe ces triangles puis complète le tableau suivant à l'aide de croix :**

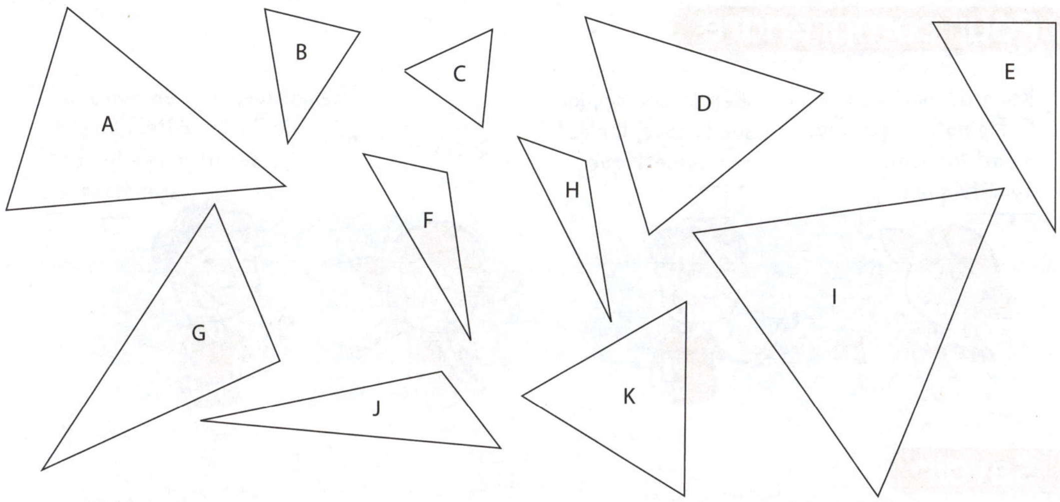

	A	B	C	D	E	F	G	H	I	J	K
Rectangle											
Isocèle											
Équilatéral											
Quelconque											

2 ** **Réponds aux questions suivantes.**

a. Si tu construis un triangle à partir d'un segment de 3 cm et un écart de compas de 4 cm, le triangle obtenu sera : ....

b. Si tu construis un triangle à partir d'un segment de 5 cm et un écart de compas de 5 cm, le triangle obtenu sera : ....

3 *** **Observe ce triangle et réponds.**

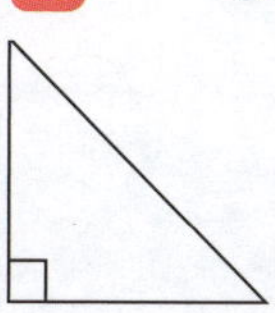

a. ☐ C'est un triangle rectangle.

b. ☐ C'est un triangle équilatéral.

c. ☐ C'est un triangle isocèle.

Que peux-tu en déduire ? ....

....

EXO DÉFI **Voici un tangram.**

a. Combien de triangles contient-il ?

....

b. Combien le tangram peut-il contenir en tout de triangles comme le triangle central marqué d'un O ?

....

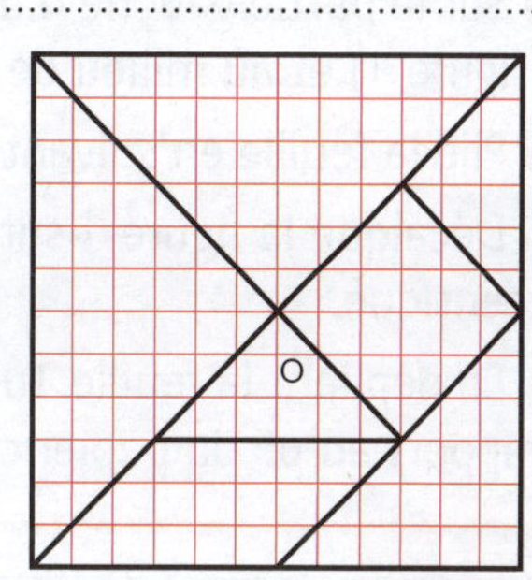

Bravo ! Maintenant, tu sais reconnaître les triangles.

Corrigés p. 32 GUIDE PARENTS

Espace et géométrie

22 La symétrie

Pour comprendre

Savoir

- **Deux figures sont symétriques si elles sont superposables par pliage.**
Le pli correspond à **l'axe de symétrie**.

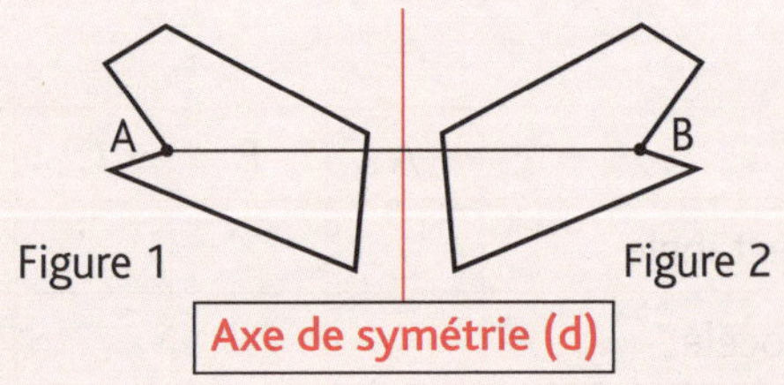

Les points A et B sont symétriques. Ils sont situés à égale distance de l'axe de symétrie.

- De la même manière, une figure peut avoir un (ou plusieurs) axes de symétrie :

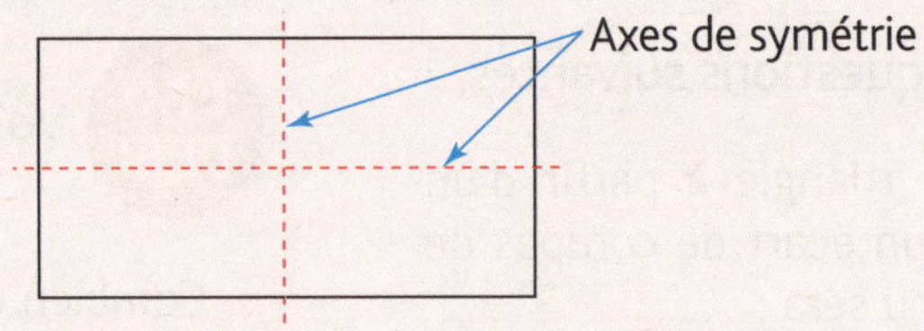

Savoir faire

Dessiner une figure symétrique

- Sur la partie gauche d'une feuille de papier calque, trace le polygone ci-dessus (figure 1) et au milieu de la feuille, la droite *d*.
- Plie la feuille en suivant la droite *d*.
- Décalque la figure 1 sur l'autre partie de la feuille : tu obtiens un polygone identique.
- En dépliant la feuille, tu peux constater qu'ils sont parfaitement symétriques par rapport au pli du papier calque.

Infos parents

- **Deux figures symétriques ont la même inclinaison par rapport à l'axe de symétrie.** Tous les points de la figure 1 ont un point placé à la même distance de l'axe de symétrie sur la figure 2.

S'entraîner

1 ** Trace l'axe (ou les axes) de symétrie de ces figures. Pour deux d'entre elles, ce n'est pas possible. Lesquelles ? ....

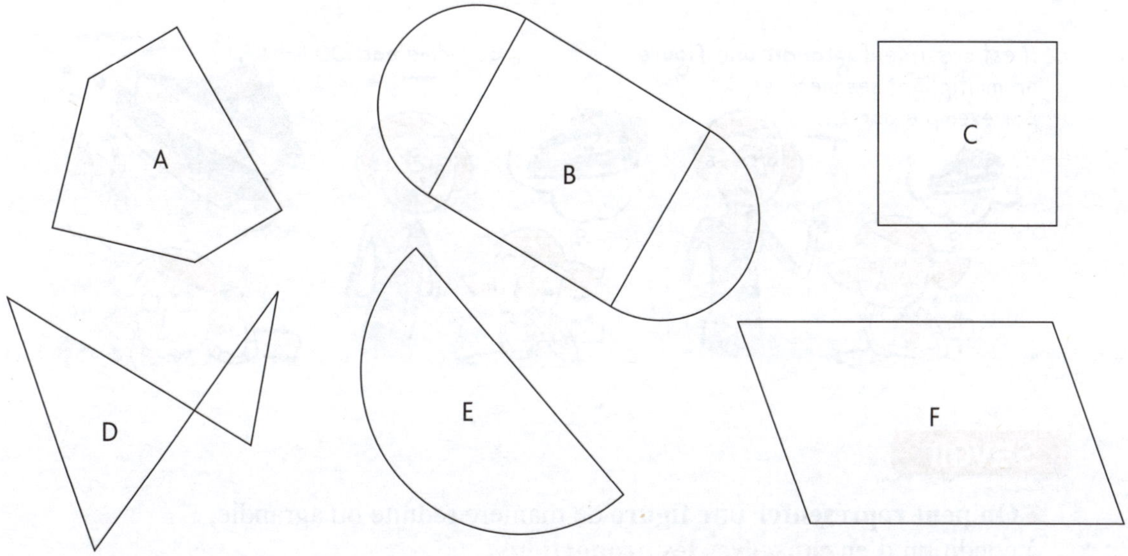

2 * Range les figures de l'exercice 1 en fonction de leur nombre d'axes de symétrie.**

1 axe de symétrie ....
2 axes de symétrie ....
3 axes de symétrie ....
4 axes de symétrie ....

EXO DÉFI **Reproduis la figure symétrique de celle-ci en t'aidant du quadrillage.**

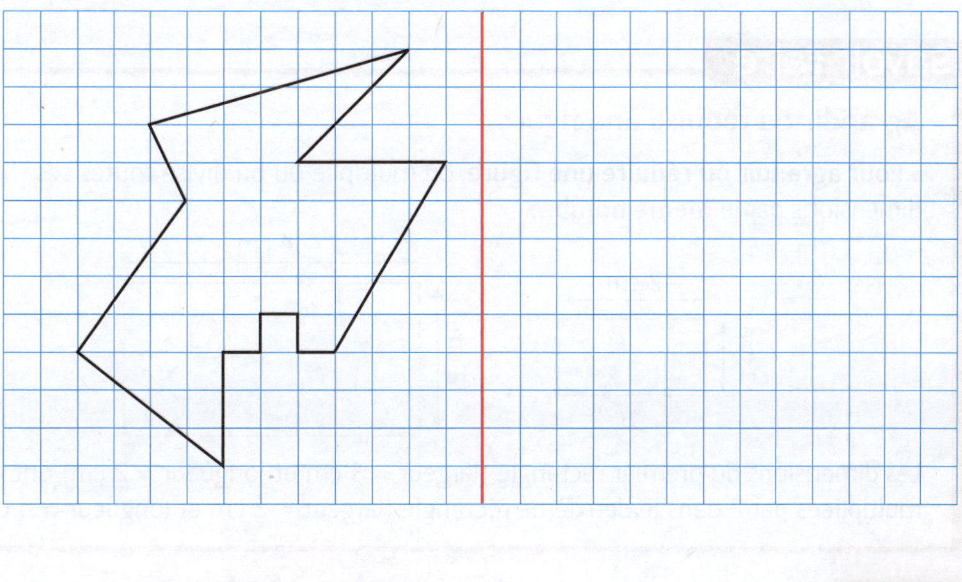

Bravo ! Maintenant, tu sais dessiner une figure symétrique.

Corrigés p. 33 GUIDE PARENTS

23

Espace et géométrie

Agrandissement et réduction de figures

Pour comprendre

Savoir

- **On peut représenter une figure** de manière réduite ou agrandie, à condition d'en **conserver les proportions**.

Les dimensions de la figure A sont le double de celles de la figure B.

On dit aussi que la figure A représente la figure B à l'échelle 2.

On peut aussi dire que la figure B représente la figure A à l'échelle $\frac{1}{2}$.

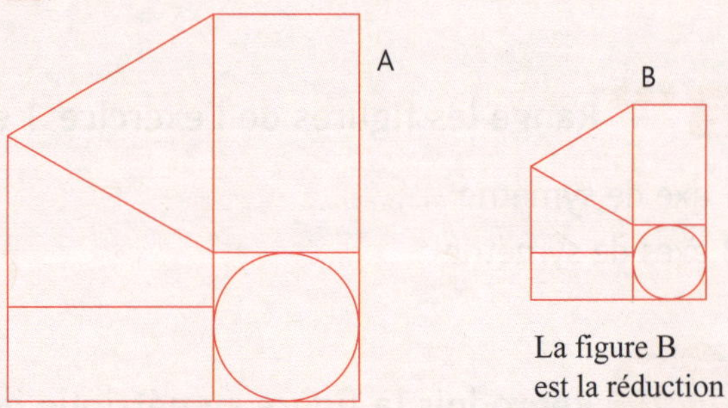

La figure B est la réduction de la figure A.

Savoir faire

Agrandir ou réduire une figure

- **Pour agrandir ou réduire une figure**, on multiplie ou on divise toutes ses dimensions par le **même nombre**.

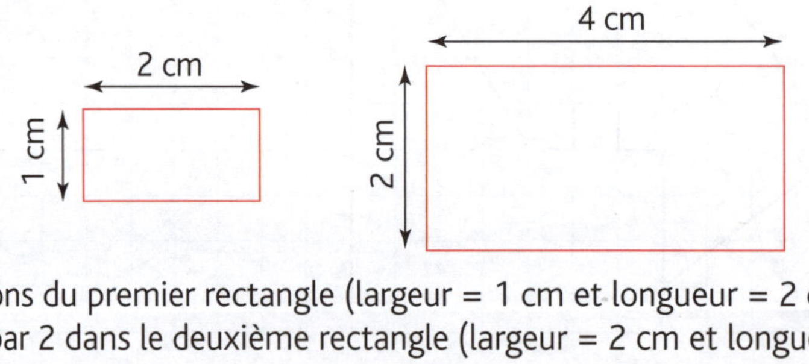

Les dimensions du premier rectangle (largeur = 1 cm et longueur = 2 cm) ont été multipliées par 2 dans le deuxième rectangle (largeur = 2 cm et longueur = 4 cm).

Infos parents

- **Vous pouvez mettre en œuvre des situations** de ce type avec votre enfant lors de réalisations de plans ou de maquettes.

S'entraîner

1 * Sur la partie droite du quadrillage, reproduis la figure dessinée à l'échelle 2. Commence ton tracé au point rouge.

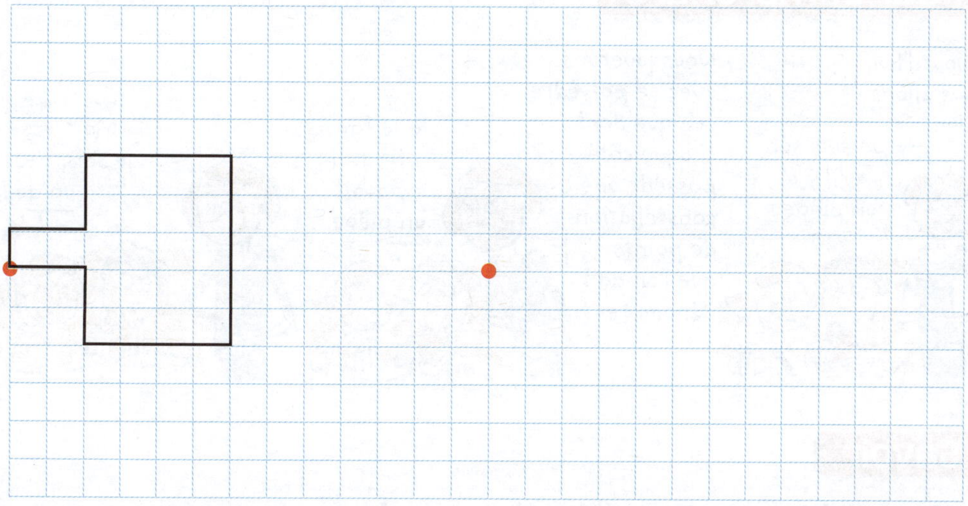

2 ** Reproduis la figure suivante à l'échelle $\frac{1}{2}$.

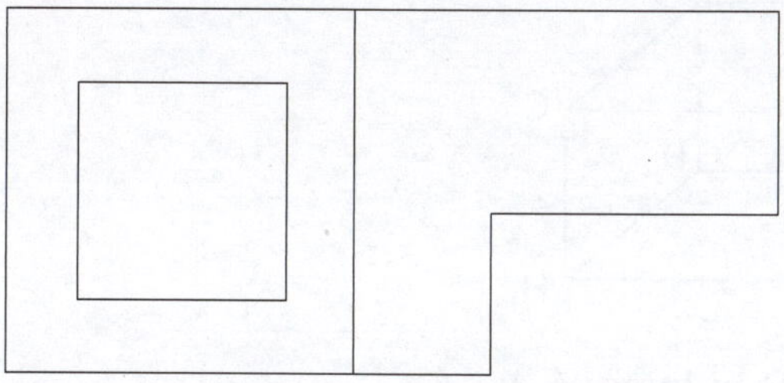

3 * Reproduis ces figures à l'échelle 3 sur une feuille de papier sans quadrillage.**

Attention ! il faut commencer par prendre les mesures.

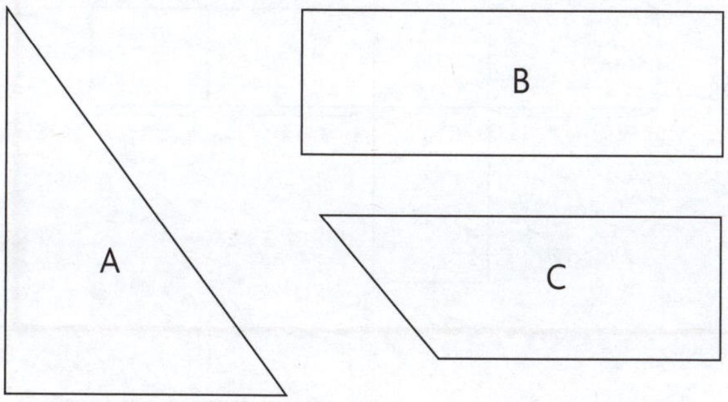

EXO DÉFI La cour de récréation est en travaux ! Du matériel est entreposé sur la moitié de la surface, coupant la cour en deux dans le sens de la longueur. Avant les travaux, la longueur de la cour était de 74 m et la largeur de 32 m.

a. Quel est son périmètre actuel ?

....

b. Pour visualiser le problème, réalise sur l'ardoise une représentation réduite de la cour avant travaux et pendant les travaux (à l'échelle= $\frac{1}{100}$).

Bravo ! Maintenant, tu sais agrandir ou réduire une figure.

Corrigés p. 33 GUIDE PARENTS

La construction de polyèdres

Pour comprendre

Savoir

■ **Les polyèdres sont des solides dont toutes les faces sont planes.**
On peut les décrire d'après leur **nombre de faces** et de **sommets**.

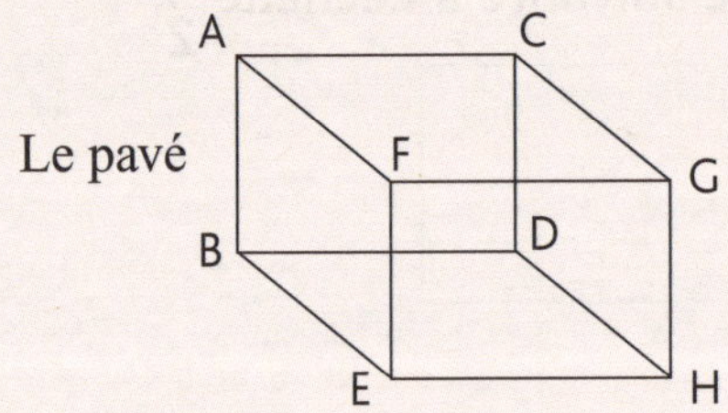

■ **Les polyèdres les plus courants** sont le **cube** et le **pavé**.
Ils ont 8 sommets, 12 arêtes et 6 faces.

Savoir faire

Construire un polyèdre

Pour construire un polyèdre, base-toi sur la construction suivante :

■ Reproduis cette figure sur une feuille, découpe-la et plie à l'endroit des pointillés. Pour finir, colle les languettes.

■ Il convient de soigner l'assemblage pour obtenir un polyèdre agréable à l'œil et assez solide pour être manipulé.

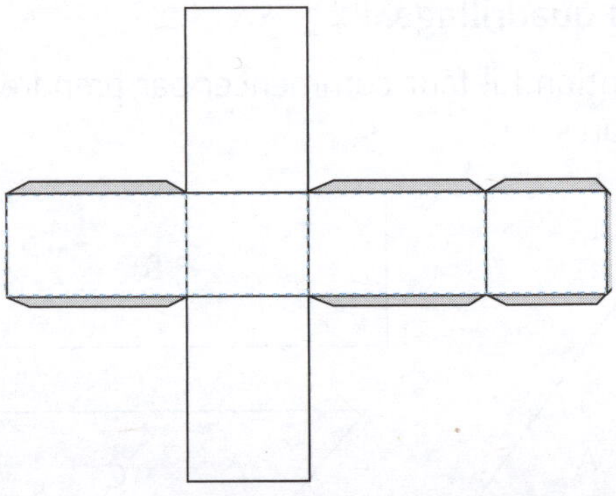

Infos parents

■ **Les principaux solides étudiés au cycle 3 sont le cube et le pavé droit** (parallélépipède rectangle). Les autres solides (prisme, pyramide, sphère, cylindre, cône…) sont réservés au collège.

■ **Il existe en tout 11 patrons du cube** et 54 du pavé.

S'entraîner

1 ** Observe les patrons suivants et indique par une croix dans le tableau s'ils permettent de construire un cube.

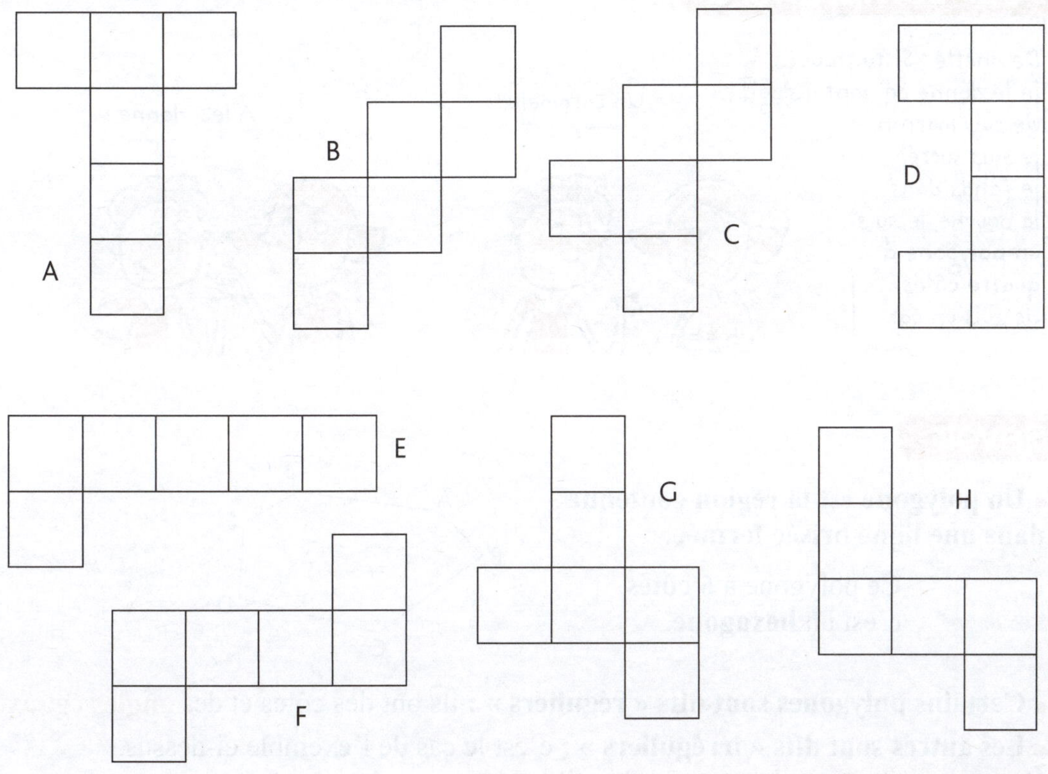

	A	B	C	D	E	F	G	H
Permet de construire un cube								
Ne permet pas de construire un cube								

2 * Regarde ce patron attentivement. Quelles sont les languettes inutiles ?**

....

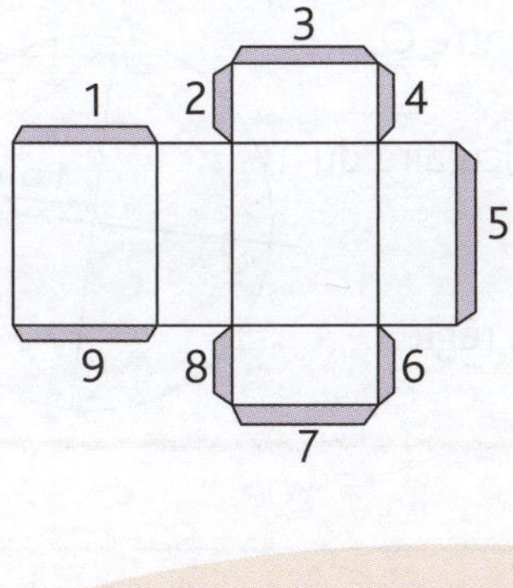

EXO DÉFI **Complète ce patron de manière à obtenir un cube.**

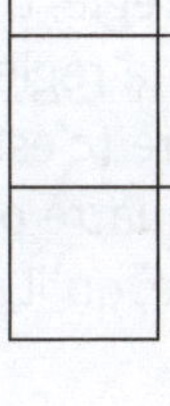

Bravo ! Maintenant, tu connais les cubes et les pavés.

Corrigés p. 33 GUIDE PARENTS

Espace et géométrie

25 La construction de polygones

Pour comprendre

Savoir

■ **Un polygone est la région contenue dans une ligne brisée fermée.**

Ce polygone a **6 côtés**, c'est un **hexagone.**

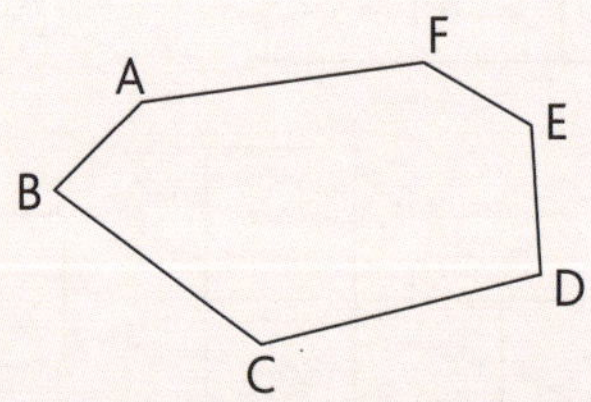

■ **Certains polygones sont dits « réguliers » :** ils ont des côtés et des **angles égaux**.

■ **Les autres sont dits « irréguliers » ;** c'est le cas de l'exemple ci-dessus.

On peut ranger les polygones en fonction de leur nombre de côtés :

	Triangle	Quadrilatère	Pentagone	Hexagone	Octogone	Décagone	Dodécagone	etc.
Nb côtés	3	4	5	6	8	10	12	…

Savoir faire

Construire un polygone

■ Sur du papier non quadrillé, il est assez difficile de construire des polygones, aussi, le compas est utile dans ce cas-là.

■ **Pour la construction d'un carré** (matériel : compas, règle et équerre)

1. Au compas, trace un cercle de 4 cm de rayon de centre O.
2. À la règle, trace le diamètre de ce cercle.
3. Avec la règle et l'équerre, trace une droite perpendiculaire du diamètre (c'est la **médiatrice**).
4. Les quatre points d'intersection sont les sommets du carré, qu'il ne reste plus qu'à joindre, à l'aide de la règle.

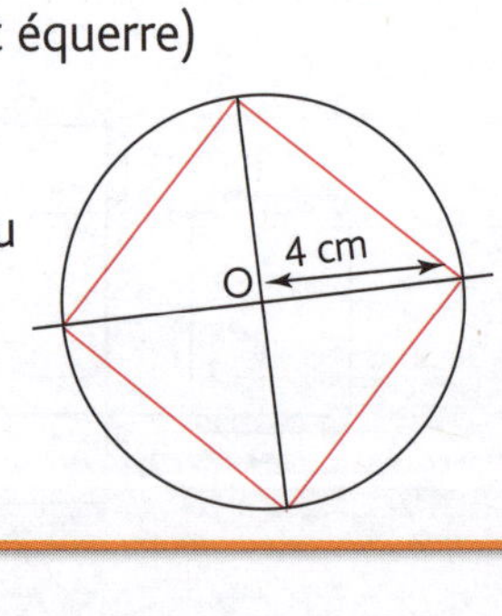

Infos parents ■ **Insistez sur la qualité du matériel** auprès de votre enfant : crayon bien taillé, gomme propre, règle en bon état pour produire des tracés bien nets.

S'entraîner

1 * **Observe cette figure et réponds aux questions.**

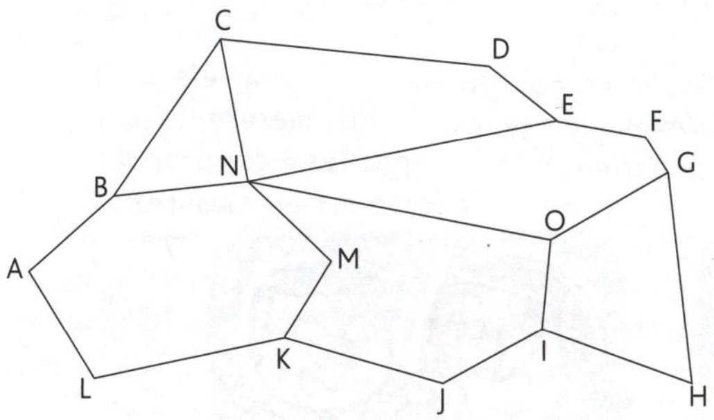

a. Combien contient-elle de triangles ?

....

b. Combien contient-elle de quadrilatères ?

....

c. Combien contient-elle de pentagones ?

....

d. Combien contient-elle d'hexagones ?

....

e. Combien de côtés contient la figure ABCNMKL ?

....

2 ** M. Richard est propriétaire d'une parcelle de terrain représentant un pentagone irrégulier.
Trois segments mesurent 47 m chacun, le quatrième mesure 122 m et le dernier 71 m.

Quel est le périmètre de la parcelle de M. Richard ?

....

....

3 *** Sur une feuille quadrillée, trace verticalement un segment AB de 7 cm (le point B est situé en haut). Trace un segment BC de 9 cm perpendiculaire à AB. Trace ensuite vers le bas de la feuille un segment CD parallèle à AB. Joins à présent A et D.

Quelle figure obtiens-tu ?

....

4 *** Julien cherche le périmètre de deux polygones : un octogone dont chaque côté mesure 4 cm et un dodécagone dont chaque côté mesure 3 cm.

Pose et effectue les opérations qui permettent à Julien de trouver la réponse.

....

....

EXO DÉFI **Construis la figure en suivant les instructions (matériel : règle, équerre, compas).**

Trace un cercle de 2 cm de rayon ayant O pour centre.

Trace le diamètre AB de ce cercle.

Trace un autre diamètre CD perpendiculaire au premier.

Joins les points ACBD.

Trace à présent un nouveau diamètre perpendiculaire à AC et passant par O ; nomme-le EG (le point E est situé entre A et C).

Trace un autre diamètre, perpendiculaire à CB ; nomme-le HF.

Les points A, E, C, F, B, G, D, H sont tous situés sur le périmètre du cercle. Relie tous ces points dans l'ordre indiqué.

Comment s'appelle le polygone obtenu ?

....

Bravo ! Maintenant, tu sais reconnaître plusieurs sortes de polygones.

Corrigés p. 34 GUIDE PARENTS

Longueurs, masses, contenances

Pour comprendre

Savoir

Une livre est égale à 500 grammes. On utilise encore les livres sur le marché.

- **Pour mesurer des longueurs, on utilise le mètre.**

kilomètre	hectomètre	décamètre	**mètre**	décimètre	centimètre	millimètre
km	hm	dam	**m**	dm	cm	mm

1 m = 100 cm et 1 km = 1 000 m

- **Pour mesurer des masses, on utilise le gramme.**

kilogramme	hectogramme	décagramme	**gramme**	décigramme	centigramme	milligramme
kg	hg	dag	**g**	dg	cg	mg

1 kg = 1 000 g et 1 tonne = 1 000 kg

- **Pour mesurer des capacités, on utilise le litre.**

hectolitre	décalitre	**litre**	décilitre	centilitre	millilitre
hL	daL	**L**	dL	cL	mL

1 L = 100 cL = 1 000 mL

Savoir faire

Faire des calculs de grandeurs ou de mesures

- **Pour additionner ou soustraire des mesures**, il faut qu'elles soient exprimées dans la même unité (cela t'oblige parfois à convertir les nombres).
- Tu dois parcourir 3 km, tu as déjà marché 700 m. Pour trouver le chemin qui te reste à faire, tu dois faire la soustraction → 3 km – 700 m.

Convertis 3 km en mètres (avec le tableau ci-dessus). Tu obtiens 3 000 m et tu peux poser l'opération : 3 000 m – 700 m.

Infos parents

- **Votre enfant doit savoir estimer et choisir** les unités appropriées.
- **Certaines conversions doivent être privilégiées** par rapport à l'usage courant : 1 m = 100 cm ; 1 kg = 1 000 g ; 1 L = 100 cL…
- **On confond souvent la masse et le poids !** Le poids se calcule en fonction de l'attraction terrestre et son unité est le newton.

S'entraîner

1 * Quelle unité choisis-tu pour mesurer les distances suivantes ?

a. La distance Paris-Lyon ....
b. La largeur du cahier ....
c. La longueur de la classe ....
d. La mine de ton crayon ....

2 * Quelle unité choisis-tu pour mesurer les masses suivantes ?

a. Le panier de courses ....
b. Une petite boîte de conserve ....
c. Une feuille de papier ....
d. Un vélo ....

3 * Quelle unité choisis-tu pour mesurer les capacités suivantes ?

a. Un échantillon de parfum ....
b. Un arrosoir ....
c. Un verre ....
d. Un tonneau ....

4 ** Écris les mesures suivantes dans le tableau puis convertis-les en mètres.

4 km ; 87 hm ; 214 dam ; 23 km

	km	hm	dam	m	dm	cm	mm

....
....
....
....

5 ** a. Écris les mesures dans le tableau.

31 cg ; 175 mg ; 152 cg ; 1 500 mg ; 325 dg

kg	hg	dag	g	dg	cg	mg

b. Convertis-les en grammes. (Attention : l'unité étant plus grande, tu obtiens des nombres décimaux.)

....
....

6 ** La piscine municipale a une longueur de 25 m.

Combien de longueurs faut-il effectuer pour parcourir 1 km ?

....
....

7 *** Ruben a acheté un sac de 2 kg de pommes. Arrivé chez lui, il constate qu'il en a 425 g de plus.

Quelle est la masse de son sac ?

....
....

EXO DÉFI **Sur l'ardoise, convertis dans la même unité puis additionne les mesures.**

a. 4 L + 32 hL + 13 L = ...
b. 45 cL + 5 L + 325 mL = ...
c. 25 L + 5 hL + 56 daL = ...

Bravo ! Maintenant, tu connais les unités de mesure.

Corrigés p. 34 GUIDE PARENTS

L'heure et le calcul de durée

Pour comprendre

Savoir

1 jour = 24 h.
1 h = 60 min.
1 min = 60 s.

- **Pour mesurer le temps,** on utilise les heures, les minutes et les secondes.
- **Pour de plus grandes durées,** on utilise le jour, le mois, l'année, le siècle, le millénaire.

Savoir faire

Lire l'heure et calculer une durée

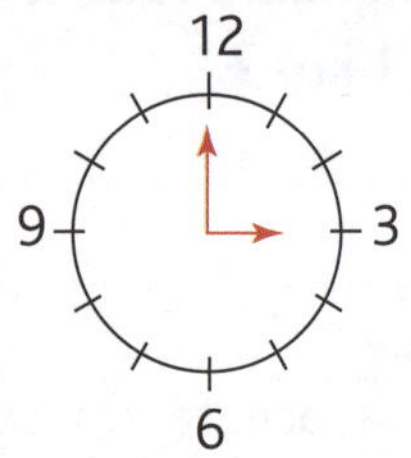

- **Lire l'heure**

60 graduations sont réparties sur le cadran :
– la grande aiguille indique les minutes : 1 graduation = 1 minute ;
– la petite aiguille indique les heures : 1 graduation = 1 heure.
Il faut donc deux tours complets de la petite aiguille pour parcourir la journée de 24 heures.

- **Calculer une durée**

– On passe des heures aux minutes puis aux secondes en multipliant par 60.
– On passe des secondes, aux minutes puis aux heures en divisant par 60.

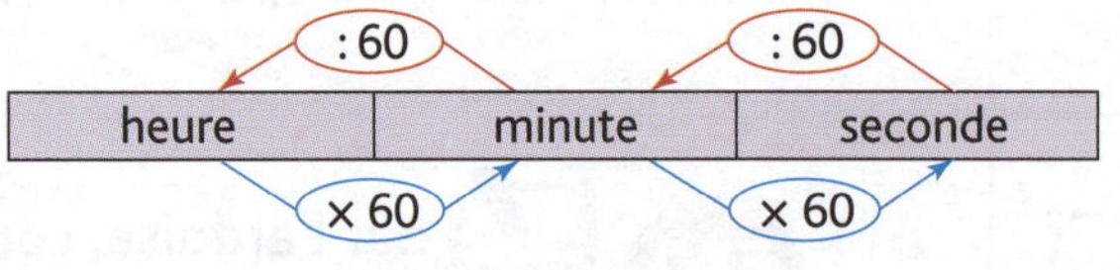

– Tu dois calculer les minutes et les heures séparément :

```
  16 h 45          15 h 15
– 15 h 15        +  1 h 55
  01 h 30          16 h 70
```

70 min = 1 h 10
16 h + 1 h 10 = 17 h 10

Infos parents

- **Le calcul de durées n'est pas évident.** Incitez votre enfant à mettre en place des techniques pour mémoriser.
Par exemple : entre 15 h 15 et 16 h, la durée est de 45 minutes ;
entre 16 h et 16 h 45, la durée est de 45 minutes. La durée totale est donc de 45 + 45 = 90 minutes. 90 minutes, c'est 1 h 30 min.

S'entraîner

1 * **Convertis en minutes.**

1 h = ... 1 h 30 = ...

2 h = ... 2 h 45 = ...

2 ** **Indique l'heure pour chaque cadran.**

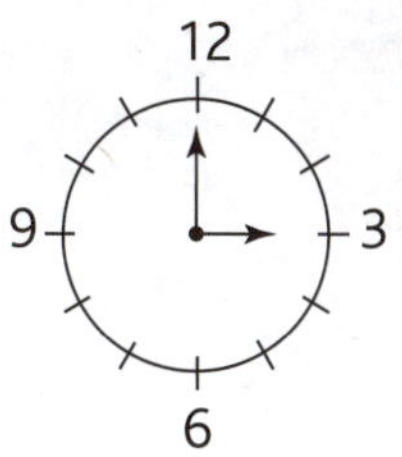

a. ....

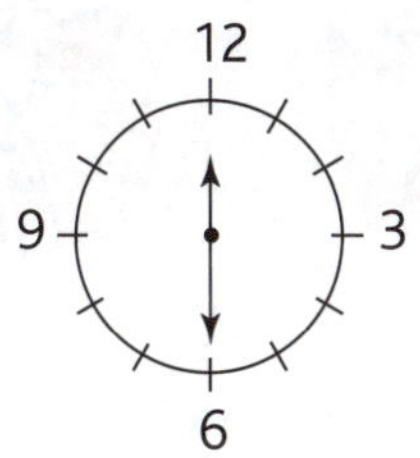

b. ....

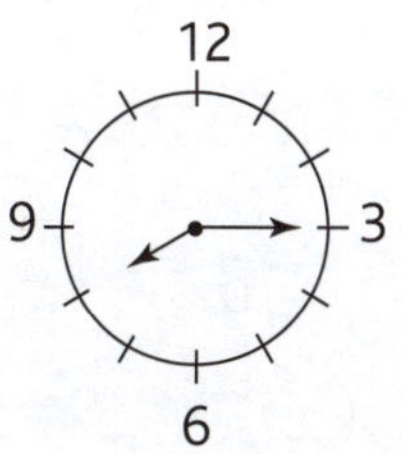

c. ....

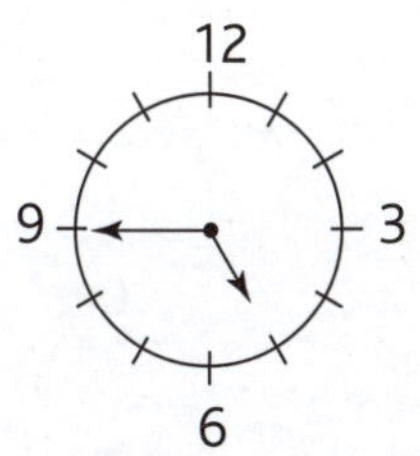

d. ....

3 ** **Dessine les aiguilles sur les cadrans.**

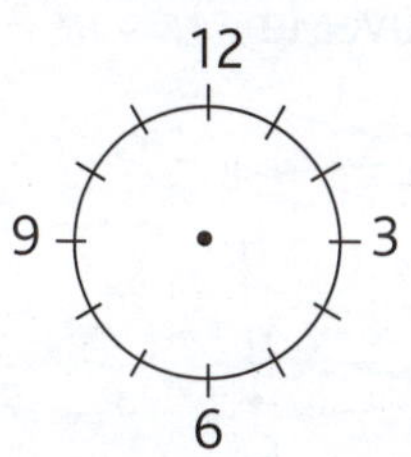

18 h 45

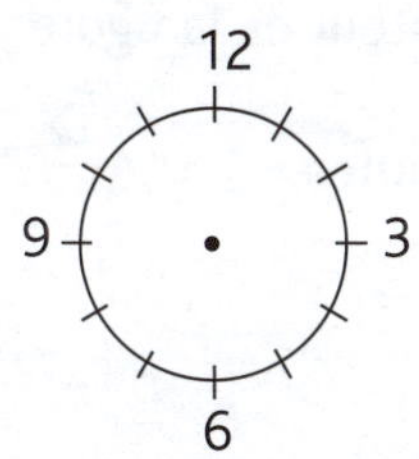

12 h 10

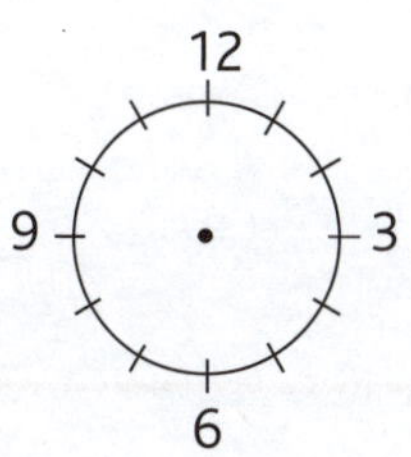

4 h 50

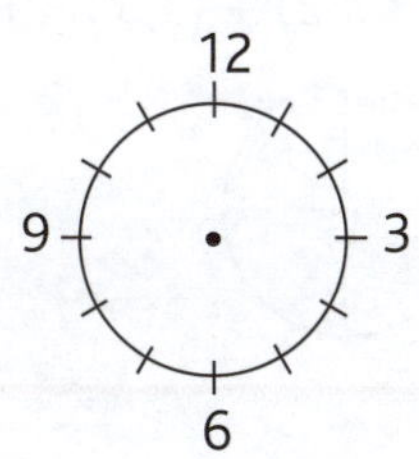

9 h 35

4 *** **Calcule sur l'ardoise.**

a. 95 : 60 = ... reste ....

b. 187 : 60 = ... reste ....

c. 485 : 60 = ... reste ....

d. 790 : 60 = ... reste ....

5 *** **Convertis les minutes en heures.**

65 min = 60 + 5 = 1 h 5 min

a. 130 min = ...

b. 310 min = ...

c. 450 min = ...

6 *** **Effectue ces calculs.**

a. 2 h 25 + 1 h 15 = ...

b. 5 h 40 + 0 h 30 = ...

c. 9 h 56 – 3 h 42 = ...

7 *** Marina est partie de Paris en avion à 11 h 19, l'avion atterrit à Ajaccio à 12 h 34.

Quelle est la durée du trajet ?

....

....

....

EXO DÉFI Tom a embarqué à Marseille à 21 h 25 et est arrivé au port d'Ajaccio à 7 h 15 le lendemain matin.

a. **Quelle a été la durée de son trajet ?**

....

....

b. **Massoud a débarqué 6 heures après lui. À quelle heure est arrivé Massoud ?**

....

....

Bravo ! Maintenant, tu sais calculer une durée.

Corrigés p. 34 GUIDE PARENTS

Aire et périmètre d'une surface

Pour comprendre

Savoir

- **Mesurer le périmètre,** c'est calculer la longueur du contour de la figure.

Périmètre = AB + BC + CD + DE + EA

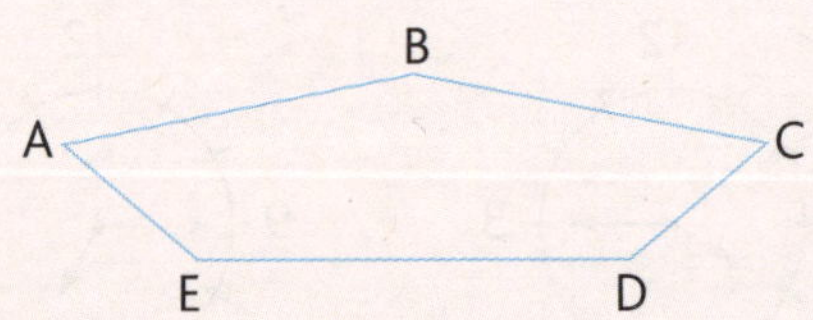

- **Mesurer l'aire d'une surface,** c'est calculer de combien d'unités elle est constituée.

Savoir faire

Calculer un périmètre

Additionne les longueurs qui forment le contour de la figure pour trouver le périmètre.

Pour les polygones réguliers, utilise les **formules** suivantes :

- **Carré :** c + c + c + c = c × 4
  c = côté
- **Rectangle :** L + ℓ + L + ℓ = (L × 2) + (ℓ × 2)
  L = Longueur ℓ = largeur

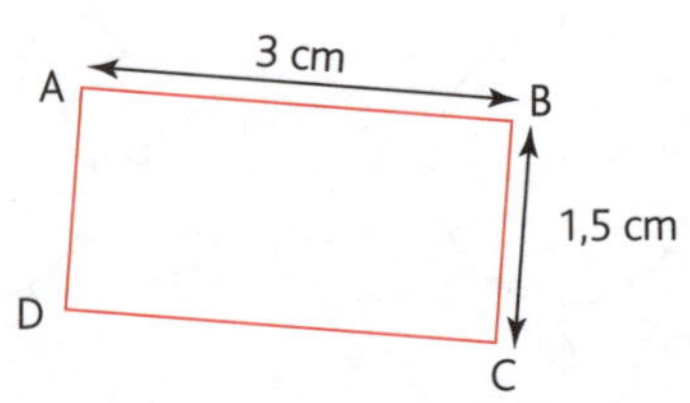

Le périmètre du rectangle ABCD est égal à (3 × 2) + (1,5 × 2) = 9 cm.

- **Cercle :**
  Longueur du cercle : $\pi \times 2 \times r = \pi \times d$
  $\pi = 3{,}14$ (pi : lettre grecque)

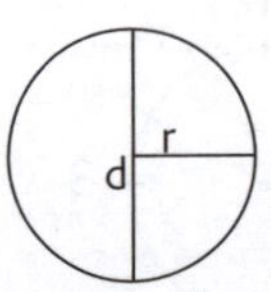

Infos parents

- **Vous pouvez réviser cette notion** en classant et en rangeant des surfaces selon leur aire par superposition et recomposition de pièces déplaçables.
- **Lorsque l'on découpe une surface** pour la comparer à une autre, on peut modifier son périmètre.

S'entraîner

1 * Compare les périmètres de ces deux figures.

a. Quelle figure a le périmètre le plus grand ? Coche la bonne case.

A ☐

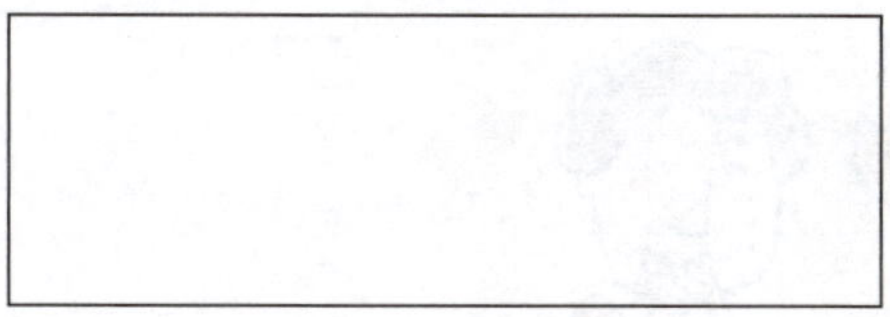

B ☐

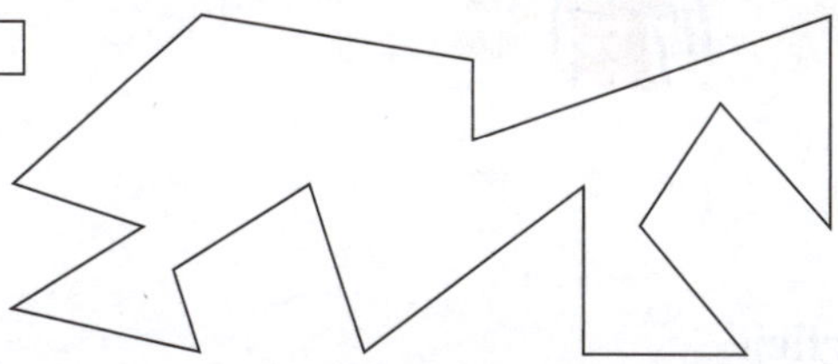

b. Comment peux-tu le vérifier ?

....

....

2 ** Compare les aires et classe-les dans un ordre croissant (l'unité de mesure est le carreau).

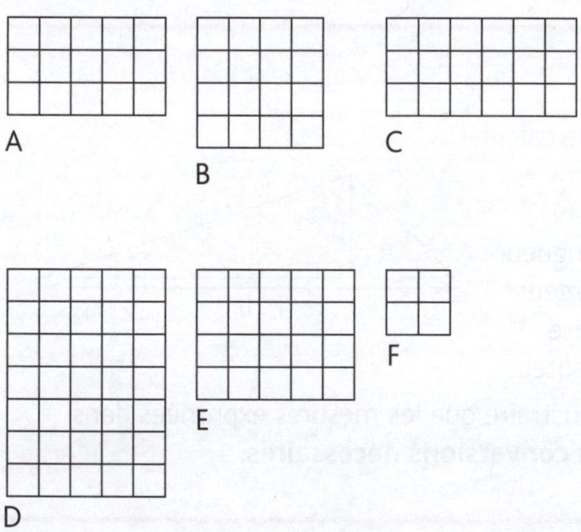

F < ...... < ...... < ...... < ...... < ......

3 ***  **a.** Sur l'ardoise, calcule le périmètre de chacune des figures de l'exercice 2 (l'unité est le côté d'un carreau).

....

....

b. Range-les dans l'ordre décroissant.

D > ....

c. Que remarques-tu ?

....

....

4 * Calcule le périmètre des polygones réguliers proposés.**

a. c = 7 cm

....

....

b. L = 7 cm et ℓ = 3 cm

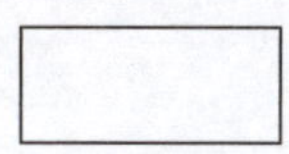

....

....

EXO DÉFI Complète le tableau : utilise ta calculatrice.

Longueur du rayon	Longueur du diamètre	Longueur du cercle
6 mm		
	2 cm	
		18,84 m

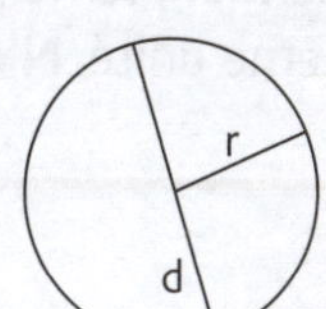

Bravo ! Maintenant, tu sais calculer le périmètre d'une figure.

Corrigés p. 34 GUIDE PARENTS

29 Grandeurs et mesures
Unités, mesures et calcul d'aires

Pour comprendre

Savoir

■ **Pour mesurer une surface ou une superficie,** l'unité principale est le m^2.
Un mètre carré (m^2) correspond à l'aire d'un carré de **1 mètre de côté**.

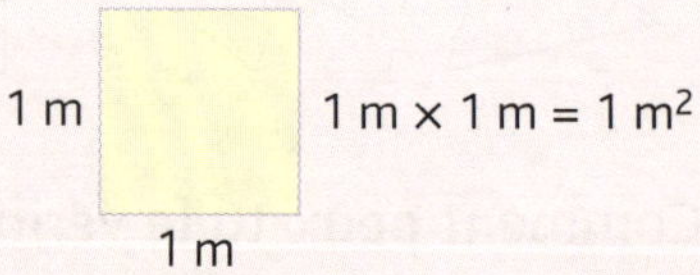

km^2	hm^2	dam^2	m^2	dm^2	cm^2	mm^2
			65	00	00	
0	00	36				

Dans le tableau de conversion, on place **2 chiffres** par colonne.
65 m^2 = 650 000 cm^2 et 36 dam^2 = 0,003 6 km^2.

Savoir faire

Calculer une aire

■ **Voici les formules** qui te permettent de calculer l'aire des polygones réguliers :

Carré : $A = c \times c$ — c = côté
Rectangle : $A = L \times \ell$ — L = longueur ; ℓ = largeur
Triangle : $(b \times h) : 2$ — b = base ; h = hauteur

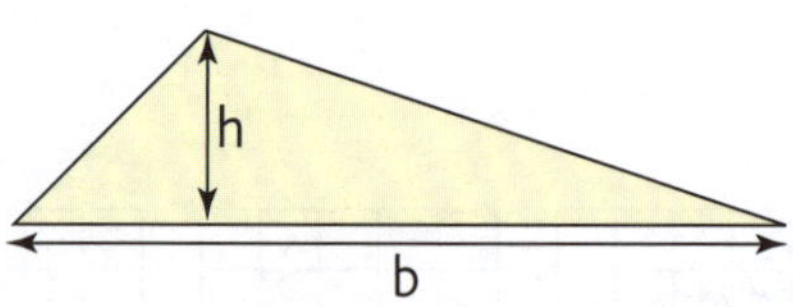

■ Attention, tu ne peux additionner ou soustraire que les mesures exprimées dans la même unité. **N'oublie pas de faire les conversions nécessaires.**

Infos parents

■ **Les unités de mesure usuelles sont à privilégier : km^2 ; m^2 ; cm^2.**
L'are (dam^2) et l'hectare (hm^2) sont d'autres unités de mesure utilisées pour mesurer des terrains.

S'entraîner

1 * Calcule l'aire des polygones suivants en observant le quadrillage.

1 carreau = 1cm²

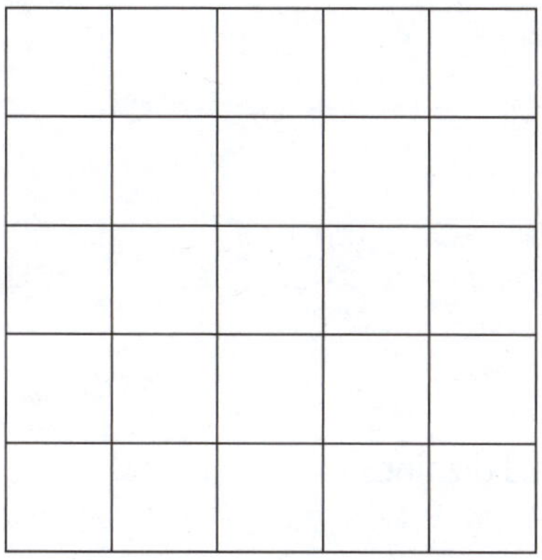

P1 = ...

P2 = ...

2 ** Calcule l'aire des deux figures de l'exercice 1 en utilisant la formule.

P = L × ℓ

P1 = ...

P2 = ...

3 * Place les nombres dans le tableau et convertis les mesures en mètres carrés. Attention 2 chiffres par colonne !**

4 785 cm² = ... 65 dm² = ...

9 dm² = ... 15 km² = ...

6 dam² = ... 87 hm² = ...

km²	hm²	dam²	m²	dm²	cm²	mm²

4 * Complète le tableau.**

Longueur	Largeur	Aire du rectangle
7 m	5 m	... m²
....	4 cm	32 cm²
10 m	....	50 m²
600	13	.... km²
15 km	....	60 km²
....	1,5 cm	15 cm²

EXO DÉFI **Calcule l'aire du jardin (repère le carré et le rectangle).**

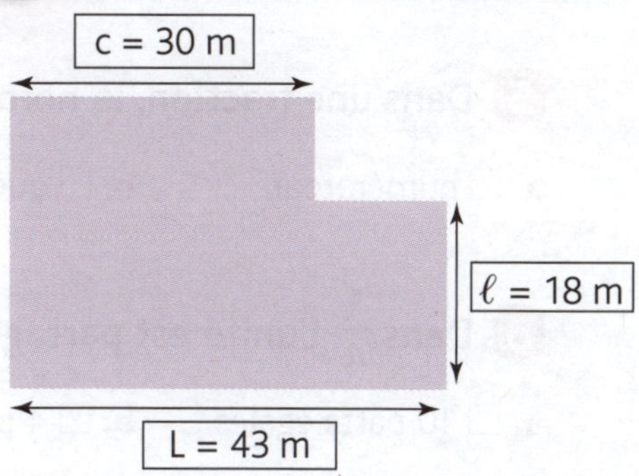

....

....

....

....

Bravo ! Maintenant, tu sais calculer l'aire d'une figure.

Corrigés p. 35 GUIDE PARENTS

Bilan Numération

Lire les grands nombres entiers

1 **Dans le nombre 2 054 897, *4* est le chiffre :**

a. ☐ des unités simples.
b. ☐ des unités de mille.
c. ☐ des unités de million.

.... /1

2 **Dans 125 489 784, il y a 12 548 978**

a. ☐ centaines. b. ☐ unités. c. ☐ dizaines.

.... /1

3 **Dans 154 897 321, *5* est le chiffre des dizaines :**

a. ☐ de milliard. b. ☐ de million. c. ☐ de mille.

.... /1

4 **401 005 se lit :**

a. ☐ quatre cent un mille cinq
b. ☐ quarante mille cinq
c. ☐ quarante et un mille cinq

.... /1

Lire et comparer des fractions

5 **Dans une fraction, le nombre du haut s'appelle :**

a. ☐ numérateur. b. ☐ quotient. c. ☐ dénominateur.

.... /1

6 **Dans $\frac{1}{4}$, l'unité est partagée en :**

a. ☐ 10 parts égales. b. ☐ 4 parts égales. c. ☐ Elle n'est pas partagée.

.... /1

7 **$\frac{1}{4}$ est égal à :**

a. ☐ 0,25 b. ☐ 0,75 c. ☐ 0,4

.... /1

8 **$\frac{1}{2}$ est égal à :**

a. ☐ $\frac{1}{4}$ b. ☐ $\frac{2}{4}$ c. ☐ $\frac{4}{2}$

.... /1

9 $\frac{8}{6}$ est :

a. ☐ < 1 b. ☐ = 1 c. ☐ > 1

.... /2

10 $\frac{2}{3}$ se trouve entre :

a. ☐ 1 et 2 b. ☐ 0 et 1 c. ☐ 2 et 3

.... /2

Lire, comparer, ranger et encadrer des nombres décimaux

11 Dans 75,89, *8* est le chiffre des :

a. ☐ dixièmes. b. ☐ centièmes. c. ☐ millièmes.

.... /1

12 Dans 10,004, les *0* sont :

a. ☐ utiles. b. ☐ inutiles.

.... /1

13 4,12 se trouve entre :

a. ☐ 4,1 et 4,2. b. ☐ 4,20 et 4,30. c. ☐ 4 et 5.

.... /2

Fractions décimales

14 $\frac{12}{10}$ **est égal à :**

a. ☐ 0,12 b. ☐ 1,2 c. ☐ 0,012

.... /2

15 $\frac{1}{10}$ est :

a. ☐ dix fois plus grand que $\frac{10}{10}$

b. ☐ dix fois plus petit que $\frac{10}{10}$

c. ☐ égal à $\frac{10}{10}$

.... /2

TOTAL .... /20

Corrigés p. 35 GUIDE PARENTS

Bilan Calcul et opérations

L'ordre de grandeur et les opérations

1 Repère l'ordre de grandeur du résultat de 5 280 + 7 123 + 745. .... /1

a. ☐ 10 000 b. ☐ 13 000 c. ☐ 15 000

2 13 + 5 + 9 est égal à : .... /1

a. ☐ 27 b. ☐ 17 c. ☐ 37

3 89 – 12 est égal à : .... /1

a. ☐ 67 b. ☐ 77 c. ☐ 76

4 Repère l'ordre de grandeur du résultat de 612 × 489. .... /1

a. ☐ 30 000 b. ☐ 240 000 c. ☐ 300 000

Les fractions et les nombres décimaux

5 4,8 + 1,2 est égal à : .... /1

a. ☐ 6 b. ☐ 5,10 c. ☐ 6,10

6 25 – 0,1 est égal à : .... /1

a. ☐ 24,01 b. ☐ 24,99 c. ☐ 24,9

7 $\frac{12}{10} + \frac{1}{10}$ est égal à : .... /1

a. ☐ $\frac{13}{10}$ b. ☐ $\frac{13}{20}$ c. ☐ $\frac{13}{100}$

8 $\frac{4}{3}$ est égal à : .... /1

a. ☐ $\frac{8}{6}$ b. ☐ $\frac{6}{3}$ c. ☐ $\frac{2}{6}$

9 10 % de 1 000 € est égal à : .... /2

a. ☐ 100 € b. ☐ 10 € c. ☐ 1 €

Les multiples et les diviseurs

10 **24 est un multiple de :**

a. ☐ 6 b. ☐ 10 c. ☐ 8

.... /1

11 **4 est un diviseur de :**

a. ☐ 42 b. ☐ 38 c. ☐ 36

.... /1

12 **7 est un diviseur de :**

a. ☐ 21 b. ☐ 27 c. ☐ 35

.... /1

13 **49 : 7 est égal à :**

a. ☐ 6 b. ☐ 6,5 c. ☐ 7

.... /1

Problèmes

14 **3 enfants se partagent un paquet de 36 images.**

a. ☐ Ils en reçoivent 12 chacun.
b. ☐ Ils en reçoivent 15 chacun.
c. ☐ Ils en reçoivent 13 chacun.

.... /2

15 **Pour Noël, Arthur et Rémi reçoivent un chèque de 75 € de leur oncle.**

a. ☐ Ils auront 15 € chacun.
b. ☐ Ils auront 25 € chacun.
c. ☐ Ils auront 37,50 € chacun.

.... /2

16 **Le prix d'un billet de train Paris-Poitiers est de 40 €.**
Le prix de 5 billets serait de :

a. ☐ 45 €
b. ☐ 90 €
c. ☐ 200 €

.... /2

TOTAL .... /20

Corrigés p. 35 GUIDE PARENTS

Bilan Espace et géométrie

Les triangles

1 Parmi ces triangles, lequel est un triangle isocèle ?

a. ☐ 
b. ☐ 
c. ☐ 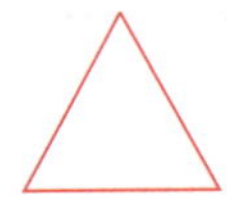

.... /2

2 Le triangle rectangle possède :

a. ☐ un angle droit.
b. ☐ deux angles droits.
c. ☐ trois angles égaux.

.... /1

Les quadrilatères

3 Combien de côtés possède un quadrilatère ?

a. ☐ 3 côtés.
b. ☐ 4 côtés.
c. ☐ 6 côtés.

.... /2

4 Laquelle de ces figures est un quadrilatère ?

a. ☐ 
b. ☐ 
c. ☐ 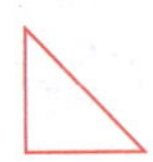

.... /1

5 La famille des quadrilatères comprend :

a. ☐ les rectangles.
b. ☐ les losanges.
c. ☐ les triangles.
d. ☐ les carrés.

.... /2

D'autres polygones

6 Un losange possède :

a. ☐ 3 côtés.
b. ☐ 4 côtés.
c. ☐ 5 côtés.

.... /2

7 Un hexagone est un polygone qui a :

a. ☐ 5 côtés.
b. ☐ 4 côtés.
c. ☐ 9 côtés.
d. ☐ 6 côtés.

.... /2

Les angles

8 **Si un angle est inférieur à un angle droit, on dit que cet angle est :**

a. ☐ aigu. b. ☐ obtus. c. ☐ court.

.... /1

Les agrandissements

9 **Lors de l'agrandissement d'une figure, doi(ven)t être conservé(s) :**

a. ☐ les angles. b. ☐ la largeur. c. ☐ le parallélisme.

.... /2

Le cercle

10 **Le rayon d'un cercle :**

a. ☐ est le segment qui relie le centre au bord du cercle.
b. ☐ est le segment qui passe par le centre et coupe entièrement le cercle.
c. ☐ est un segment quelconque passant à l'intérieur du cercle.

.... /1

La symétrie

11 **Une figure géométrique possède :**

a. ☐ parfois plusieurs axes de symétrie.
b. ☐ toujours un unique axe de symétrie.

.... /2

12 **Lorsqu'on superpose par pliage deux figures géométriques, le pli correspond :**

a. ☐ à l'axe de symétrie.
b. ☐ à l'angle de symétrie.

.... /2

TOTAL
.... /20

Corrigés p. 35
GUIDE PARENTS

Bilan Grandeurs et mesures

Les unités de longueur

1 Pour aller de Bordeaux à Toulouse, la distance se mesure en : 1 /1

a. ☐ mètres. b. ☒ kilomètres. c. ☐ hectomètres.

2 Un carré de 20 cm de côté a un périmètre de : 1 /2

a. ☐ 400 cm. b. ☒ 80 cm. c. ☐ 60 cm.

3 45 m sont équivalents à : 1 /1

a. ☐ 450 dm. b. ☐ 4 500 cm. c. ☒ 4 500 mm.

Les unités de masse

4 La masse d'une bande dessinée se mesure en : .... /1

a. ☐ kilogrammes. b. ☐ grammes. c. ☒ décigrammes.

5 15 tonnes sont équivalentes à : .... /1

a. ☒ 150 kg. b. ☐ 1 500 kg. c. ☐ 15 000 kg.

Les unités de capacité

6 La capacité du réservoir à essence de la voiture se mesure en : .... /1

a. ☐ millilitres. b. ☒ hectolitres. c. ☐ litres.

7 2 hectolitres sont équivalents à : .... /1

a. ☐ 200 litres. b. ☒ 20 litres. c. ☐ 2 000 litres.

8 Un aquarium contient 50 L d'eau. L'eau doit être renouvelée tous les mois. Quelle est la consommation d'eau en 1 an ? .... /2

a. ☐ 300 L b. ☐ 500 L c. ☒ 600 L

L'heure et la durée

9 **5 minutes sont égales à :**

a. ☐ 300 secondes. b. ☐ 500 secondes. c. ☐ 250 secondes.

.... /1

10 **420 minutes sont égales à :**

a. ☐ 7 heures. b. ☐ 6 heures. c. ☐ 5 heures.

.... /1

11 **1 h 15 + 2 h 55 sont égales à :**

a. ☐ 3 h 70. b. ☐ 4 h 10. c. ☐ 4 h 00.

.... /1

12 **Sur un CD de 120 minutes, on peut enregistrer un film de :**

a. ☐ 3 heures. b. ☐ 2 heures. c. ☐ 1 heure et demie.

.... /1

13 **La durée moyenne d'une chanson est plutôt :**

a. ☐ 95 secondes.
b. ☐ 2 minutes 30 secondes.
c. ☐ 9 minutes 10 secondes.

.... /1

Les aires

14 **La surface d'une figure rectangulaire dont la longueur est de 25 cm et la largeur de 10 cm est de :**

a. ☐ 35cm². b. ☐ 70 cm². c. ☐ 250 cm².

.... /2

15 **La longueur d'une figure rectangulaire dont l'aire est de 35 cm² et la largeur de 5 cm est de :**

a. ☐ 40 cm. b. ☐ 5 cm. c. ☐ 7 cm.

.... /2

16 **2 m² sont équivalents à :**

a. ☐ 20 000 cm². b. ☐ 200 cm². c. ☐ 20 cm².

.... /1

TOTAL
.... /20

Corrigés p. 35 GUIDE PARENTS

Histoire

1 Les Lumières

Pour comprendre

Savoir

- **Le XVIIIe siècle en France est appelé le siècle des Lumières**. Un mouvement de pensée bouleverse la société. Des philosophes affirment qu'afin de sortir d'une période d'ignorance, il faut adopter des **idées nouvelles**. Ces idées concernent la **société** – dans laquelle certains sont privilégiés – et la **science**.
- **Jean-Jacques Rousseau**, **Voltaire** ou encore **Montesquieu** affirment que tous les hommes à la naissance ont les mêmes droits et qu'ils doivent être **libres** et **égaux**. Ils défendent la liberté religieuse et combattent très vivement l'intolérance.
Les philosophes pensent que tout peut être discuté et même critiqué. Aussi, **ils refusent le pouvoir absolu** du roi, et à leurs yeux, le roi n'est pas le représentant de Dieu sur terre.
Les philosophes croient au progrès de la science qui permet aux hommes d'atteindre le bonheur sur terre.

Denis Diderot

- **Pour diffuser ces idées nouvelles** ainsi que les sciences et les techniques, l'***Encyclopédie*** fut rédigée sous la direction de **Diderot** et **d'Alembert**. Elle était composée de 28 volumes qui réunissaient l'essentiel des connaissances de l'époque.

Savoir faire

Construire une ligne du temps

- **Compte le nombre d'années que tu dois représenter**.
- **Établis une échelle** pour savoir combien 1 cm sur la feuille représente d'années.
Pour l'exercice n° 1, 1 cm = 10 ans.

Infos parents

- **Il est très difficile de comprendre la montée révolutionnaire** au XVIIIe siècle sans cette référence aux Lumières. L'après-Louis XIV est marqué par un désir d'émancipation des nobles.

S'entraîner

1 * Place en rouge les dates de règne de ces rois sur cette ligne du temps.

mort de Louis XIV en 1715 – règne de Louis XV (1715–1774) – règne de Louis XVI (1774–1792)

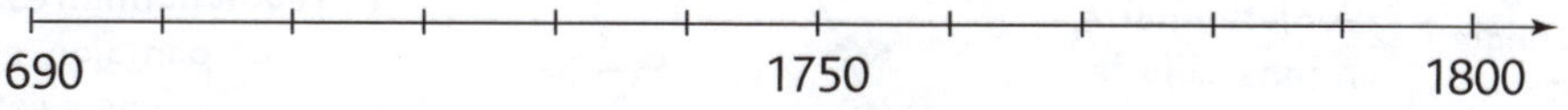

2 ** Pour ces hommes du XVIIIe siècle, cherche dans ton dictionnaire leurs dates de naissance et de mort et place-les en bleu sur la ligne du temps de l'exercice n° 1.

Voltaire : ....

Diderot : ....

D'Alembert : ....

Rousseau : ....

3 ** Lis ces phrases et coche la bonne case.

a. La monarchie sous Louis XIV était une monarchie absolue.

☐ vrai ☐ faux

b. Les hommes avaient tous les mêmes droits.

☐ vrai ☐ faux

c. Les idées nouvelles des philosophes s'opposaient à ce système.

☐ vrai ☐ faux

d. Ces idées nouvelles furent diffusées par radio.

☐ vrai ☐ faux

e. La première encyclopédie date de cette époque.

☐ vrai ☐ faux

f. Seul le tiers état était d'accord avec les philosophes.

☐ vrai ☐ faux

4 * Pourquoi l'*Encyclopédie* a-t-elle été créée et par qui ?**

....

....

....

....

EXO DÉFI Observe le document sur l'*Encyclopédie*. Que montre-t-il ?

....

....

....

....

....

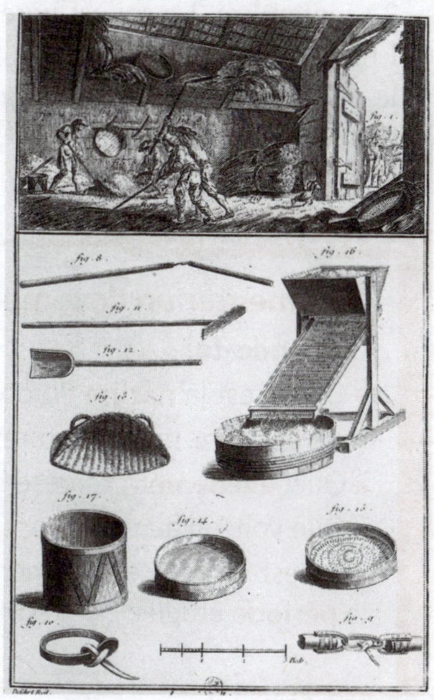

Bravo ! Maintenant, tu connais le siècle des Lumières.

Corrigés p. 35 GUIDE PARENTS

Histoire

2 La Révolution française

Pour comprendre

Savoir

Les **trois ordres** sont le clergé, la noblesse et le tiers état.

* **Un vote par tête** : une voix par député.

- **La prise de la Bastille**

Louis XVI réunit les états généraux à Versailles le 5 mai 1789 pour faire voter des impôts supplémentaires. Les députés du **tiers état** (qui représentent 9 Français sur 10) en profitent pour exiger **un vote par tête*** – non plus par ordre. Les députés du tiers prêtent le **serment du Jeu de paume** le 20 juin 1789 pour donner une **Constitution** à la France, mais le roi s'y oppose. **Le 14 juillet 1789, les Parisiens prennent la prison de la Bastille.**

- **La fin de la royauté**

Le 4 août 1789, l'assemblée vote l'abolition des privilèges et le 26 août, la **Déclaration des droits de l'homme et du citoyen** est adoptée. Le roi tente de fuir mais il est arrêté à Varennes.

La royauté est renversée le 10 août 1792 et **la Ire République est proclamée** le 22 septembre. Le roi est jugé pour trahison et exécuté le 21 janvier 1793.

Ensuite, durant **la Terreur** dirigée par **Robespierre**, tous ceux qui s'opposent à la révolution sont arrêtés et guillotinés. **Un jeune général, Napoléon Bonaparte, prend le pouvoir en 1799**. La Révolution est finie.

Savoir faire

Commenter un document historique

Demande-toi :

- Quelle est la **nature** du document ? (une peinture, une sculpture, une gravure, etc.)
- Quel **événement** représente-t-il ?
- Que voit-on au premier **plan**, à l'arrière-plan ?
- Qu'est-ce que ce document nous apprend sur la **période** étudiée ?

Infos parents

- **La monarchie ne s'arrête pas le 14 juillet 1789.** Le roi n'a plus tous les pouvoirs mais il en conserve certains. Il s'agit d'une monarchie « constitutionnelle ».

S'entraîner

1 * Place sur cette ligne du temps les événements évoqués dans le texte de la page de gauche pour l'année 1789.

janv. ... déc.

2 *** Fais correspondre l'illustration à son titre et à la bonne date.

①

③

- Exécution du roi
- 5 mai 1789
- Serment du Jeu de paume
- 26 août 1789
- Réunion des états généraux
- 20 juin 1789
- Déclaration des droits de l'homme et du citoyen
- 21 janvier 1793

②

④

EXO DÉFI Réponds aux questions.

a. Qui convoque les états généraux ?

....

b. Qui représentent les députés du tiers état ?

....

c. Dans quelle ville se trouve la Bastille ?

....

d. Qui dirige la Terreur ?

....

e. Pourquoi la date du 4 août est-elle importante ?

....

Bravo ! Maintenant, tu connais la Révolution française.

Corrigés p. 35 GUIDE PARENTS

Le Premier Empire

Pour comprendre

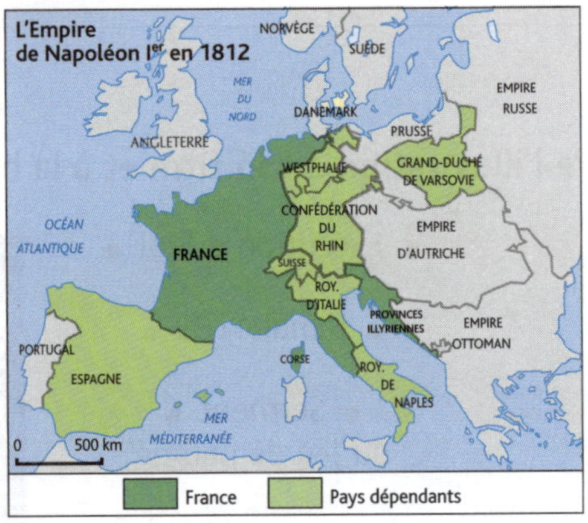

Savoir

* Un **coup d'État** est la prise du pouvoir par la force.

La première République cesse au moment où Napoléon est sacré empereur, en 1804.

- **Bonaparte prend le pouvoir**

En 1799, **Bonaparte** chasse les députés de l'Assemblée avec son armée. C'est le **coup d'État* du 18 Brumaire** (novembre 1799). Il est nommé consul : c'est le **Consulat**. Sacré empereur des Français le 2 décembre 1804, il prend le nom de **Napoléon Ier**.

- **Les réformes de Napoléon Ier**

Il fait rédiger le **Code civil**, crée une **nouvelle monnaie**, le franc, et rétablit des titres de noblesse. Il place des préfets partout en France qui appliquent ses ordres.

- **Les guerres**

Grâce à ses nombreuses **guerres**, il domine l'Europe. Mais en 1812, il attaque la Russie. Là, son armée est victime d'un terrible hiver et il est battu. C'est le début du déclin de l'Empire. **En 1815, à Waterloo (Belgique), il livre et perd la dernière bataille.** Il est exilé à Sainte-Hélène où il meurt en 1821.

Savoir faire

Lire une carte historique

- Lis le **titre** de la carte. Attention à la date pour les cartes historiques !
- Observe attentivement la **légende** de la carte (couleurs) pour faire ressortir l'étendue de la France.
- Regarde les pays dépendant de la France : l'Europe est sous le contrôle de l'Empereur (royaumes d'Italie, de Naples...).

Infos parents

- **Expliquez que Napoléon ne cherche pas à restaurer la monarchie.** Mais c'est un militaire et ses victoires lui donnent des idées de grandeur. Il souhaite fonder une dynastie.

S'entraîner

1 * Place sur cette ligne du temps les grands événements du Consulat et de l'Empire.

1799 ——————————————————— 1815

2 ** Comment Bonaparte accède-t-il au pouvoir ?

a. ☐ Il est le fils d'un empereur.
b. ☐ En se faisant élire par le peuple.
c. ☐ En prenant le pouvoir par la force.

3 ** Fais correspondre les définitions à ce qu'elles définissent.

Ce livre est un ensemble de lois •	• La noblesse d'empire
Cet instrument permet de payer avec les mêmes pièces partout en France •	• Les préfets
Ils transmettent les ordres de l'Empereur sur leur territoire •	• Le Code civil
Personnes récompensées de leurs actes par un rang, un territoire •	• Le franc

4 ** Comment s'appellent les deux périodes du règne de Bonaparte ?

....
....

5 ** Explique ces deux noms.

....
....
....
....

6 * Pourquoi la première défaite de Napoléon est-elle si importante ?**

....
....

EXO DÉFI Observe la carte de l'Empire et complète le tableau.

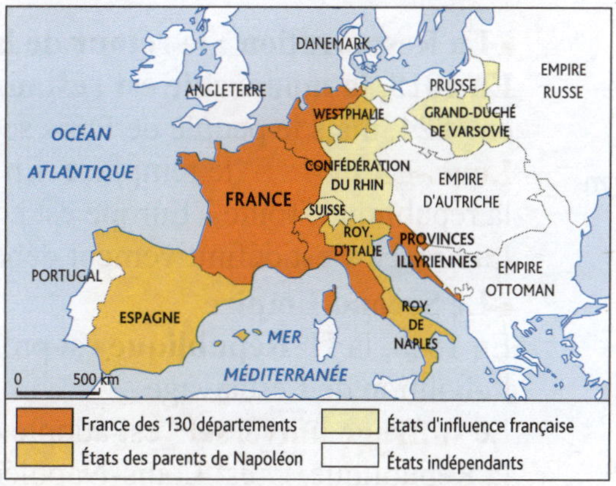

États contrôlés par la France
....
....
....
États d'influence française
....
....
....
États indépendants
....
....
....

Bravo ! Maintenant, tu connais le Premier Empire.

Corrigés p. 36 GUIDE PARENTS

4 Histoire
L'évolution politique au XIXe siècle

Pour comprendre

Savoir

* Dans le **suffrage universel**, chaque citoyen vote.

Le suffrage universel de 1848 ne concerne que les hommes. Les femmes n'auront le droit de vote que bien plus tard.

- **La Restauration : le retour de la monarchie**

En 1815, la monarchie est restaurée avec Louis XVIII auquel succède **Charles X** en 1824, mais le peuple de Paris se révolte en juillet 1830 et le chasse du pouvoir. **Louis-Philippe Ier** le remplace. En 1848, Paris se soulève à nouveau pour réclamer la république. Toute l'Europe est en révolte : c'est le **Printemps des peuples**. La France s'est définitivement débarrassée des rois.

- **Le Second Empire**

En 1848, la **IIe République** est proclamée. Elle fait voter, grâce à Victor Schoelcher, l'abolition de l'esclavage.
Le **suffrage universel*** est adopté et les Français élisent leur premier président de la République. C'est Louis-Napoléon Bonaparte, le neveu de Napoléon Ier.
Le 2 décembre 1851, il réalise un coup d'État et prend le nom de Napoléon III : c'est le Second Empire. Il transforme la France, développe le chemin de fer par exemple.
Les banquiers, les industriels s'enrichissent. Les ouvriers, très nombreux, vivent misérablement. C'est la **révolution industrielle**.
Napoléon III entre en guerre contre la Prusse. Il est fait prisonnier à Sedan et la France perd l'Alsace et la Lorraine. **En 1870, les républicains proclament la IIIe République**.

Savoir faire

Différencier des régimes

- **Fais bien la différence entre les régimes politiques** qui se sont succédé au XIXe siècle : **empire**, **monarchie**, **république**.
- **Remarque comment le peuple** n'est plus disposé à accepter le retour d'une monarchie. Il chasse à nouveau deux rois et réclame la république.

Infos parents

- **Napoléon II,** le roi de Rome, **est le fils de Napoléon Ier. Napoléon III est le neveu de Napoléon Ier.**

S'entraîner

1 * Place sur cette ligne du temps les règnes et les événements montrant l'évolution politique au XIXe siècle (utilise plusieurs couleurs).

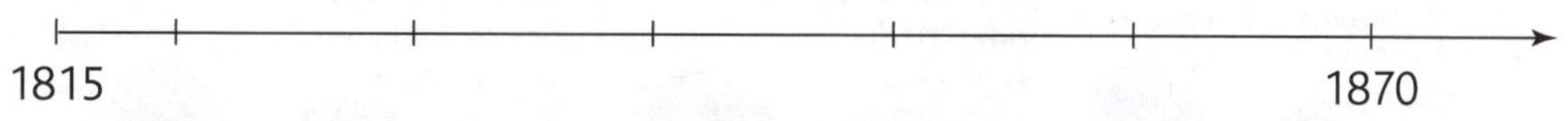

2 * Sous quel type de régime règnent Louis XVIII et Louis-Philippe Ier ?

a. ☐ une monarchie
b. ☐ une république
c. ☐ un consulat

3 ** Qui fut le dernier roi de France ?

4 ** Pourquoi Louis-Philippe Ier est-il chassé du pouvoir et à quelle date ?

5 * Comment s'appelle la période du retour de la monarchie ? (1815-1848)**

6 * Quels sont les grands acquis de la IIe République que tu trouves dans le texte ?**

7 * Qui est Victor Schoelcher ?**

8 *** À propos de Louis-Napoléon Bonaparte.

a. Qui est-il par rapport à Napoléon Ier ?

b. Quand accède-t-il au pouvoir ?

c. Comment devient-il Napoléon III ?

☐ par un coup d'État
☐ par une élection
☐ par une guerre
☐ par un mariage

EXO DÉFI **Pourquoi le peuple français ne veut-il plus d'une monarchie ?**

Bravo ! Maintenant, tu connais l'évolution politique au XIXe siècle.

Corrigés p. 36 GUIDE PARENTS

Histoire

5 La révolution industrielle

Pour comprendre

Savoir

Les ouvriers n'obtiennent le droit de grève qu'en 1864.

- **La révolution industrielle**

Dans la **seconde moitié du XIXe siècle**, la France, après l'Angleterre, connaît de profonds bouleversements. Les **usines** remplacent les ateliers, les premières **inventions** en entraînent de nouvelles. La construction du **chemin de fer** développe l'industrie.

La **machine à vapeur** nécessite beaucoup de charbon pour fonctionner. Vers 1890, plus de 30 millions de tonnes sont extraites des mines.

À partir de 1850, on commence à fabriquer de l'acier. Des millions de tonnes de métal (des rails, des tôles) sortent des usines qui fonctionnent nuit et jour.

- **Des ouvriers dans la misère**

Pour faire fonctionner ces machines dans les usines, les ouvriers travaillent jusqu'à 12 heures par jour pour un salaire de **misère**. Ces ouvriers n'ont que leur force de travail pour gagner de quoi vivre et toute contestation est interdite. Des enfants travaillent dans les usines à partir de 6 ans en faisant des tâches pénibles et dangereuses. Les accidents du travail sont très fréquents.

Savoir faire

Observer la tour Eiffel

- La tour Eiffel est inaugurée en 1889, lors de l'Exposition universelle.
- Elle est haute de 300 mètres et entièrement réalisée en fer.
- L'ingénieur Gustave Eiffel montre ainsi au monde entier le triomphe de la grande industrie.

Infos parents

- **La révolution industrielle a d'abord eu lieu en Angleterre.**

S'entraîner

1 * Quel pays, avant la France, a connu une révolution industrielle ?

....

2 * À ton avis, les usines sont-elles installées :

a. ☐ Près des villes
b. ☐ À la campagne

3 * Comment s'appellent ceux qui travaillent dans les usines ?

....

4 ** À partir de quand ceux qui travaillent dans les usines peuvent-ils faire la grève ?

....

Que se passe-t-il pendant une grève ?

....

....

5 ** Y a-t-il une loi concernant le travail des enfants durant cette période ?

....

6 ** Observe la photo de la tour Eiffel.

a. Qui en est l'auteur ?

....

b. Pourquoi ce monument a-t-il été construit et quand ?

....

....

....

7 * À quoi fonctionne la machine à vapeur ?**

a. ☐ à l'essence
b. ☐ au bois
c. ☐ au charbon
d. ☐ à l'électricité

8 * À quoi l'acier est-il utilisé ?**

....

....

....

....

EXO DÉFI Entoure les éléments correspondant à cette période historique.

①

②

③

④

Bravo ! Maintenant, tu comprends la révolution industrielle.

Corrigés p. 36 GUIDE PARENTS

6

Histoire

La IIIe République

Pour comprendre

Savoir

* **Le Sénat** et la **Chambre des députés** sont des assemblées élues par le peuple. Ils forment le Parlement qui vote les lois.

Le gouvernement a pour fonction d'appliquer les lois.

- **La Commune de Paris**

En 1870, le président de la République, Adolphe Thiers, est prêt à accepter la défaite contre la Prusse et ne fait rien pour empêcher la misère des ouvriers. Les Parisiens se révoltent alors, c'est la **Commune de Paris**, réprimée très sévèrement.

- **L'œuvre de la IIIe République**

Elle dure jusqu'en 1940. C'est une **république parlementaire** dans laquelle le **Parlement*** (le Sénat et la Chambre des députés) vote les lois et élit le président de la République pour 7 ans.

La France devient une véritable démocratie grâce aux lois sur la liberté de la presse, la liberté de constituer des syndicats, **l'enseignement scolaire pour tous**. Dans les communes, les maires ne sont plus nommés mais élus. Enfin, en 1905, l'État ne reconnaît plus de religion officielle, c'est la **séparation des Églises et de l'État**.

Les chefs républicains sont Léon Gambetta et Jules Ferry qui engagent la France dans **la colonisation**. Ce sont des conquêtes en Asie (l'Indochine), en Afrique du Nord (le Maroc, la Tunisie qui s'ajoutent à l'Algérie), mais aussi en Afrique noire (Sénégal, Côte d'Ivoire, Gabon).

Savoir faire

Savoir comment notre école est née

- Le ministre **Jules Ferry** développe l'instruction publique. Pour défendre les libertés et lutter contre la misère, il faut que tous les Français soient instruits.
- L'école devient **gratuite**, **obligatoire** mais aussi **laïque** par les lois de 1881-1882. L'école est donc **indépendante de l'Église**.

Infos parents

- **La IIIe République** permet de comprendre d'où proviennent nos institutions actuelles. **Montrez l'importance de l'instruction** pour le développement des individus.

S'entraîner

1 * La Commune de Paris, c'est :

a. ☐ l'élection du maire de Paris.
b. ☐ la révolte des Parisiens contre Napoléon III.
c. ☐ la révolte des Parisiens contre Thiers.
d. ☐ l'invasion de Paris par les Prussiens.

2 ** À quel type de république correspond la IIIe République ?

a. ☐ présidentielle
b. ☐ parlementaire
c. Explique ce que cela signifie.

d. Comment s'appellent les assemblées du Parlement ?

3 ** Explique pourquoi la IIIe République est une démocratie.

4 ** Parmi ces adjectifs, entoure ceux qui définissent l'école à la fin du XIXe siècle.

mixte	gratuite	inégalitaire
payante	laïque	obligatoire

5 ** Quel est le ministre qui a instauré cette école et à quelles dates ?

6 * Pourquoi l'école est-elle très importante à cette époque ?**

7 * Quelles sont les régions du monde colonisées par la France au XIXe siècle ?**

EXO DÉFI Décris la photo de la classe en 1900. Que dire des élèves, du maître ?

Bravo ! Maintenant, tu connais la IIIe République.

Corrigés p. 36 GUIDE PARENTS

Histoire

7 La Première Guerre mondiale

Pour comprendre

Savoir

Les blocs de pays alliés en Europe

La **France** s'allie à l'**Angleterre**, c'est l'Entente cordiale, puis à la **Russie** pour lutter contre l'Allemagne alliée à l'Autriche-Hongrie et l'Italie. Les rivalités entre les deux blocs ne cessent de s'aggraver. **Le 3 août 1914, l'Europe entière est en guerre.**

La guerre dure beaucoup plus longtemps que prévu

Avec des forces quasiment égales, les armées creusent des **tranchées** à ciel ouvert les unes en face des autres. C'est une **guerre de positions**. L'**artillerie*** devient une arme décisive. Lors de la bataille de Verdun en 1916, 500 000 soldats meurent. Le **général Pétain** dirige l'armée française.

1917 : Les États-Unis entrent en guerre aux côtés de la France et de l'Angleterre. La Russie, où éclate la révolution, quitte le conflit.

1918 : L'Allemagne est vaincue et **l'armistice** est signé le 11 novembre**.

*Artillerie : matériel de guerre, notamment les canons.

**L'armistice signifie l'arrêt des combats. Un traité est alors signé marquant la fin des hostilités.

Savoir faire

Observer un monument de commémoration

- Demande-toi ce que représente le monument.
- Trouve en quel honneur ce monument a été construit.

Le plus souvent, on peut lire un petit texte sous la statue. Ici, il s'agit d'un **poilu**, nom donné aux soldats de la Première Guerre mondiale. Ce monument a été érigé à la **mémoire** de ceux qui sont morts : c'est un **monument aux morts**.

Tu peux en voir dans toutes les communes de France.

Infos parents

- **La bataille de Verdun**, qui débuta le 21 février 1916, dura près de 300 jours.

S'entraîner

1 ** Qu'est-ce qui peut expliquer l'origine de la Première Guerre mondiale ? Coche toutes les bonnes réponses.

a. ☐ les luttes entre pays européens
b. ☐ la conquête de l'Asie
c. ☐ le jeu des alliances entre les blocs
d. ☐ la religion
e. ☐ la révolution russe
f. ☐ le développement de l'artillerie

2 ** De quel type est la Première Guerre mondiale ?

a. ☐ une guerre d'offensive
b. ☐ une guerre de positions
c. ☐ une guerre d'invasion

3 * Explique ce qu'est une tranchée.

....

....

....

4 * Comment appelle-t-on les soldats français qui se battaient dans les tranchées ?

....

5 ** Qui dirige l'armée française ?

....

6 ** Quels sont les pays qui forment l'Entente cordiale ?

....

....

7 ** Quels sont les pays alliés à la France lorsqu'éclate la Première Guerre mondiale ?

....

....

8 * Aux côtés de qui les États-Unis entrent-ils en guerre ?

....

....

9 *** Que peux-tu dire de la Russie durant la guerre ? Coche toutes les bonnes réponses.

a. ☐ Elle est alliée avec la France dès le début du conflit.
b. ☐ Elle connaît une révolution intérieure en 1917.
c. ☐ Elle est neutre.
d. ☐ Elle quitte le conflit européen.

10 ** À quoi correspond la date du 11 novembre 1918 ?

....

....

EXO DÉFI Cite le nom de l'une des plus grandes batailles de cette guerre.

....

Sais-tu où se trouve cette ville ?

Pour t'aider, tu peux regarder dans ton atlas.

....

Bravo ! Maintenant, tu connais la Première Guerre mondiale.

Corrigés p. 37 GUIDE PARENTS

Français
Maths
Histoire Instruction civique
Géographie
Sciences
Anglais

Histoire

8 La Seconde Guerre mondiale

Pour comprendre

Savoir

* **Shoah** : extermination de la population juive par les nazis.

****Les Alliés** : les pays unis contre l'Allemagne.

▪ L'Allemagne envahit l'Europe

En 1929, l'Europe a vécu une grave crise économique.
Des partis politiques nouveaux sont arrivés au pouvoir. **Mussolini** en Italie, **Hitler** (chef des nazis) en Allemagne suppriment les libertés et lancent une politique de guerre. Ce sont des dictatures fascistes.
Le 1er septembre 1939, l'Allemagne envahit la Pologne. La France et l'Angleterre lui déclarent la guerre. En mai 1940, l'armée française est vaincue et l'armistice est signé le 22 juin par le **maréchal Pétain**. Seule l'Angleterre continue le combat.
Mais, sous la direction du **général de Gaulle** installé à Londres, la **Résistance** s'organise. En France, le gouvernement installé à Vichy aide les Allemands : c'est la **Collaboration**. Les Allemands enferment dans des camps de la mort les Juifs (Shoah*), les résistants et les Tziganes.

▪ La guerre devient mondiale

Le **Japon**, allié de l'Allemagne, attaque par surprise la flotte américaine à Pearl Harbour en décembre 1941. Les Russes remportent une première victoire à Stalingrad en 1943 et l'armée allemande est mise en déroute.
Le 6 juin 1944, les Alliés** débarquent en Normandie et libèrent la France.
L'Allemagne est détruite, Hitler se suicide le 30 avril 1945.
L'Allemagne capitule. La guerre en Europe s'arrête le 8 mai 1945.
Les Japonais signent la paix juste après que les Américains ont lancé deux bombes atomiques sur les villes de Hiroshima et de Nagasaki en août 1945.

Savoir faire

Connaître le vocabulaire

- **Collaboration** : aide de l'État français pour appliquer les ordres des Allemands.
- **Résistance** : mouvement d'opposition à l'Allemagne nazie et à la collaboration du gouvernement français.

Infos parents

▪ **Évoquez ces hommes et ces femmes** qui ont risqué leur vie pour protéger des personnes persécutées par les nazis. On les appelle les Justes.

S'entraîner

1 * **Place sur cette ligne du temps les dates et événements liés à la Seconde Guerre mondiale.**

1939 — 1940 — 1941 — 1942 — 1943 — 1944 — 1945 →

2 ** **De quelle nature sont les nouveaux gouvernements qui s'installent en Allemagne et en Italie ?**

a. ☐ des monarchies
b. ☐ des démocraties
c. ☐ des dictatures

3 ** **Explique ce qu'est une dictature.**

....

....

....

4 *** **Numérote les événements dans l'ordre chronologique.**

☐ Le maréchal Pétain signe l'armistice.
☐ De Gaulle organise la Résistance.
☐ La France et l'Angleterre déclarent la guerre à l'Allemagne.
☐ L'Allemagne envahit la Pologne.
☐ Le Japon attaque les États-Unis.
☐ La Pologne est écrasée en 3 semaines.

5 ** **Qu'est-ce que la Collaboration ?**

....

....

....

6 *** **Sur l'ardoise, explique les événements de 1944 à 1945.**

7 ** **Quel événement met définitivement fin à la Seconde Guerre mondiale ?**

....

....

EXO DÉFI **Observe le document. Il s'agit d'une affichette placardée sur les murs de Londres en août 1940.**

A TOUS LES FRANÇAIS

La France a perdu une bataille!
Mais la France n'a pas perdu la guerre!

Des gouvernants de rencontre ont pu capituler, cédant à la panique, oubliant l'honneur, livrant le pays à la servitude. Cependant, rien n'est perdu!

Rien n'est perdu, parce que cette guerre est une guerre mondiale. Dans l'univers libre, des forces immenses n'ont pas encore donné. Un jour, ces forces écraseront l'ennemi. Il faut que la France, ce jour-la, soit présente à la victoire. Alors, elle retrouvera sa liberté et sa grandeur. Tel est mon but, mon seul but!

Voila pourquoi je convie tous les Francais, où qu'ils se trouvent, à s'unir à moi dans l'action, dans le sacrifice et dans l'espérance.

Notre patrie est en peril de mort.
Luttons tous pour la sauver!

VIVE LA FRANCE !

C. de Gaulle
GÉNÉRAL DE GAULLE
QUARTIER-GÉNÉRAL,
4, CARLTON GARDENS,
LONDON, S.W.1.

TO ALL FRENCHMEN..
LONG LIVE FRANCE!

a. Qui a rédigé son contenu ?

....

b. Où se trouve cette personne à ce moment-là ?

....

c. Pour quoi faire ?

....

....

d. Sais-tu quelle fonction il a occupée après la guerre ?

....

....

Bravo ! Maintenant, tu connais la Seconde Guerre mondiale.

Corrigés p. 37 GUIDE PARENTS

La construction de l'Europe

Pour comprendre

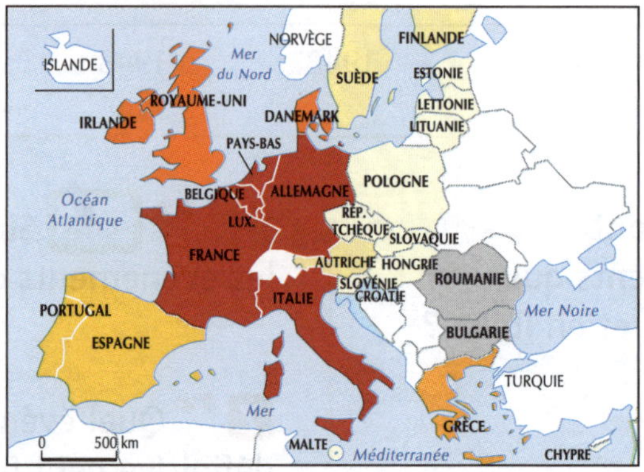

Savoir

Le Parlement européen, créé en 1979, est installé à Strasbourg.

■ Du Marché commun à la CEE

Après la guerre, deux hommes politiques français, **Robert Schuman** et **Jean Monnet**, proposent de lier la France et l'Allemagne afin de renforcer la paix en Europe. Une entente industrielle et commerciale s'instaure dès 1951. C'est la **Communauté européenne du Charbon et de l'Acier**, la CECA.

En 1957, le traité de Rome institue le Marché commun ou **CEE** (Communauté économique européenne) qui regroupe **6 pays fondateurs**. Les droits de douane sont supprimés sur toutes les marchandises.

● L'Union européenne

En 1993, le traité de Maastricht transforme la CEE en Union européenne.
Les marchandises, les personnes et les biens peuvent circuler plus librement. Les taxes sont limitées. Les Européens peuvent travailler et vivre dans n'importe quel pays de l'Union.

En 2002, l'**euro** est créé. D'autres pays ayant adhéré, on est passé à **25** en 2004 et à **28 pays en 2013**. L'Union européenne constitue une protection contre la guerre et permet d'avoir des intérêts économiques communs.

Savoir faire

Voir l'évolution de l'Europe sur une carte

■ Tu peux distinguer les pays qui sont entrés dans l'Union par date.

- **1957** : France, Allemagne, Belgique, Italie, Luxembourg, Pays-Bas.
- **1973** : Grande-Bretagne, Irlande, Danemark.
- **1981** : Grèce.
- **1986** : Espagne, Portugal.
- **1995** : Suède, Finlande, Autriche.
- **2004** : Estonie, Lituanie, Lettonie, Pologne, Rép. tchèque, Slovaquie, Hongrie, Slovénie, Chypre, Malte.
- **2007** : Bulgarie, Roumanie.
- **2013** : Croatie.

Infos parents

■ **Il est fondamental que les élèves comprennent le fonctionnement de l'Europe unie,** d'autant plus qu'ils seront citoyens européens.

S'entraîner

1 * Place sur cette ligne du temps les étapes de la construction européenne.

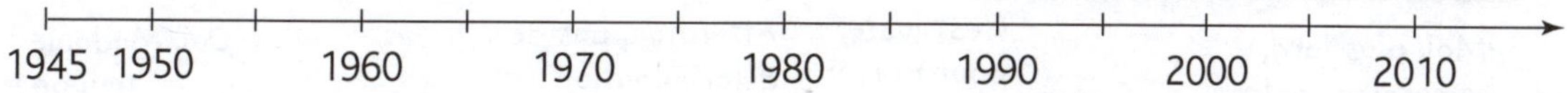

2 ** Comment s'appellent les deux hommes qui ont construit l'Europe ?

....

....

3 ** Quelle est leur nationalité ?

....

....

4 ** De combien de pays se composait le Marché commun ? Nomme-les en te servant de la carte.

....

....

....

....

....

....

5 * Fais correspondre les mots à leur définition.**

Traité de Maastricht ■	■ monnaie unique de plusieurs pays membres
Traité de Rome ■	■ libre circulation des marchandises, des personnes et des biens
Euro ■	■ le Marché commun

6 * Quels sont les avantages du traité de Maastricht ? (Recopie la phrase du cours.)**

....

....

....

....

....

....

....

....

EXO DÉFI **Colorie les pays dont la monnaie est l'euro :**

Allemagne, Autriche, Belgique, Chypre, Espagne, Estonie, Grèce, France, Finlande, Irlande, Italie, Lettonie, Luxembourg, Malte, Portugal, Pays-Bas, Slovaquie, Slovénie.

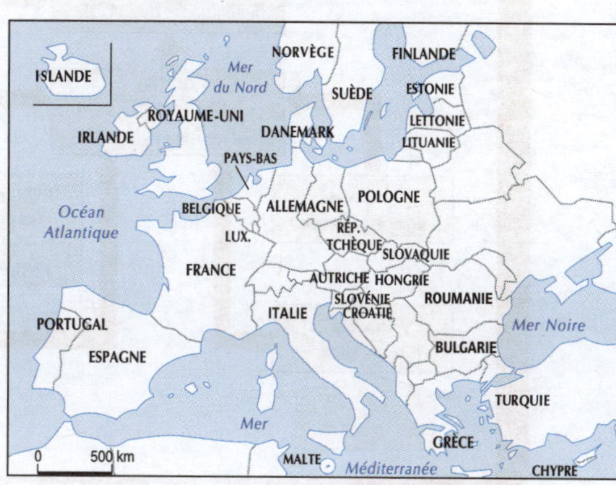

Bravo ! Maintenant, tu sais comment s'est construite l'Europe.

Corrigés p. 37 GUIDE PARENTS

10 Instruction civique et morale

La justice en France

Pour comprendre

Savoir

- **Personne ne peut se faire justice soi-même.** En France, le ministère de la Justice nomme des juges qui seront chargés de régler les conflits entre les individus.
- **Le pouvoir judiciaire est indépendant** des deux autres pouvoirs de l'État que sont les pouvoirs législatif (le Parlement) et exécutif (le gouvernement et le président de la République).
Il est confié à des magistrats qui sont des fonctionnaires.
  - **La justice civile règle les désaccords** entre les personnes et les litiges entre les entreprises. Ces questions relèvent des tribunaux d'instance.
  - **La justice pénale juge les infractions*** aux lois.

***Infraction** : acte interdit par la loi.

Savoir faire

Lire un organigramme

- Plus les tribunaux sont importants, plus ils sont placés au sommet du schéma.

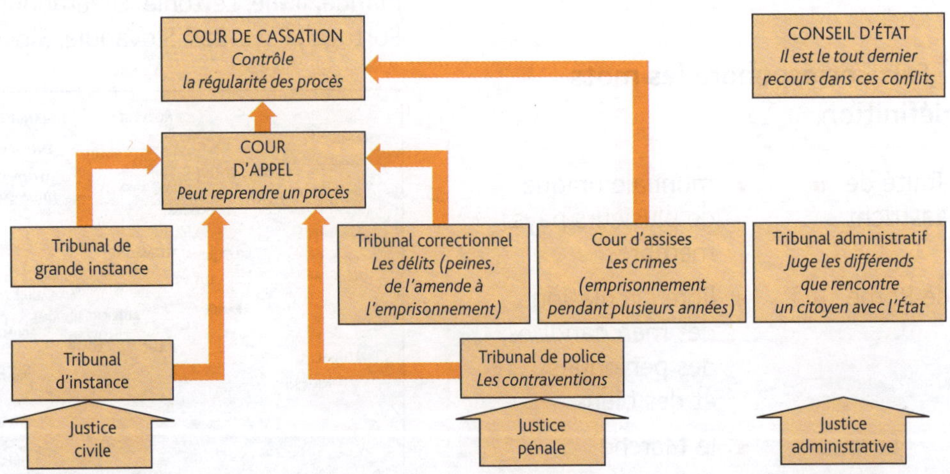

Infos parents

- **Insistez sur la séparation des pouvoirs en France.** Le gouvernement ne peut avoir de contrôle direct sur un magistrat.

S'entraîner

1 * Cite les trois pouvoirs en France.

pouvoir ....

pouvoir ....

pouvoir ....

2 ** Qui détient le pouvoir législatif ?

....

3 ** Le pouvoir judiciaire est exercé :

a. ☐ par le président de la République
b. ☐ par les gendarmes
c. ☐ par les magistrats
d. ☐ par les députés
e. ☐ par le peuple

4 ** Explique ce que sont la justice civile et la justice pénale. Indique ce qu'elles jugent respectivement.

Justice civile
....
....
....
Justice pénale
....
....
....

5 ** Les cours de cassation ou d'appel ne règlent-elles que des problèmes relevant de la justice pénale ?

☐ oui
☐ non

Explique ta réponse.

....

....

6 * Indique pour la justice pénale les informations la concernant (sers-toi du schéma).**

Type de tribunal
....
....
....
....
....
Type de jugement
....
....
....
....
....

EXO DÉFI **Comment peux-tu expliquer le symbole de la justice ?**

....
....
....
....
....
....
....
....
....
....

Bravo ! Maintenant, tu sais comment fonctionne la justice en France.

Corrigés p. 37 GUIDE PARENTS

Français
Maths
Instruction civique Histoire
Géographie
Sciences
Anglais

L'ONU

Pour comprendre

Savoir

- **Depuis 1945, l'Organisation des Nations unies (ONU)** s'efforce de préserver les habitants de la planète du fléau de la **guerre**. La plupart des pays du monde qui se sont regroupés autour des vainqueurs de la Seconde Guerre mondiale sont les pays membres de l'ONU.
- **L'ONU a pour principale mission de construire une paix durable**, d'assurer une sécurité collective : les grandes puissances qui sont sorties épuisées des années de guerre (1939-1945) ont tiré les leçons des échecs passés. L'Organisation des Nations unies a donc été créée en 1945, juste à la fin de la guerre.

* La Charte est le texte qu'il faut respecter.

Savoir faire

Lire la Charte

- **L'ONU repose sur un texte fondateur : la Charte* des Nations unies.**

Voici quelques extraits de l'article 1 :

« Maintenir la paix et la sécurité internationales et, à cette fin, prendre les mesures collectives efficaces en vue de prévenir et d'écarter les menaces à la paix et de réprimer tout acte d'agression. »

« Développer des relations amicales entre les nations fondées sur le principe de l'égalité des droits des peuples et de leur droit à disposer d'eux-mêmes. »

« Développer la coopération internationale en encourageant le respect des droits de l'homme et des libertés fondamentales pour tous, sans distinction de race, de sexe, de religion ou de langue. »

- **Les casques bleus** sont des militaires des pays membres au service de l'organisation. Ils sont envoyés dans certains pays en guerre pour tenter de maintenir la paix. Ils sont intervenus par exemple en Afrique (Rwanda, Liberia, Côte d'Ivoire, Sierra Leone...) ou encore en Europe (Bosnie, Croatie).

Infos parents

- **Montrez l'importance de l'ONU** qui parvient, dans l'ensemble, à réguler les conflits. Elle s'est souvent montrée efficace pour résoudre des problèmes graves comme au Kosovo en 1998.

S'entraîner

1 * Qu'est-ce que l'ONU ?

2 ** Quand l'ONU a-t-elle été créée ?

3 ** Sur quel texte fondateur s'est construite l'ONU ?

4 ** Quelles sont les principales missions de l'ONU ?

a. ☐ imposer la démocratie à tous les pays de la planète
b. ☐ préserver la paix
c. ☐ s'occuper du commerce international
d. ☐ anticiper et prévenir les risques de guerre
e. ☐ encourager le respect des droits de l'homme
f. ☐ proposer la même religion dans le monde entier
g. ☐ empêcher la pollution

5 * À propos de l'intervention de l'ONU :**

a. Qui sont les « casques bleus » et quelle est leur mission ?

b. Donne un exemple de pays où ils sont intervenus.

6 * Comment peux-tu expliquer ce passage d'un des articles : « le droit des peuples à disposer d'eux-mêmes » ?**

EXO DÉFI **Observe le logo de l'ONU.**

a. Décris ce que tu vois.

b. Lis ce descriptif du logo.

La branche d'olivier symbolise la paix depuis l'Antiquité grecque. Le planisphère représente la zone couverte par l'Organisation dans la poursuite de son principal objectif : préserver la paix.

c. Que comprends-tu alors du logo de l'ONU ?

Bravo ! Maintenant, tu sais ce que représente l'ONU.

Corrigés p. 38 GUIDE PARENTS

Instruction civique et morale

12 Les droits de l'homme

Pour comprendre

Savoir

- **La Déclaration Universelle des Droits de l'Homme** (DUDH) reconnaît l'aspiration des hommes à vivre en paix, dans la justice, dans le respect de leurs convictions et de leurs libertés.
- **Elle a été adoptée par l'Assemblée générale de l'ONU, réunie à Paris, en 1948** après la Seconde Guerre mondiale. Cette déclaration est universelle ; elle concerne tous les habitants de la planète et pour devenir applicable dans un pays, elle doit être ratifiée par le Parlement.

Savoir faire

Connaître les principaux articles

- Le Français René Cassin est l'un des rédacteurs de cette déclaration.
- Plusieurs articles reprennent les idées déjà inscrites dans la Déclaration des Droits de l'Homme et du Citoyen de 1789.

Article 3 – Tout individu a droit à la vie, à la liberté et à la sécurité de sa personne.	**Article 15** – Tout individu a droit à une nationalité. Nul ne peut être arbitrairement privé de sa nationalité ni du droit de changer de nationalité.
Article 4 – Nul ne sera tenu en esclavage ni en servitude ; l'esclavage et la traite des esclaves sont interdits sous toutes leurs formes.	**Article 16 (1)** – À partir de l'âge nubile**, l'homme et la femme, sans aucune restriction quant à la race, la nationalité ou la religion, ont le droit de se marier et de fonder une famille.
Article 5 – Nul ne sera soumis à la torture ni à des peines ou traitements cruels, inhumains ou dégradants.	
Article 9 – Nul ne peut être arbitrairement* arrêté, détenu ou exilé.	**Article 16 (2)** – Le mariage ne peut être consenti qu'avec le libre et plein consentement des époux [...]

* Arbitrairement : sans raison juste.

** Nubile : en âge de procréer, de se marier.

Infos parents

- **Expliquez que les droits de l'homme** sont encore très souvent bafoués. Certains pays n'ont toujours pas adopté cette déclaration ; Amnesty International lutte pour dénoncer ces exactions.

S'entraîner

1 * À propos de la DUDH.

a. Quand a-t-elle été adoptée ?

....

b. Pourquoi est-elle née durant cette période ?

....

....

....

c. Qui en a été l'un des rédacteurs ?

....

2 ** Quels sont les grands principes défendus ? Coche les bonnes cases.

a. ☐ justice

b. ☐ respect des convictions

c. ☐ respect des libertés

d. ☐ respect des arts

e. ☐ dignité égale de tous les hommes sur la Terre

f. ☐ protection de l'environnement

3 ** Sur quelle autre déclaration la DUDH s'appuie-t-elle ?

....

....

4 *** Coche ce qui peut définir la DUDH.

a. ☐ C'est une déclaration à appliquer obligatoirement.

b. ☐ C'est un texte que les gouvernements sont obligés d'adopter.

c. ☐ C'est un ensemble de conseils.

5 *** Observe ce dessin.

Qu'est-ce que dénonce ce dessin ?

....

....

....

EXO DÉFI Lis attentivement les articles extraits de la DUDH pour répondre.

Donne le numéro des articles qui ne sont pas respectés.

Faits	Articles concernés
M. Daouda, juriste dans un pays d'Afrique, a été arrêté il y a 8 ans. Il est toujours détenu sans inculpation ni jugement.	
Des militaires d'un pays dictatorial ont torturé un paysan pour qu'il avoue ses méfaits.	
Cette petite fille devra se marier le mois prochain. Elle vient d'avoir 12 ans et ses parents lui ont trouvé un mari.	
Une Indienne de 45 ans s'est enfuie du domicile de ses patrons. Elle était employée depuis plusieurs mois sans salaire et enfermée à clé dans l'appartement.	

Bravo ! Maintenant, tu connais l'importance des Droits de l'homme.

Corrigés p. 38 GUIDE PARENTS

L'action humanitaire

Pour comprendre

Savoir

La Croix-Rouge s'est constituée à Genève en 1864.

- **L'action humanitaire est constituée de l'ensemble des activités qui ont pour but d'aider les individus en graves difficultés** n'importe où dans le monde.
- **Ces difficultés peuvent provenir de la misère d'un pays ou d'une catastrophe naturelle.** Les tremblements de terre, les tornades, les éruptions volcaniques, les tsunamis et autres raz-de-marée causent des **morts**, des **famines** et des **destructions** qui nécessitent des aides d'urgence.

Savoir faire

Savoir qui agit

- La Croix-Rouge est certainement l'organisme le plus connu pour son action dans les catastrophes naturelles. Médecins sans frontières a obtenu le prix Nobel de la paix en 2004.
- **Les États**, comme la France par exemple, débloquent des fonds importants à destination des pays sinistrés lors de grandes catastrophes. Ce sont les organismes humanitaires qui utilisent ces fonds pour venir le plus rapidement en aide (envoi de médecins, de médicaments, de matériel, de nourriture).
- **L'action humanitaire existe également dans les pays riches** où il y a pourtant de la nourriture. Les personnes sans domicile fixe vivent dans la rue et dans le froid. Des associations comme les « Restos du Cœur » offrent un repas décent à ces personnes.
- **Beaucoup de personnes qui travaillent dans ces associations sont bénévoles** et ne sont donc pas payées. Elles représentent certainement des modèles d'action civique.

Infos parents

- **C'est par la connaissance de ces actions humanitaires** que l'enfant prend conscience de ce que peut être une démarche citoyenne. Aider les autres ne veut pas forcément dire partir loin ou posséder des compétences particulières. C'est être parfois simplement bénévole dans une association humanitaire, c'est donner du temps aux autres. Les enfants sont très sensibles à ce type d'action.

S'entraîner

1 * **Qu'est-ce que l'action humanitaire ?**

2 ** **Est-ce important que des États donnent de l'argent ?**

3 ** **À quoi ces fonds sont-ils utilisés ?**

4 ** **Quels peuvent être les types d'actions humanitaires ?**

a. ☐ aide aux pays ravagés par une catastrophe naturelle

b. ☐ aide à l'implantation d'une centrale nucléaire

c. ☐ aide aux personnes victimes de guerres

d. ☐ aide aux personnes sans domicile fixe

e. ☐ aide à l'apprentissage pour utiliser Internet

f. ☐ fourniture de médicaments pour enrayer une épidémie

5 *** **Note dans ce tableau un organisme que tu connais et qui peut être à l'origine de l'action indiquée.**

Aide aux pays ravagés par une catastrophe naturelle, par la guerre	Aide aux pays en voie de développement	Aide aux personnes SDF

EXO DÉFI **Commente la photographie.**

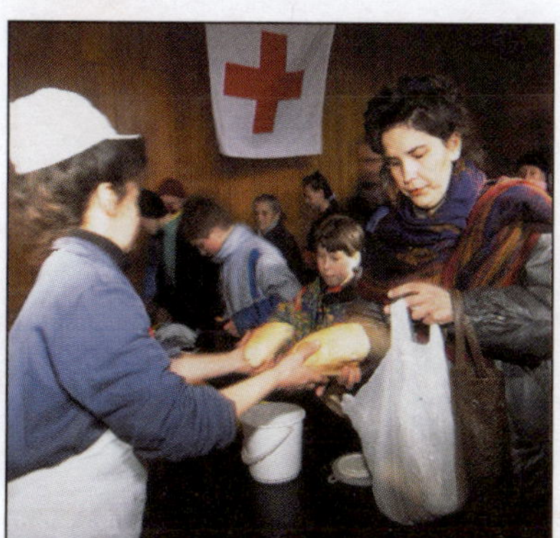

a. Décris la scène.

b. Quelle est l'association qui organise cette action ?

c. Où cela peut-il se passer ?

Bravo ! Maintenant, tu sais ce qu'est l'aide humanitaire.

Corrigés p. 38 GUIDE PARENTS

1

Géographie

La population dans le monde

Pour comprendre

Savoir

■ **Notre planète compte environ 7 milliards d'habitants.**
La population **augmente** sans cesse et devrait dépasser 9 milliards d'individus vers 2050. 85 % des hommes vivent dans l'hémisphère Nord.
Les zones les plus peuplées sont les littoraux (bords de mer) et les vallées.
De très vastes espaces sont pratiquement vides, comme les déserts.

■ **Sur la Terre, il y a trois grands foyers de peuplement.**
1. L'Asie de l'Est et du Sud-Est : la Chine, le Japon, les Philippines, le Vietnam.
2. La péninsule indienne : l'Inde, le Pakistan, le Bangladesh et le Sri Lanka.
3. L'Europe du Nord et le Maghreb.

■ **La moitié de la population mondiale vit dans les campagnes.**
L'Asie, l'Afrique et l'Amérique du Sud sont rurales même si les villes se développent. Les villes des pays pauvres comptent de nombreux bidonvilles (quartiers misérables).

Savoir faire

Lire une carte sur la démographie

Regarde la carte de la population ci-dessus.

- La Chine est le pays le plus peuplé avec 1 milliard 300 millions d'habitants.
- L'Inde en a plus de 1 milliard.
- La Russie est l'État le plus vaste.
- C'est en Afrique que la population augmente le plus vite.

Infos parents

■ **Connaître le monde, c'est, pour votre enfant**, comprendre qu'il existe d'autres problématiques humaines sur la planète. Avec cette étude sur la population mondiale, on peut déboucher sur les disparités de niveaux de vie.

S'entraîner

1 * Combien la Terre compte-t-elle d'habitants ?

☐ 9 milliards ☐ 7 milliards

2 * Quels problèmes pourront se poser avec 9 milliards d'individus sur la Terre ?**

....

....

3 * Fais correspondre la définition au bon pays.**

Pays le plus étendu •	• Chine
Pays le plus peuplé •	• Pays d'Afrique
Pays dont la population augmente le plus vite •	• Inde
Deuxième pays le plus peuplé •	• Russie

4 ** Colorie sur cette bande le pourcentage de la population vivant dans l'hémisphère Nord.

0 % 50 % 100 %

5 * Complète ce tableau pour indiquer les grands foyers de peuplement sur la Terre.**

Premier grand foyer	Deuxième grand foyer	Troisième grand foyer
....	....	....

EXO DÉFI Représente sur ce camembert la part de chaque continent dans la population mondiale (utilise des couleurs différentes).

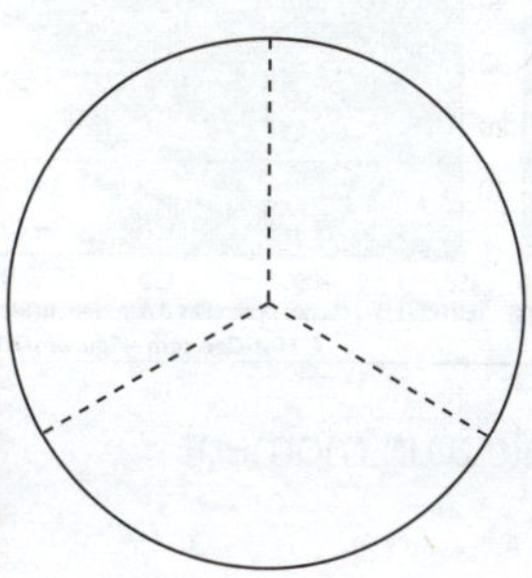

Population par continent
en milliards d'habitants

	Océanie	Amérique	Europe	Afrique	Asie	Monde
2003	0,050	0,800	0,800	0,850	3,800	6,300

Que remarques-tu ?

....

....

....

Bravo ! Maintenant, tu sais comment la Terre est peuplée.

Corrigés p. 38 GUIDE PARENTS

Géographie

2 La population française

Pour comprendre

Savoir

- **Les recensements**

Depuis 1801, des recensements de la population française sont organisés environ **tous les sept ans**. Ils permettent de savoir combien il y a de Français à cette date. Depuis le début du XIXe siècle, **la population a toujours augmenté** sauf pendant les guerres.

- **Le vieillissement de la population et la baisse de la mortalité** sont dus aux progrès de la médecine, à l'amélioration de l'hygiène et de l'alimentation.

Savoir faire

Lire une pyramide des âges

- **Pour connaître le nombre de femmes nées en 1964 :**
  – Regarde le côté droit et les dates en bout de ligne.
  – Regarde la longueur de la bande de couleur correspondant à 1964.
  – Regarde à quel chiffre cela correspond par rapport à la ligne du bas (450 milliers).
- **Chaque colonne horizontale** correspond aux hommes et aux femmes qui ont le même âge.

Population de la France métropolitaine au 1er janvier 2003
(Répartition par âge et par sexe – Estimation provisoire)

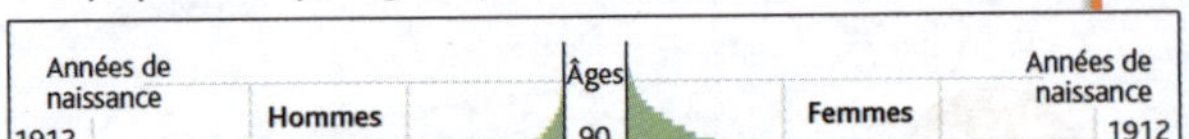

© Hist-Geo.com – Source : *INSEE*

- **En additionnant toutes ces colonnes**, tu obtiens la population totale à un moment donné.
- **Les « creux » dans la pyramide** correspondent aux manques de naissances pendant les deux guerres mondiales.

Infos parents

- **Même si la part des jeunes diminue**, cela ne signifie pas que la population est moins nombreuse.

S'entraîner

1 * Qu'est-ce qu'un recensement ? Coche les bonnes réponses.

a. ☐ un outil pour compter la population à un moment donné

b. ☐ le moyen de savoir combien il y a d'hommes et combien il y a de femmes

c. ☐ un outil pour connaître les préférences télévisuelles des Français

d. ☐ un outil pour construire une pyramide des âges

e. ☐ le moyen de savoir combien de touristes visitent la France chaque année

f. ☐ un outil pour savoir si la population a augmenté ou diminué

2 * En France, le recensement se fait :

a. ☐ tous les ans.

b. ☐ tous les 7 ans.

c. ☐ tous les 15 ans.

3 * Qu'est-il arrivé à la population française depuis le XIXe siècle ?

a. ☐ Elle a baissé.

b. ☐ Elle n'a cessé d'augmenter.

c. ☐ Elle n'a ni baissé, ni augmenté.

4 ** Explique ce que veut dire « la population vieillit » ?

5 ** Pour quelles raisons la mortalité baisse-t-elle de nos jours ?

6 ** Était-ce la même chose au milieu du XIXe siècle ?

7 * Observe la pyramide des âges sur la page de gauche et réponds aux questions.**

a. De quel côté de la pyramide se situent les hommes ?

b. Comment voit-on sur la pyramide que la population vieillit ?

c. Pourquoi y a-t-il des creux dans cette pyramide, autour des années 1940 ?

d. Parmi la population française âgée de plus de 65 ans, y a-t-il plus de femmes ou plus d'hommes ?

EXO DÉFI Au moment où la pyramide des âges de 2003 a été réalisée...

a. Quelle était l'année de naissance d'une femme de 40 ans ?

b. Quelle était l'année de naissance d'un garçon de 10 ans ?

Bravo ! Maintenant, tu connais la population de la France.

Corrigés p. 39 GUIDE PARENTS

Géographie

3 Les villes en France

Pour comprendre

Savoir

- **La répartition de la population**

La moitié de la population française vit dans les régions de l'Ile-de-France, du Nord-Pas-de-Calais, de Rhône-Alpes, d'Aquitaine et de Provence-Alpes-Côte-d'Azur.

- **La taille des villes**

– Au premier niveau, on trouve les **bourgs** et les petites villes d'environ 10 000 habitants. Ils sont très nombreux.

– Au deuxième niveau, on range les **villes moyennes**, autour de 50 000 habitants. **Ces villes sont souvent le chef-lieu du département**. C'est là que sont installées les instances administratives, comme les tribunaux par exemple.

– La vingtaine de **grandes villes** de plus de 250 000 habitants constitue le niveau supérieur du réseau urbain. Paris est au sommet de ce réseau, c'est la **capitale**.

Les villes ont pratiquement toutes le même type de construction. Un centre-ville avec des maisons anciennes et des rues étroites est limité par un boulevard au-delà duquel commencent les faubourgs, puis les banlieues où vit la majorité de la population.

Savoir faire

Calculer la densité de la population

La densité est le nombre moyen d'habitants pour 1 km^2.

- La Lozère s'étend sur 5 167 km^2 et compte 73 509 habitants.
- Pour trouver la densité de la population dans ce département, divise le nombre d'habitants par le nombre de km^2 (avec une calculatrice).
- Tu trouves 73 509 : 5 167 = 14,222 habitants.
- Tu dois comprendre que ce chiffre ne représente qu'une moyenne : il y a environ 14 habitants pour 1 km^2, mais il y en a beaucoup plus dans les villes de ce département et beaucoup moins dans les campagnes !

Infos parents

- **Montrez les avantages et les inconvénients de la ville.** Beaucoup de personnes vivent dans une région et travaillent dans une autre.

S'entraîner

1 * À quoi différencies-tu un village d'une ville ? Coche les bonnes propositions.

a. ☐ au nombre d'élèves dans les écoles
b. ☐ au nombre d'habitants dans la localité
c. ☐ à la dimension des terrains de sport
d. ☐ à la présence d'instances administratives
e. ☐ à la présence de fermes

2 ** Définis les trois catégories de villes.

Types de villes	Caractéristiques
Bourg ou petite ville	
Ville moyenne	
Grande ville	

3 ** Qu'est-ce que le chef-lieu du département ?

....
....

4 * Peux-tu donner les caractéristiques d'un centre-ville ?**

....
....
....

5 * Qu'est-ce que la densité de la population ?**

....
....
....
....

EXO DÉFI **Cette carte indique les régions de France les plus peuplées.**

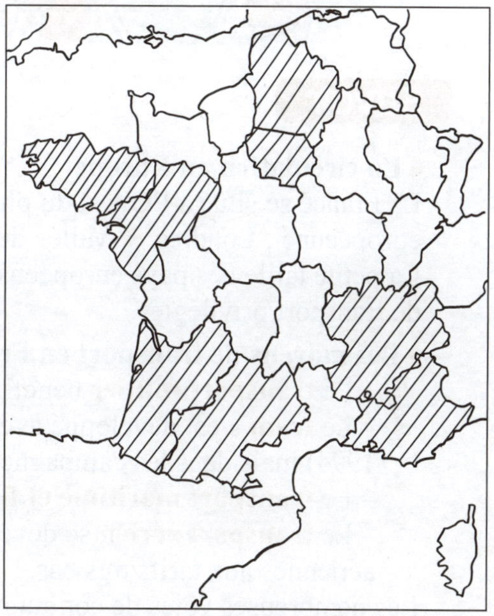

a. Nomme une ville pour chaque région en t'aidant d'une carte des villes de France.

Provence-Alpes-Côte d'Azur : ....

Aquitaine : ....

Bretagne : ....

Rhône-Alpes : ....

Nord-Pas-de-Calais : ....

Midi-Pyrénées : ....

b. Colorie les mers et nomme-les.

Bravo ! Maintenant, tu connais les différentes sortes de villes en France.

Corrigés p. 39 GUIDE PARENTS

Géographie

4 Les transports en Europe

Pour comprendre

Savoir

* Le **transport fluvial** se fait sur les fleuves.

■ **La circulation en Europe**

La France se situe à l'Ouest du plus grand **axe majeur de circulation** de l'Union européenne : Londres → Vallée du Rhin → Milan.

La petite taille des pays européens fait que la voiture ou le train restent les moyens de transport privilégiés.

■ **Les moyens de transport en France**

– Le **transport routier** bénéficie d'un grand nombre de routes et autoroutes.

– Le **train** s'est développé avec le TGV et le tunnel sous la Manche (ouvert en 1994) mais dans les campagnes, les petites lignes sont supprimées.

– Le **transport maritime et fluvial*** est en diminution.

– Le **transport aérien** se développe de plus en plus avec des compagnies aériennes aux tarifs très bas.

Les nombreuses voies de communication qui relient Paris montrent l'importance de la capitale.

Savoir faire

Connaître le train à grande vitesse

■ **Les grandes lignes de TGV et leur date d'ouverture**

Paris-Lyon	1981
Paris-Londres par le tunnel sous la Manche	1995
Paris-Bruxelles	1998
Paris-Marseille	2001
Paris-Strasbourg	2007

■ **Le TGV français s'exporte : la France l'a vendu** à l'Espagne, à l'Italie. Il permet de transporter des passagers avec des horaires précis et une sécurité maximale.

Infos parents

■ **Le transport routier des marchandises est moins cher** car il ne faut charger et décharger le camion qu'une fois pour une livraison porte à porte.

S'entraîner

1 * Entoure les images représentant les transports utilisés en France et en Europe.

2 ** Coche les cases pour définir les transports en France.

a. ☐ La France possède peu d'autoroutes.

b. ☐ Les voies de communication convergent essentiellement vers Paris.

c. ☐ Les transports sont fiables, rapides, confortables.

d. ☐ De nouvelles lignes de TGV sont ouvertes régulièrement.

e. ☐ Le transport maritime est en plein développement.

3 ** Pourquoi le transport en voiture est-il privilégié en Europe ?

....

....

4 ** Quels sont les pays reliés par le tunnel sous la Manche ?

....

5 ** Que dire du transport aérien ?

a. ☐ Il se développe.

b. ☐ Il diminue.

c. ☐ Il est constant.

6 * Lis bien la page de gauche. Explique pourquoi le TGV est bien implanté en France et dans d'autres pays d'Europe.**

....

....

EXO DÉFI **Quel moyen de transport choisirais-tu si tu devais, de Paris, te rendre à :**

Londres : ....

Marseille : ....

Moscou : ....

Bruxelles : ....

New York : ....

Bravo ! Maintenant, tu connais les moyens de transport européens.

Corrigés p. 39 GUIDE PARENTS

Les services

Pour comprendre

Savoir

* **La main-d'œuvre** est l'ensemble des personnes payées pour faire un travail.

■ **Les activités sont divisées en trois secteurs économiques.**
Le secteur **primaire** correspond à l'agriculture.
Le secteur **secondaire** correspond à l'industrie.
Le secteur **tertiaire** comprend tout le reste, notamment ce qu'on appelle les services, c'est-à-dire toutes les professions où l'on ne produit rien directement. Ce sont les banques, les assurances, le commerce, l'hôtellerie, la médecine ou encore l'administration.

Savoir faire

Le secteur tertiaire est majoritaire

■ **Près de 3 Français sur 4 travaillent aujourd'hui dans le secteur des services.** De plus en plus de métiers proposent des services à l'ensemble de la population.

■ **Certaines des activités tertiaires, comme l'hôtellerie** et tous les métiers liés au tourisme, appartiennent au **secteur privé**. C'est-à-dire que ce secteur ne dépend pas de l'État et est dirigé par des personnes privées.

■ **En revanche, d'autres métiers comme l'enseignement**, la police ou encore l'hôpital appartiennent au **secteur public**. Les personnes travaillant dans ce secteur sont souvent des fonctionnaires rémunérés par l'État.

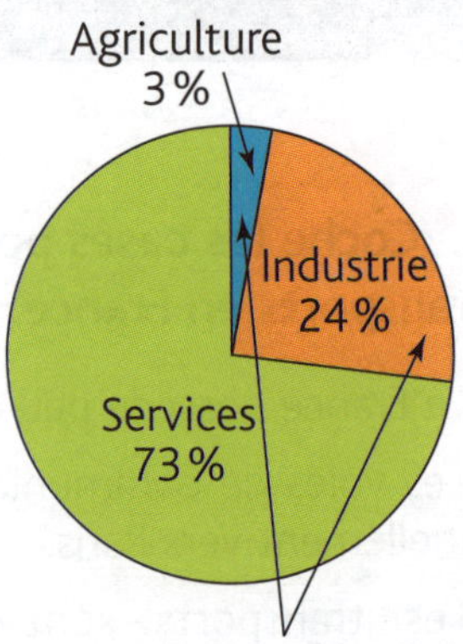

Ces secteurs n'ont pas les mêmes besoins en main-d'œuvre qu'il y a cinquante ans.*

Infos parents

■ **Faites comprendre à votre enfant l'importance grandissante** du secteur tertiaire. On évolue de plus en plus vers une société de services.

S'entraîner

1 ** Peux-tu définir les trois secteurs d'activité ?

a. Secteur primaire

....

....

b. Secteur secondaire

....

....

c. Secteur tertiaire

....

....

2 ** Coche les métiers faisant partie du secteur tertiaire.

- ☐ vendeur
- ☐ infirmier
- ☐ ouvrier en usine
- ☐ menuisier
- ☐ facteur
- ☐ instituteur
- ☐ cuisinier
- ☐ professeur
- ☐ pilote d'avion
- ☐ policier
- ☐ ouvrier agricole
- ☐ acteur

3 * Parmi les métiers proposés de l'exercice n° 2, classe ceux du secteur privé et ceux du secteur public.**

Secteur public
Secteur privé

4 * Quel sont les services rendus par les métiers ci-dessous ?**

Banquier : ....

....

Vétérinaire : ....

....

Architecte : ....

....

Agent de voyage : ....

....

Agent immobilier : ....

....

EXO DÉFI **Observe le dessin sur le bureau de poste. Écris différents services qui y sont rendus.**

....

....

....

....

....

Bravo ! Maintenant, tu connais les secteurs économiques.

Corrigés p. 39 GUIDE PARENTS

L'Europe économique

Pour comprendre

Savoir

- **L'Europe économique** se fait avant tout dans l'**Union européenne**.
- **L'Union européenne** est une grande puissance économique et commerciale. D'ailleurs, l'Allemagne, le Royaume-Uni, l'Italie et la France font également partie du **G8***.
- **Chaque personne peut travailler** et vendre ses marchandises ou ses services dans tous les pays membres de l'Union.
- **Avec l'euro**, créé en 2002, les échanges sont plus faciles.

* Le **G8** est le groupe des 8 pays les plus riches et les plus puissants du monde.

Savoir faire

La coopération de plusieurs pays européens

Les pays de l'Union réalisent de grands projets.

- **L'avion Airbus** est fabriqué par 4 pays :
  – les ailes par le Royaume-Uni,
  – le corps par l'Allemagne,
  – les ailettes par l'Espagne,
  – le poste de pilotage et les moteurs par la France.
  L'assemblage de l'avion se fait également en France, à Toulouse.
- **La Politique agricole commune** (la PAC) :
  – elle permet d'aider les agriculteurs,
  – elle encourage une prodution de qualité.

Infos parents

- **L'Union européenne a un poids réel au niveau mondial.** Elle peut rivaliser avec les États-Unis et défendre ses produits sur la scène internationale. Elle tente de préserver ce que l'on appelle le « modèle européen ».

S'entraîner

1 * Quelles sont les phrases justes pour définir l'Europe économique ? Coche les bonnes cases.

a. ☐ c'est un immense marché commun
b. ☐ les produits sortent difficilement du pays qui les a produits
c. ☐ les produits circulent librement
d. ☐ tous les pays doivent adopter l'euro
e. ☐ des activités industrielles sont réalisées par plusieurs pays membres
f. ☐ l'aide aux secteurs économiques en difficulté

2 ** Réponds aux questions sur la PAC.

a. Que signifie « PAC » ?

....

....

b. Qui aide-t-elle ?

....

....

3 * Pourquoi la coopération industrielle est-elle nécessaire entre pays membres ?**

a. ☐ Pour pouvoir financer des productions très chères.
b. ☐ C'est une obligation dans l'Union européenne.
c. ☐ Pour pouvoir rivaliser avec les États-Unis.
d. ☐ Pour que tous les pays produisent la même chose.

4 * Quel est l'avantage de l'euro ?**

....

....

....

5 * À quelle date l'euro a-t-il été créé ?**

....

6 * Qu'est-ce que le G8 ?**

....

....

....

EXO DÉFI Observe la photo ci-dessous et réponds aux questions.

a. Quel est le nom de cet avion ?

....

b. Combien d'étages comporte-t-il ?

....

c. Que peux-tu dire à propos de sa construction ?

....

....

....

....

....

Bravo ! Maintenant, tu sais comment fonctionne l'économie européenne.

Corrigés p. 39 GUIDE PARENTS

Géographie

7 La mondialisation

Pour comprendre

Savoir

- **La mondialisation est l'organisation économique actuelle du monde.** Chaque pays est en relation avec d'autres pays partout dans le monde et dans tous les domaines de son économie.
- **L'Organisation mondiale du commerce (OMC)** est la seule organisation internationale qui **s'occupe des règles concernant le commerce entre les pays**. Les États doivent normalement les faire respecter sur leur territoire.

Savoir faire

Comprendre la délocalisation des entreprises

- **Pour réduire les coûts de production**, les entreprises déménagent loin de leur pays d'origine : elles se délocalisent.
  - Les coûts de production comprennent le prix des matières premières et les salaires.
  - Les matières premières sont des matières directement prélevées dans la nature : pétrole, bois, fer, etc.

- **Elles s'installent dans des pays pauvres** où elles trouvent des matières premières bon marché et embauchent des employés à bas prix.
- **Dans les pays riches, ces délocalisations provoquent du chômage** pour les employés qui ont été licenciés car leurs salaires sont plus élevés que dans les pays pauvres.

Infos parents

- **Les conflits sociaux sont fréquents car la perte d'un emploi** est souvent dramatique pour un individu. Les défenseurs des salariés avancent que l'entreprise pourrait privilégier les hommes par rapport aux profits.

S'entraîner

1 * Qu'est-ce que la mondialisation ?

a. ☐ La réalisation d'un pays mondial unique
b. ☐ L'organisation économique du monde

2 * Qu'est-ce que la délocalisation d'une entreprise ?

a. ☐ Sa fermeture
b. ☐ Son déménagement dans un autre quartier
c. ☐ Son déménagement vers un autre pays ou une autre région
d. ☐ L'agrandissement de ses bureaux

3 ** Pourquoi certaines entreprises se délocalisent-elles ?

4 ** Quelles sont les répercussions pour le pays d'où les entreprises partent ?

5 * Observe cette étiquette d'un vêtement vendu en France.**

> **Petit Malin – 10 ans**
> Ne pas laver à plus de 30°
> Ne pas repasser
> Laver séparément la première fois
> Fabriqué en Thaïlande

a. Quels types d'informations nous donne cette étiquette ?

b. Que peux-tu dire à propos du lieu de production ?

6 ** Que veut dire OMC ?

7 * Pourrais-tu expliquer pourquoi un pays ne peut pas fermer ses frontières ?**

EXO DÉFI **D'après toi, pourquoi la mondialisation peut-elle avoir des répercussions néfastes sur les pays pauvres de la planète ?**

Bravo ! Maintenant, tu sais ce qu'est la mondialisation.

Corrigés p. 40 GUIDE PARENTS

8 La francophonie

Pour comprendre

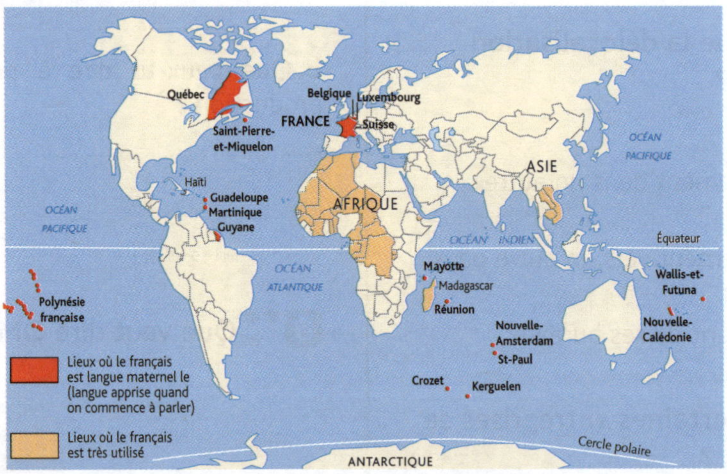

Savoir

*La **langue maternelle** est la langue de ses parents, celle que l'on apprend en premier.

- **Le français est la langue maternelle*** de 80 millions d'individus dans le monde.
- Le français est aussi parlé dans d'**anciennes colonies françaises et belges.**
- C'est donc en tout environ 180 millions de personnes qui utilisent le français dans le monde.

Savoir faire

Comprendre la francophonie

- **Le français est utilisé dans les relations internationales.** C'est la langue officielle de l'ONU ou celle des Jeux olympiques par exemple.
- **Les pays francophones** travaillent au développement du français.
- **L'Alliance française** est une association présente dans le monde entier qui est chargée d'enseigner le français.
- **Il existe des festivals** de la chanson française, des concours de littérature et des jeux de la francophonie.
- **L'Organisation internationale de la francophonie (OIF)** compte 51 pays membres.
- **RFI (Radio France internationale)** est une station de radio qui diffuse partout dans le monde.

Infos parents

- **Dans les pays où la colonisation** puis la décolonisation ont été des périodes violentes, le français ne se maintient qu'au niveau de l'administration. Dans d'autres pays, il est systématiquement enseigné à l'école et est donc parlé par un grand nombre d'habitants.

S'entraîner

1 * **Observe la carte de la francophonie et complète ce tableau en y notant les différents lieux où le français est parlé.**

Lieux où le français est parlé

2 ** **Pourquoi parle-t-on le français dans certaines régions du monde ?**

....

....

....

3 ** **Coche tous les moyens utilisés pour sauvegarder la francophonie.**

a. ☐ L'enseignement du français à l'école.

b. ☐ La création d'une radio, d'une chaîne de télévision et d'information en français.

c. ☐ L'interdiction d'apprendre l'anglais.

d. ☐ Des festivals et concours de la langue française.

e. ☐ L'implantation de l'Alliance française partout dans le monde.

4 ** **Vrai ou faux ?**

a. La langue française est la plus parlée dans le monde. V F

b. Une personne francophone est une personne qui sait parler français. V F

c. Le français n'est parlé qu'en Europe. V F

5 *** **Dans quelles organisations internationales le français est-il la langue officielle ?**

....

Peux-tu expliquer pourquoi ?

....

....

EXO DÉFI **À l'aide du texte en page de gauche, réalise ce graphique sur la francophonie.**

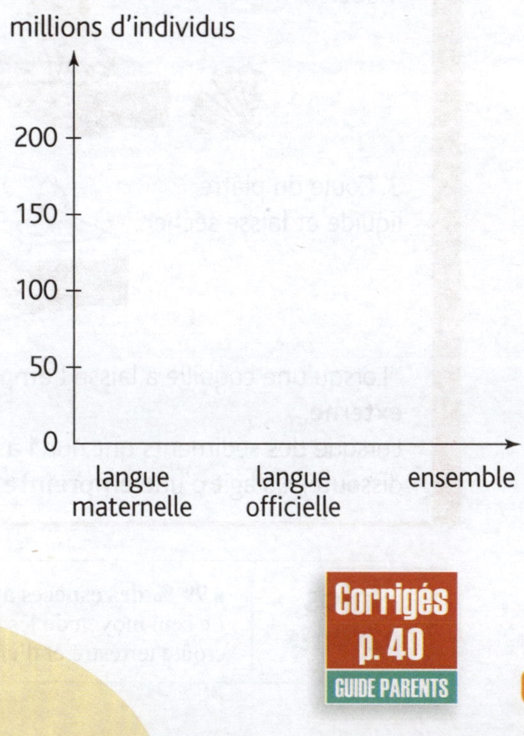

Bravo ! Maintenant, tu sais ce qu'est la francophonie.

Corrigés p. 40 GUIDE PARENTS

1 Sciences

Les anciennes traces de la vie

Pour comprendre

Savoir

- **Les animaux et les végétaux** qui vivaient il y a des millions d'années ont laissé des **traces conservées dans la roche** : ce sont les **fossiles** (voir l'empreinte fossile d'une fougère ci-dessus).
- **En étudiant leur forme et leur taille**, les paléontologues peuvent savoir à quoi ressemblaient ces espèces aujourd'hui disparues.

Savoir faire

Réaliser un moulage

1. Prends un coquillage, par exemple une coquille Saint-Jacques. Enfonce la coquille à moitié dans de la pâte à modeler.

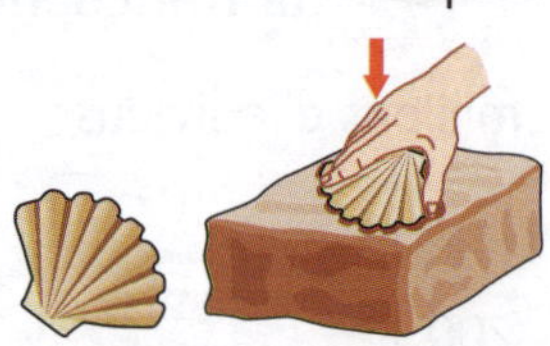

2. Entoure l'ensemble de bandes de carton (pour empêcher le plâtre de couler).

3. Coule du plâtre liquide et laisse sécher.

4. Enlève la pâte à modeler, la coquille et le carton. Tu obtiens une empreinte externe*.

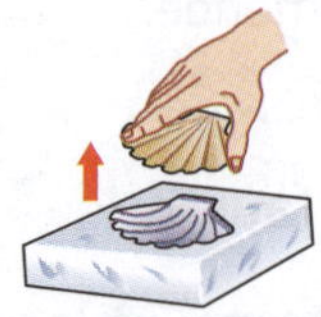

*Lorsqu'une coquille a laissé l'**empreinte de sa surface**, il s'agit d'une **empreinte externe**.
Lorsque des sédiments ont durci **à l'intérieur d'un coquillage** et que la coquille s'est dissoute, il s'agit d'une **empreinte interne**.

Infos parents

- **99 % des espèces ayant existé sur la Terre sont aujourd'hui éteintes.** Le seul moyen de les connaître est d'observer des fossiles conservés dans la croûte terrestre et d'en faire des reconstitutions.

S'entraîner

1 * Donne la définition d'un fossile.

....

....

2 ** Pour chacun des fossiles suivants, indique s'il s'agit d'une partie dure d'animal, d'un moulage interne, d'un moulage externe ou d'une empreinte.

a. ....
....

b. ....
....

c. ....
....

d. ....
....

3 *** Les vignettes se sont mélangées, en t'aidant du texte, remets-les en ordre.

1. Le coquillage vit dans la mer.
2. Il meurt et tombe dans le fond marin.
3. La coquille est recouverte de vase déposée par la mer (les sédiments).
4. La mer s'est retirée, le fossile est pris dans la roche.

EXO DÉFI L'archéoptéryx est le plus ancien oiseau connu. Après avoir identifié la colonne vertébrale, les côtes, le squelette des ailes, de la patte, de la queue, du bec, dessine la silhouette de cet animal sur l'ardoise.

Bravo ! Maintenant, tu sais ce qu'est un fossile.

Corrigés p. 40 GUIDE PARENTS

Sciences

2 Les grandes étapes de la vie

Pour comprendre

Savoir

***Cellule** : élément qui compose les organismes vivants.

- **La Terre s'est formée il y a 4,6 milliards d'années.**
- **Les premiers êtres vivants** se sont développés dans la mer il y a 3,5 milliards d'années. De **simples cellules***, ils sont devenus **végétaux** puis **animaux**.
- **L'homme n'apparaît qu'il y a 3 millions d'années**, c'est-à-dire très récemment !

Savoir faire

Comprendre l'évolution

Les **premiers invertébrés** (méduses, vers...) et les **végétaux** chlorophylliens (algues marines) occupent la mer.
Les **premiers vertébrés** (poissons) apparaissent tandis que les **végétaux** se développent sur la Terre.
Les **amphibiens** (premiers vertébrés terrestres) sortent de l'eau pour conquérir la Terre.
Les **mammifères** et les **oiseaux** apparaissent. Ils sont issus de la transformation des reptiles qui existaient avant eux.
L'**homme** apparaît. Son évolution est marquée par l'**augmentation** du volume de son **cerveau**.

Infos parents

- **Votre enfant doit retenir que les végétaux et les animaux** sont arrivés dans un ordre précis mais aussi que chaque être vivant provient de la transformation lente d'êtres vivants plus anciens.

S'entraîner

1 ** Voici les quatre principaux types d'hommes préhistoriques.

Homo habilis
(Homme habile)
Taille 1,20 m
– 3 MA (millions d'années)
Il fabrique les premiers outils.

Homo erectus
(Homme debout)
Taille 1,60 m à 1,70 m
– 1,6 MA
Il domestique le feu.

Homo Neandertalensis
(Homme de Neandertal)
Taille 1,50 m à 1,70 m
– 230 000 ans
Il fabrique des outils de plus en plus perfectionnés.
Il enterre ses morts.

Homo sapiens sapiens
(Homme de Cro-Magnon)
Taille 1,70 m à 1,80 m
– 100 000 ans
Il fabrique des outils avec des matériaux divers (os, bois, pierre...).
Il réalise peintures et gravures à l'intérieur de grottes.

a. Quel est l'homme préhistorique le plus ancien ? ....

b. Quel est le plus récent ?

....

c. Compare leur taille. Qu'en déduis-tu ?

....

d. Comment le volume du cerveau a-t-il évolué ? ....

e. Quelles sont les conséquences de cette évolution ? ....

....

2 *** Regarde attentivement cette liste.

méduses	☐	bactéries	☐
hommes	☐	poissons	☐
souris	☐	volcans	☐

a. Numérote les étiquettes selon l'ordre d'apparition sur la Terre.

b. Souligne en bleu les êtres vivant dans la mer.

c. Quelle est la forme de vie la plus simple ?

....

EXO DÉFI Barre les mots incorrects.

a. Les mammifères sont apparus sur la Terre avant les *poissons / oiseaux*.

b. Les méduses sont les premiers *vertébrés / invertébrés* marins.

c. La végétation s'est d'abord développée *dans la mer / sur la terre*.

d. Les premiers êtres vivants sont apparus il y a *4 600 MA / 3 500 MA*.

e. Chaque être vivant provient de la transformation *rapide / lente* d'êtres vivants plus anciens.

f. Homo habilis fabriquait des outils *perfectionnés / très simples*.

g. L'évolution de l'homme est marquée par la *diminution / l'augmentation* du volume de son cerveau.

h. Le premier homme qui peint dans les grottes est *l'homme de Cro-Magnon / l'homme de Neandertal*.

Bravo ! Maintenant, tu sais comment la vie est apparue sur la Terre.

Corrigés p. 41 GUIDE PARENTS

Le système solaire et l'Univers

Pour comprendre

Savoir

Pour retenir les planètes, de la plus proche du Soleil à la plus éloignée : *Me Voici Tante Marie, Je Suis Un Nuage.*

- **Huit planètes tournent autour du Soleil : c'est le système solaire.**
- Le Soleil est une étoile parmi les milliards d'étoiles rassemblées dans notre **galaxie**, la **Voie lactée**.
- **L'Univers** est composé lui-même de milliards d'autres galaxies.
- **Les étoiles sont regroupées en constellations** (groupe d'étoiles qui forme une figure) : la Grande Ourse, la Petite Ourse, Cassiopée...

Savoir faire

Observer le système solaire

- **Les huit planètes tournent autour du Soleil** dans le même sens et presque dans le même plan.
- **Jupiter, Saturne, Uranus** et **Neptune** sont essentiellement composées de gaz. **La Terre, Mars, Mercure et Vénus** sont des planètes rocheuses.

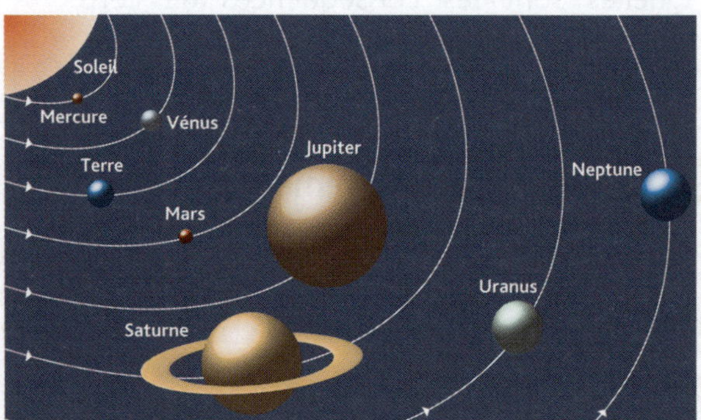

Infos parents

- **Par nuit claire et sans lune, il est possible d'observer** jusqu'à 2 600 étoiles ! Aidez votre enfant à reconnaître les constellations.
- **Votre enfant aura acquis une première idée de la structure de l'Univers** en partant du Soleil : le système solaire, la voie lactée, les autres galaxies. Il sera capable d'utiliser les informations tirées d'un tableau pour classer les planètes selon leur taille, leur distance au Soleil, etc.

S'entraîner

1 * **Sur cette frise, relie par des flèches ces hommes célèbres dans l'histoire de l'astronomie à la période où ils ont vécu.**

Copernic – 1543

Gagarine – 1961

Ptolémée – v. 170

Galilée – 1634

Armstrong – 1969

Antiquité — Moyen Âge — Les temps modernes -1492 — XXe siècle

2 ** **Vrai ou faux ?**

a. Le Soleil est une très grosse planète. ☐ V ☐ F

b. Une planète est un astre qui n'émet pas de lumière. ☐ V ☐ F

c. Notre galaxie s'appelle la Voie lactée. ☐ V ☐ F

d. Une galaxie contient une dizaine d'étoiles. ☐ V ☐ F

e. Mercure est composée de gaz. ☐ V ☐ F

f. Les planètes du système solaire tournent toutes dans le même sens autour du Soleil. ☐ V ☐ F

g. L'Univers est composé de milliards de galaxies. ☐ V ☐ F

h. Vega est une étoile du système solaire. ☐ V ☐ F

3 ** **Coche la définition exacte d'une étoile.**

a. ☐ Une étoile est un astre gravitant autour d'une planète.

b. ☐ Une étoile est un astre qui émet de la lumière et de l'énergie.

c. ☐ Une étoile est un astre qui n'émet pas de lumière mais se contente de refléter la lumière du Soleil.

4 *** **Complète ce texte.**

Le système solaire est composé de .... qui tournent autour du .... Le Soleil émet de la lumière, c'est une .... Notre galaxie, la .... est composée de .... d'étoiles. L'Univers contient lui-même des milliards de ....

EXO DÉFI **Sur une feuille, établis le tableau récapitulatif des planètes.**

a. Fais la liste des planètes du système solaire de la plus petite à la plus grosse.

....

b. Quelle planète a une durée de rotation sur elle-même de 24 h ? ....

c. Quelle planète a le plus grand nombre de satellites ? ....

d. Sur quelle planète peut-il faire le plus froid ?

....

e. Quelle planète connaît une température extrêmement élevée ? ....

f. Quelles sont les planètes dont la révolution autour du Soleil est inférieure à celle de la Terre ?

....

g. Observe les durées de révolution des huit planètes du système solaire. Que peux-tu en déduire ?

....

Bravo ! Maintenant, tu connais le système solaire.

Corrigés p. 41 GUIDE PARENTS

Les volcans

Pour comprendre

Savoir

- **À l'intérieur du sol** sur lequel nous marchons, la Terre est brûlante, **les roches sont en fusion ; elles deviennent liquides.**
- **Aux endroits où la croûte terrestre est fissurée**, le **magma** (un mélange de gaz et de roches fondues) peut remonter jusqu'à la surface et provoquer une **éruption volcanique**.

Savoir faire

Distinguer deux types de volcans

- Le volcan **effusif** ou « calme », avec **coulées de lave** : le magma remonte sans difficulté vers le sommet du volcan car il est fluide. La lave s'écoule le long des pentes.

- Le volcan **explosif** : le magma est riche en gaz et visqueux. Il remonte avec difficulté. Des **explosions violentes** projettent dans le ciel des gaz, de la lave et des cendres. Ces volcans peuvent être très meurtriers.

Infos parents

- **La tectonique des plaques** a permis d'expliquer la répartition des séismes et des éruptions. La croûte terrestre est formée de différentes plaques qui s'écartent ou se rapprochent les unes des autres provoquant ainsi éruptions et séismes.
- **Les enfants ont souvent l'idée qu'un volcan est une montagne crachant du feu**. Vous pourrez leur expliquer qu'il n'y a pas de feu mais des roches fondues, du gaz et des cendres. D'autre part, le cône volcanique résulte du refroidissement de la lave lors de précédentes éruptions.

S'entraîner

1 * Donne la définition du magma.

....

....

2 ** Complète la légende de ce dessin avec les mots suivants :

cheminée du volcan, cratère, réservoir de magma, cône volcanique, coulée de lave

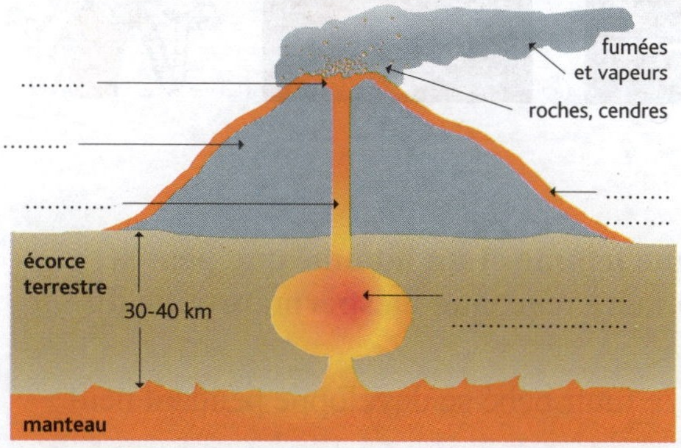

3 * Compare ces deux documents et complète le tableau.**

Piton de la Fournaise

Mont Saint Helens

Nom du volcan	Piton de la Fournaise	
Type de volcan		explosif
Lieu		
Produits émis		gaz, cendres, roches

À ton avis, quelle éruption est la plus dangereuse et pourquoi ?

....

....

4 * Observe la carte. Pourquoi parle-t-on de « ceinture de feu » du Pacifique ?**

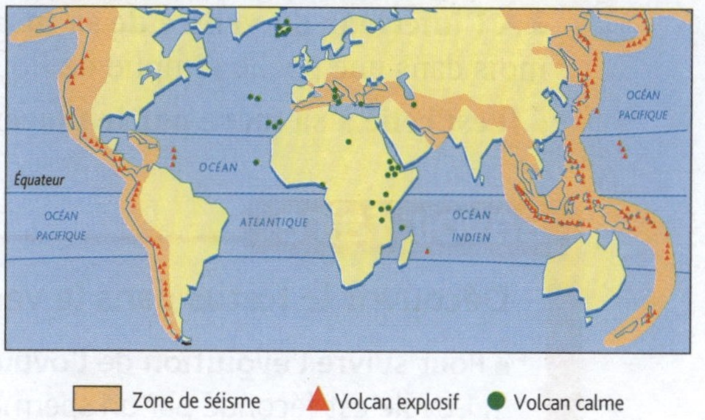

....

....

EXO DÉFI Vrai ou Faux ?

a. Tous les volcans sont en activité. V F

b. Un volcan effusif donne des coulées de lave. V F

c. L'intérieur du globe terrestre est constitué de roches solides. V F

d. Lorsque le magma contient beaucoup de gaz dissous, l'éruption est explosive. V F

Bravo ! Maintenant, tu sais reconnaître les volcans.

Corrigés p. 41 GUIDE PARENTS

5 La reproduction humaine

Pour comprendre

① 

② 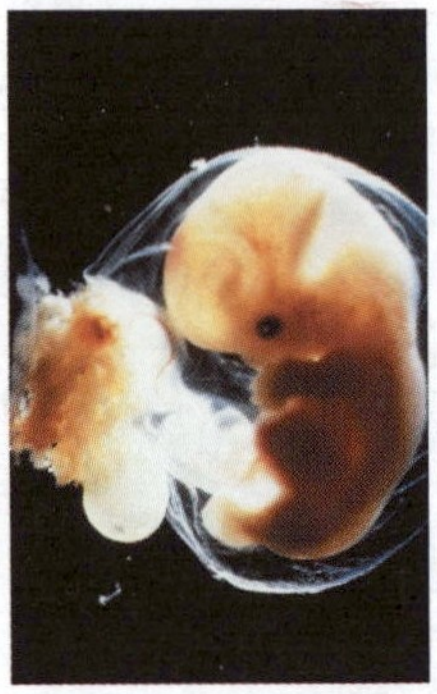

③ 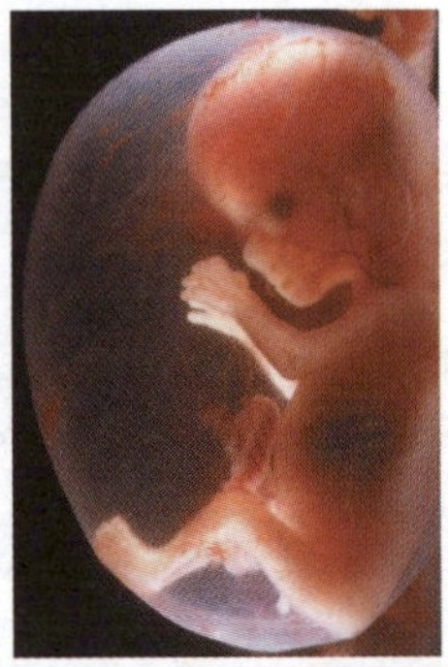

Savoir

- **C'est lors d'un rapport sexuel entre une femme et un homme que peut se produire la fécondation** : un **ovule de la mère** rencontre un **spermatozoïde du père**.
- **À l'intérieur du ventre de sa maman**, le futur bébé se développe pendant neuf mois dans une poche remplie de liquide.
- **Il est relié à sa mère par le placenta** qui lui apporte nourriture et oxygène.

Savoir faire

Découvrir le fœtus dans le ventre de sa mère

- **Pour suivre l'évolution de l'ovule** à l'intérieur du ventre de la mère :

1. L'ovule est fécondé par un spermatozoïde, il donne un œuf. (photo 1)
2. L'œuf se divise en plusieurs cellules qui forment l'embryon. Après six jours, l'embryon se fixe sur la paroi de l'utérus.
3. À quatre semaines, le cœur de l'embryon commence à battre. (photo 2)
4. Au cours du troisième mois, l'embryon devient un fœtus : tous ses organes sont formés. (photo 3)

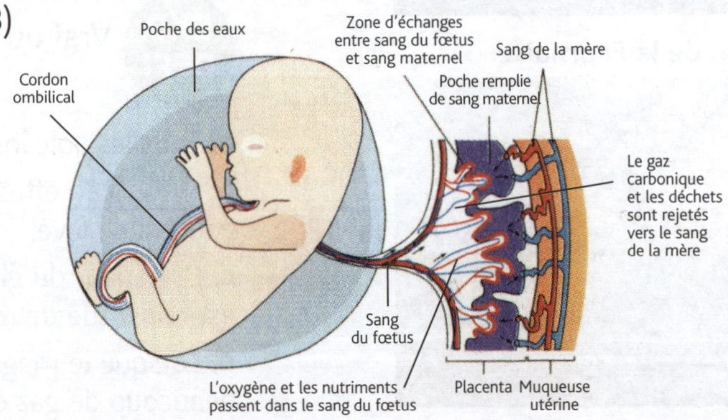

Infos parents

- **Votre enfant doit comprendre que le fœtus ne mange pas avec sa bouche** et ne respire pas avec son nez. Il reçoit les aliments et l'oxygène par le sang qui circule dans le cordon ombilical (les deux systèmes sont indépendants, les sangs ne se mélangent pas).

S'entraîner

1 ** Vrai ou faux ?

a. À l'intérieur du ventre de sa mère, le bébé boit du lait. V F

b. La vie d'un être humain démarre neuf mois avant sa naissance. V F

c. Le placenta contient des vaisseaux sanguins de la mère et de l'embryon. V F

d. À l'intérieur du ventre de sa mère, le bébé respire par le nez. V F

e. Un embryon peut se développer sans placenta. V F

f. La fécondation résulte de la rencontre d'un spermatozoïde et d'un ovule. V F

2 ** À quoi correspond le nombril ? Coche la bonne définition.

a. ☐ C'est un organe du corps qui participe à la digestion.

b. ☐ C'est la cicatrice laissée par le cordon ombilical.

c. ☐ C'est une décoration située au milieu du ventre.

3 ** Au troisième mois, on ne parle plus d'embryon mais de fœtus. Pourquoi ?

....

....

4 *** Pourquoi le bébé pousse-t-il un cri à la naissance ?

....

....

5 *** Complète ce texte.

L'union entre un ovule et un spermatozoïde s'appelle la .... Elle donne naissance à un .... Celui-ci se divise en plusieurs cellules qui vont former un .... Le futur bébé va se développer pendant .... mois dans le .... de sa mère. Il est relié au placenta par le .... Les .... et l'............................ passent ainsi du sang maternel au sang du bébé.

EXO DÉFI Légende le dessin en utilisant les mots suivants :

placenta
poche des eaux
cordon ombilical
fœtus

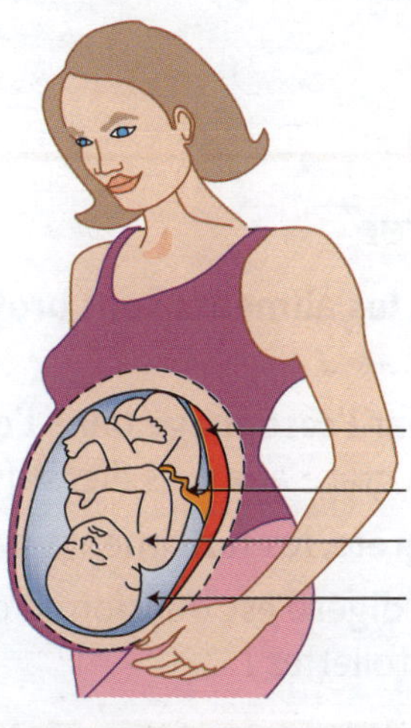

....
....
....
....

Bravo ! Maintenant, tu sais comment se développe le bébé.

Corrigés p. 42 GUIDE PARENTS

La digestion

Pour comprendre

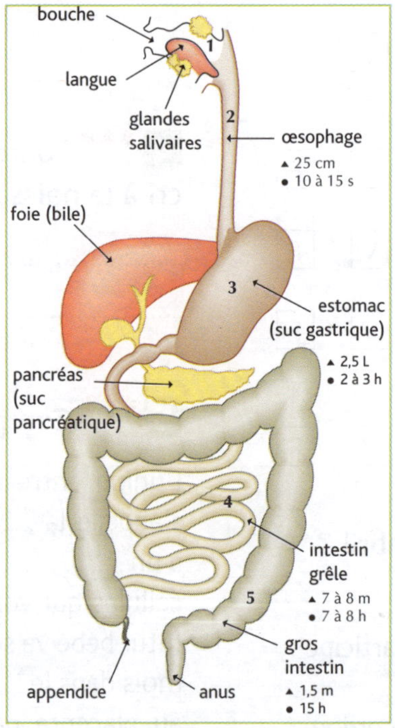

Savoir

- **Pendant la digestion, les aliments sont transformés** en particules nutritives très fines appelées **nutriments**.
- **Les nutriments traversent la paroi de l'intestin grêle** et passent dans le sang qui les distribue à tous les organes du corps.

Savoir faire

Manger et digérer

- **Dans ta bouche, les aliments sont broyés** (**action mécanique**) et **imprégnés** de salive.
- **Ils descendent par l'œsophage dans l'estomac** où ils sont transformés en bouillie très liquide grâce aux sucs digestifs (**action chimique**).
- **Dans l'intestin grêle, les nutriments passent dans le sang** : c'est l'**absorption**.
- **Ce qui n'est pas digéré** est transformé dans le gros intestin et évacué par l'anus lorsque tu vas aux toilettes !

Infos parents

- **En CM2, l'enfant doit être capable de légender** un schéma : tirer les traits à la règle, la flèche est positionnée sur la partie du dessin légendée, le texte est écrit horizontalement.

S'entraîner

1 * Sur ce schéma, place la bouche, l'œsophage, l'estomac, l'intestin grêle, le gros intestin et l'anus.

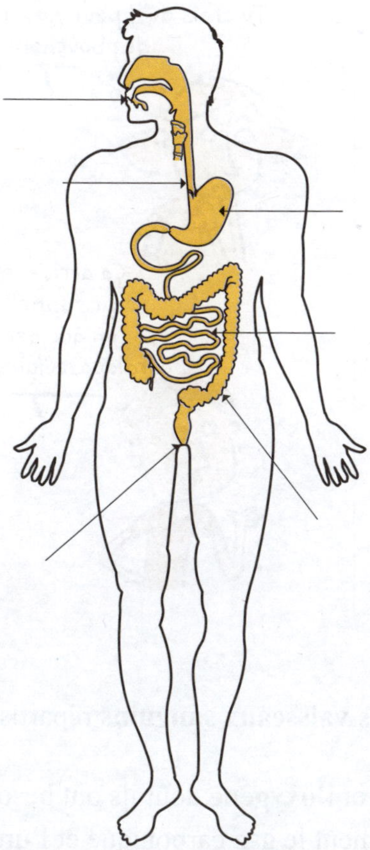

2 ** Dans le tube digestif, les aliments subissent différentes transformations.
Indique pour chacune d'elles s'il s'agit d'une action mécanique ou d'une action chimique.

a. Les aliments sont broyés par les dents.
Action ....

b. Ils sont transformés en purée liquide par les sucs digestifs.
Action ....

c. Ils sont brassés dans l'estomac.
Action ....

3 ** Quels sont les organes qui n'appartiennent pas au système digestif ?

☐ Le pancréas ☐ Le foie
☐ Les poumons ☐ L'estomac
☐ Les reins ☐ L'œsophage

4 * Coche la bonne définition.**

a. ☐ Les nutriments sont des protéines, des sucres, de l'eau et des sels minéraux contenus dans les aliments et qui passent dans le sang au moment de la digestion.

b. ☐ Les nutriments sont des aliments non digérés qui sont évacués par l'anus sous forme d'excréments.

5 * Que se passe-t-il au moment de l'absorption ?**

....
....
....
....
....

6 * Quelle est la durée totale du passage des aliments dans le tube digestif ?**

Utilise les informations du schéma et calcule une durée minimum et une durée maximum.

Entre .... et ....

EXO DÉFI **Raconte l'histoire d'un morceau de gâteau que tu mets dans la bouche.**

Bravo ! Maintenant, tu sais comment se fait la digestion.

Corrigés p. 42 GUIDE PARENTS

À quoi sert le sang ?

Pour comprendre

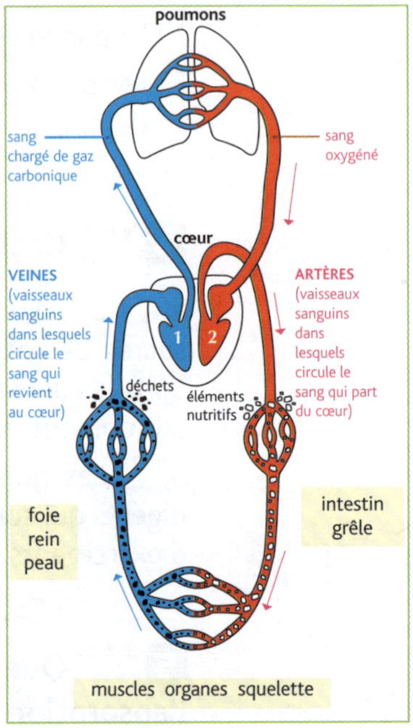

Savoir

Sans circulation du sang, la vie s'arrête.

- **Le sang circule à l'intérieur de tubes, appelés vaisseaux sanguins** répartis dans tout le corps.
- **Le sang distribue** aux organes les **nutriments** et l'**oxygène** dont ils ont besoin.
- **Le sang « ramasse »** aussi les **déchets** (notamment le gaz carbonique et l'urée) rejetés par les organes.

Savoir faire

Se représenter la circulation du sang

- **Le sang circule toujours dans le même sens.** Il circule à l'intérieur de trois types de vaisseaux sanguins : les **artères**, les **veines** et les **capillaires**.
- Le **cœur** fonctionne comme une pompe. En se contractant, il pousse le sang dans les artères.
- Dans les **artères**, le sang circule du cœur vers les organes.
- Les **capillaires** sont de très fins vaisseaux où ont lieu les échanges (oxygène, nutriments, gaz carbonique) entre le sang et les organes.
- Dans les **veines**, le sang est ramené des organes au cœur.

Infos parents

- **En fin de cycle 3, les principales fonctions de la nutrition** (digestion, respiration, circulation) auront été vues. Votre enfant devra avoir une représentation correcte de la circulation du sang à l'intérieur du corps et connaître son rôle.

S'entraîner

1 * Relie chaque vaisseau sanguin à sa fonction.

a. Les artères — (1) ramènent le sang vers le cœur.

b. Les capillaires — (2) emmènent le sang du cœur vers les organes.

c. Les veines — (3) permettent les échanges entre le sang et les organes.

2 ** Lis le tableau pour pouvoir répondre aux questions.

Veine	Artère
Teneur en oxygène 15 L pour 100 L de sang	Teneur en oxygène 20 L pour 100 L de sang
Teneur en gaz carbonique 53 L pour 100 L de sang	Teneur en gaz carbonique 49 L pour 100 L de sang
Teneur en sucre 87 g pour 100 L de sang	Teneur en sucre 100 g pour 100 L de sang

a. Les teneurs en oxygène, en gaz carbonique et en sucre sont-elles les mêmes dans les artères et dans les veines ? ....

b. Où va une partie de l'oxygène et du sucre contenus dans les artères ?

....

....

c. Pourquoi la teneur en gaz carbonique est-elle plus élevée dans les veines que dans les artères ?

....

....

....

3 * ** Le sang représente 8 % de la masse totale du corps et 1 litre de sang pèse environ 1 kilogramme.

Calcule le volume du sang chez un enfant de 35 kg puis chez un adulte de 70 kg.

....

EXO DÉFI Complète les textes des encadrés.

Dans les ...., le sang prend de l'.................... et rejette du ....

Les .... traversent la paroi de l'.............................. pour aller dans le sang.

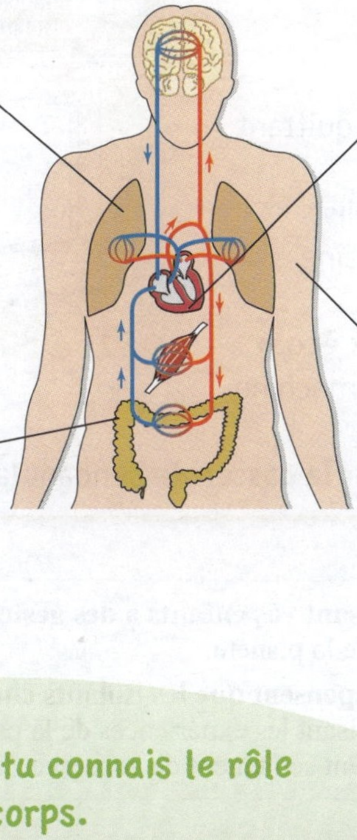

Dans le ...., le sang est envoyé dans les ....

Dans les muscles, le sang apporte de l'.............................. et des .... et prend du ....

Bravo ! Maintenant, tu connais le rôle du sang dans notre corps.

Corrigés p. 42 GUIDE PARENTS

8 Sciences
Isolation et économie d'énergie

Pour comprendre

Savoir

Les isolants gardent la chaleur ET la fraîcheur.

- **Lorsque deux objets ne sont pas à la même température**, ils échangent de la chaleur jusqu'à ce que la température soit la même partout.
- **Certains matériaux** comme la laine de verre, le polystyrène ralentissent les échanges : ce sont des **isolants**. On les utilise dans les maisons pour réduire la consommation de chauffage et **économiser ainsi l'énergie**.

Savoir faire

Consommer moins d'énergie

- **L'orientation et l'isolation d'une maison** →

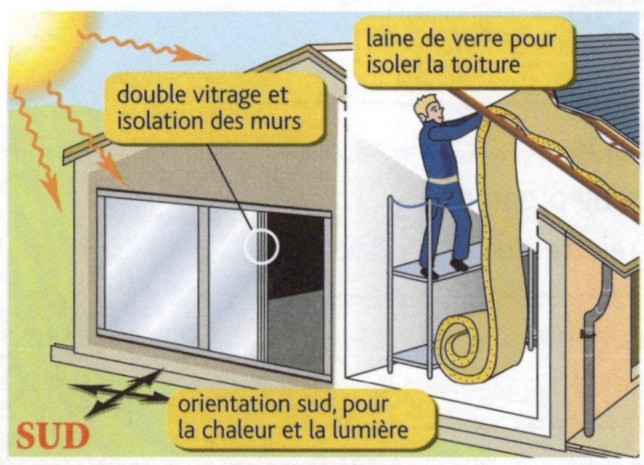

- **Les petits gestes de la vie quotidienne :**
  – **éteindre la lumière** en quittant une pièce,
  – ne pas laisser les appareils électriques (télévision, chaîne stéréo...) en **mode veille**,
  – utiliser le **programme « éco »** du lave-vaisselle ou de la machine à laver,
  – mettre un **couvercle sur la casserole** pendant la cuisson, etc.

Infos parents

- **En sensibilisant vos enfants à des gestes simples**, vous les ferez participer à la protection de la planète.
- **Les enfants pensent que les isolants chauffent** (vêtements en laine ou en polaire). En faisant les expériences de la page suivante, ils se rendront compte qu'ils permettent seulement de conserver la chaleur de notre corps.

1 * Note la température d'un thermomètre puis enveloppe-le bien à l'intérieur de plusieurs pulls en laine ou en polaire.
Après 10 minutes, relève la température et indique-la sur le schéma.

a. Que constates-tu ?

☐ La température a augmenté.

☐ La température est la même.

b. Qu'en déduis-tu ?

☐ La laine ou la polaire produit de la chaleur qui a fait augmenter la température du thermomètre.

☐ La laine ou la polaire ne produit pas de chaleur, la température n'a pas changé.

2 ** **Que conseilles-tu au cuisinier pour consommer moins d'énergie ?**

a. ☐ Ajouter de l'eau.

b. ☐ Mettre un couvercle.

c. ☐ Ajouter du sel.

3 *** Mets la même quantité d'eau très chaude dans deux récipients fermés (par exemple des bocaux en verre de même forme ou des biberons). Relève la température de l'eau dans les deux récipients.
Entoure l'un des récipients de plusieurs couches de laine ou de polaire. Attends dix à quinze minutes puis relève la température de l'eau à l'intérieur de chaque récipient.

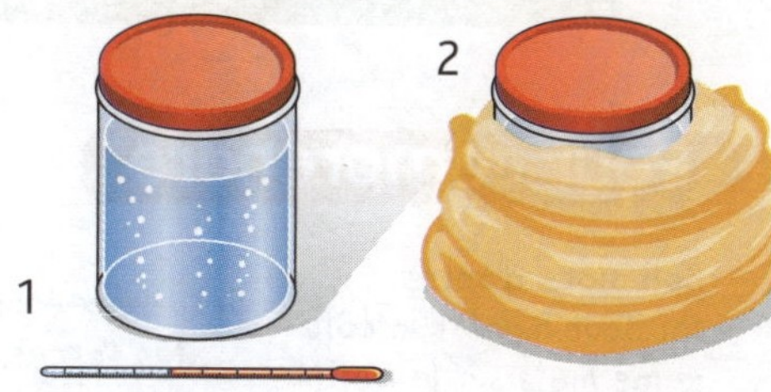

a. Que constates-tu ?

a. ☐ La température de l'eau dans la bouteille 2 est plus élevée que dans la bouteille 1.

b. ☐ La température est la même dans les deux bouteilles.

c. ☐ La température de l'eau dans la bouteille 1 est plus élevée que dans la bouteille 2.

b. Quel a été le rôle de la laine ou de la polaire ?

a. ☐ Elle a refroidi la bouteille 2.

b. ☐ Elle a réchauffé la bouteille 2.

c. ☐ Elle a ralenti les échanges de chaleur entre la bouteille 2 et l'air extérieur plus froid. C'est un isolant.

EXO DÉFI **Coche les affirmations vraies.**

a. ☐ Un appareil électrique laissé en mode veille ne consomme pas d'énergie.

b. ☐ La laine chauffe.

c. ☐ Les doubles vitrages permettent d'isoler les fenêtres.

d. ☐ Mettre un couvercle sur une casserole pendant la cuisson réduit la consommation d'énergie.

e. ☐ Le métal est un isolant.

f. ☐ La laine de verre à l'intérieur d'une maison permet de conserver la chaleur en hiver et la fraîcheur en été.

Bravo ! Maintenant, tu sais comment économiser l'énergie.

Corrigés p. 43 GUIDE PARENTS

Les appareils à roues dentées

Pour comprendre

Savoir

- Les appareils à roues dentées permettent de rendre un mouvement plus facile ou plus rapide.

Savoir faire

Comprendre comment fonctionne une bicyclette

- **La petite roue dentée tourne plus vite** que la plus grande. Les deux roues tournent dans le même sens.
Si le plateau effectue un tour, le pignon effectue trois tours. On appelle le **braquet**, le rapport de multiplication entre le **plateau** et le **pignon** (ici, 48 : 16 = 3).

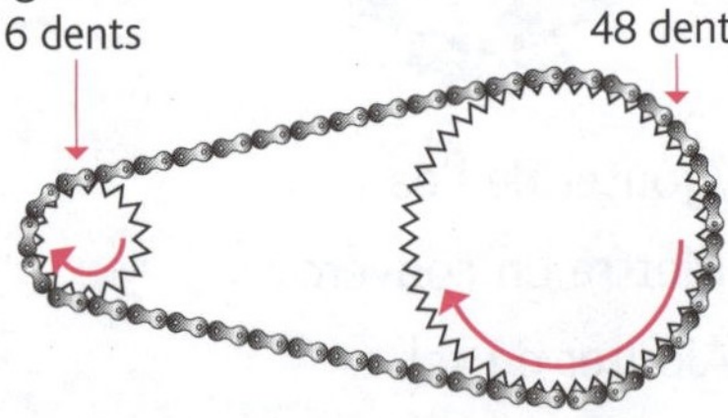

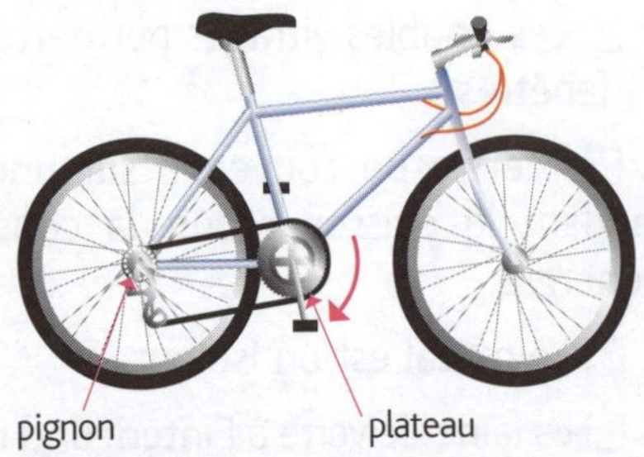

- **Sur une bicyclette**, le mouvement communiqué aux pédales se transmet à la roue arrière grâce à deux roues dentées et une chaîne.
- Avec un grand pignon et un petit plateau, on diminue l'effort mais aussi la vitesse.
- Avec un petit pignon et un grand plateau, on augmente la vitesse mais aussi l'effort.

Infos parents

- **Pour comprendre le fonctionnement des roues dentées,** votre enfant a besoin d'expérimenter. Vous pourrez trouver en ludothèque ou en magasin des jeux d'engrenages qui lui permettront d'observer concrètement les différents phénomènes décrits dans la leçon. C'est aussi l'occasion d'étudier avec lui le fonctionnement de la bicyclette !

S'entraîner

1 * Voici deux exemples d'engrenage.

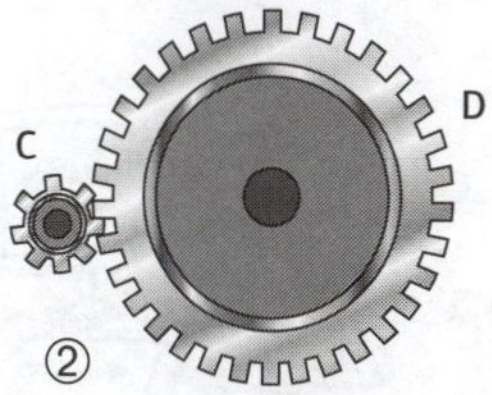

a. Combien de tours fait la petite roue quand la grande roue fait un tour ?

Dessin 1 : ....

Dessin 2 : ....

b. Complète.

Dans le dessin 1, la petite roue va .... fois plus vite que la grande roue.
Dans le dessin 2, la petite roue va .... fois plus vite que la grande roue.

2 ** Observe ce dessin.

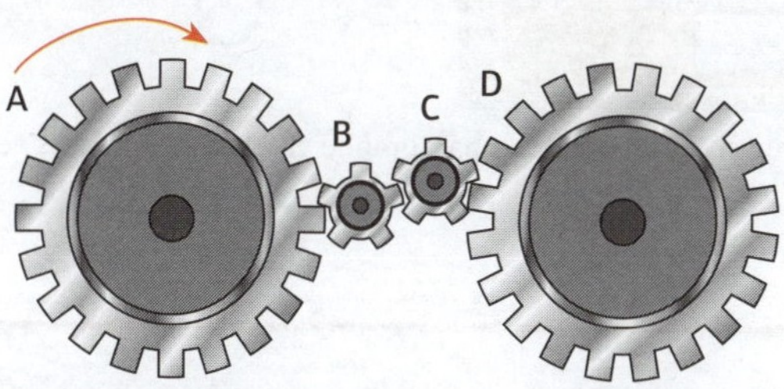

a. Dessine pour chacune des roues le sens de rotation.

b. Complète le tableau.

	Roue A	Roue B	Roue C	Roue D
Nombre de dents	20			
Nombre de tours	1			

3 *** **Vrai ou Faux ?**

a. La roue avant d'un vélo est reliée au pédalier. V F

b. Pour monter une côte, il vaut mieux choisir un grand pignon. V F

c. Dans un engrenage, les roues dentées tournent dans le même sens. V F

d. Sur une bicyclette, la modification de la vitesse dépend du rapport de la taille du plateau à la taille du pignon. V F

4 *** **Écris les éléments qui servent à faire avancer une bicyclette.**

....

....

....

....

....

EXO DÉFI **Complète ce texte.**

En plaine, un cycliste choisit 48 dents sur le plateau de pédalier et 12 dents sur le pignon. Un quart de tour de pédalier fait progresser la roue arrière de .... tour(s) puisque le plateau de pédalier a .... fois plus de dents que le pignon. Pour une côte, le cycliste choisit un pignon de 24 dents. La roue arrière progresse alors de un tour pour .... tour(s) de pédalier. La côte est montée plus facilement mais la vitesse est divisée par .... par rapport à celle en plaine.

Bravo ! Maintenant, tu sais comment fonctionne un appareil à roues dentées.

Corrigés p. 43 GUIDE PARENTS

Sciences

10 Utiliser un traitement de texte

Pour comprendre

Savoir

Pour sélectionner du texte : clique sur la partie gauche de ta souris (garde le doigt enfoncé) et noircis le texte choisi.

- **On utilise l'ordinateur pour écrire et imprimer un texte.**
- **Grâce à un logiciel de traitement de texte** (Word par exemple), il est possible de **mettre en page** ses productions d'écrits.
- **Les fonctions importantes du clavier :**

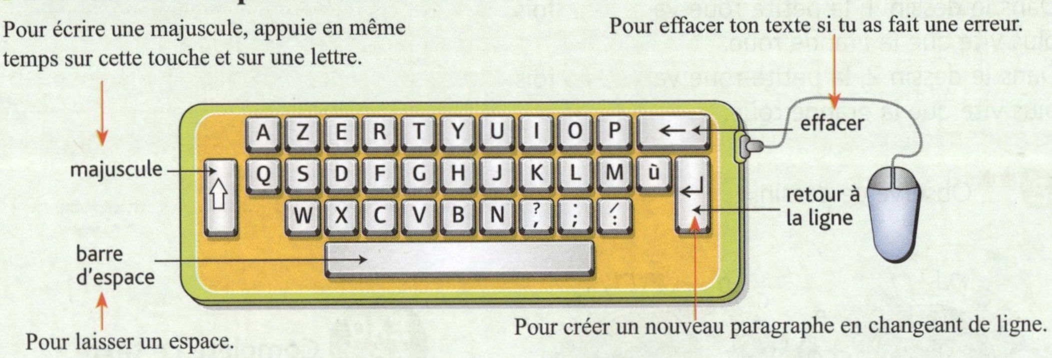

Savoir faire

Saisir et enregistrer un texte

- **Tape ton texte** sur le clavier.
- **Après avoir sélectionné tout le texte**, choisis une police de caractère (manière dont sont dessinées les lettres) : a *a* **a** et une taille de caractère.
- **Fais ressortir les titres** en utilisant certaines fonctions : la taille du caractère, **gras**, souligné, *italique*, centré.
- **Utilise le correcteur orthographique.** Attention, il ne corrige pas toutes les fautes et parfois ses propositions ne sont pas adaptées.
- **Enregistre ton texte** dans un fichier.
- **Donne un nom précis** au fichier pour bien le distinguer des autres.

Infos parents

- **À la fin du CM2, votre enfant doit savoir utiliser un traitement de texte,** un CD-Rom ou Internet, et se servir d'une messagerie électronique.

S'entraîner

1 * Voici la barre d'outils du logiciel Word :

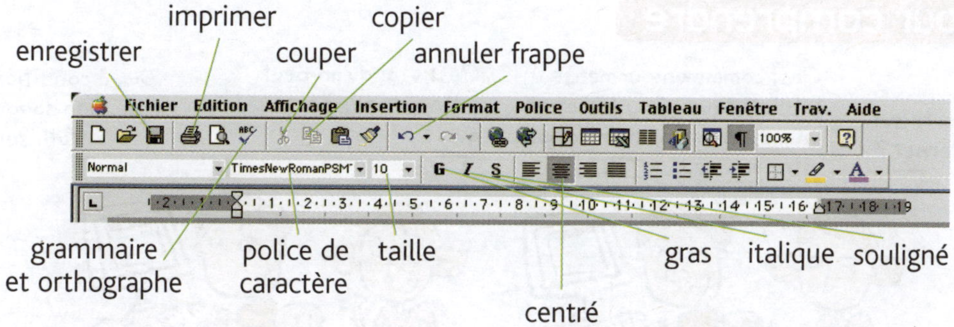

Colorie le dessin ci-dessus selon les indications :

en jaune l'icône **Imprimer**,
en rouge l'icône **Gras**,
en bleu l'icône **Grammaire et orthographe**,
en orange l'icône **Centré**,
en vert l'icône **Enregistrer**,
en rose l'icône **Couper**,
en marron l'icône **Taille de police**,
en violet l'icône **Annuler**.

2 * Lorsqu'on tape un texte, on ne met d'espace ni avant le point ni avant la virgule, mais l'auteur du texte suivant ne le sait pas.

Mets une croix pour supprimer les espaces en trop. Pour t'aider, compare avec du texte imprimé dans un livre ou une revue.

Les jours où on s'amusait , c'était le dimanche. Mais ça passait trop vite . Papa sortait son grand échiquier avec des tours, des cavaliers qui marchent en crabe , des fous et des petits soldats. Chaque fois , je perdais mon roi mais Papa disait que plus tard, c'est moi qui lui prendrai le sien .

3 ** Dans les carrés vides, dessine les icônes que l'auteur a utilisés pour mettre en page son texte.

Archimède

Ce célèbre **savant grec** comprit dans son bain <u>pourquoi</u> un objet est plus léger dans l'eau que dans l'air. Fou de joie, il se précipita dans la rue en criant « *Euréka* ».

EXO DÉFI Vrai ou Faux ?

a. Pour mettre en page un texte, on utilise un logiciel de traitement de texte. V F

b. Le correcteur orthographique corrige automatiquement toutes les fautes. V F

c. Il y a un espace avant le point. V F

d. Il n'y a pas d'espace avant la virgule. V F

e. Si j'ai fait une erreur, je peux utiliser la touche ← pour annuler ma frappe. V F

Bravo ! Maintenant, tu sais taper tes textes sur l'ordinateur.

Corrigés p. 43 GUIDE PARENTS

Se documenter sur Internet

Pour comprendre

Savoir

- **Internet est comme une immense bibliothèque.**
- Pour accéder à des sites (ensemble de pages élaborées par un particulier, une entreprise, un État… disponible sur Internet), il faut utiliser un **moteur de recherche**.

Attention ! Il est nécessaire de vérifier les informations en les comparant avec celles d'autres sites.

Savoir faire

Faire une recherche sur Internet

- **Connecte-toi en cliquant sur ton navigateur Internet** : *Internet Explorer* ou *Mozilla Firefox*.
- **Sélectionne un moteur de recherche** : *Google*, *Yahoo !* ou *Voila*, par exemple.
- **Tape dans la fenêtre le ou les mots-clés** qui correspondent à ta recherche.

Le mot-clé est celui qui correspond le plus précisément possible à ce que tu cherches. Essaie d'éviter les mots trop courants qui te donneraient trop de réponses possibles. (Si tu fais une recherche sur le déjeuner de midi dans les écoles, choisis « cantine scolaire » par exemple, et non « école » qui est moins précis.)

- **Lance ta recherche.**

Attention ! Des personnes mal intentionnées peuvent utiliser Internet pour faire du mal aux enfants : ne donne pas ton adresse ou ton numéro de téléphone sans avoir l'autorisation de tes parents ; n'accepte pas d'aller à un rendez-vous.

Infos parents

- **Internet est un formidable moyen pour s'informer.** Néanmoins les informations recueillies ne sont pas toujours entièrement fiables sauf si elles proviennent de sites officiels. D'autre part, les enfants peuvent avoir accès à des sites très choquants ou dangereux. Votre fournisseur d'accès peut vous proposer un **logiciel de contrôle parental.**
- **Lorsque votre enfant doit faire une recherche documentaire**, il ne peut se contenter d'imprimer les pages d'un site. Faites le tour avec lui des questions que pose le sujet de recherche. Puis aidez-le à y répondre en utilisant les informations des sites Internet ou d'autres supports.

S'entraîner

1 ** Vrai ou Faux.

a. Un moteur de recherche permet d'accéder à des sites Internet. V F

b. Internet me permet d'accéder à des sites de tous les pays. V F

c. Toutes les informations sur Internet sont justes. V F

d. Pour vérifier les informations d'un site, je peux aller les comparer sur un autre site. V F

e. Si je dois faire un exposé, il me suffit d'imprimer les pages d'un site. V F

f. Il existe des dictionnaires en ligne. V F

g. Pour accéder uniquement aux sites écrits en français, je dois cocher une case spéciale avant de lancer ma recherche. V F

2 *** Trouve les mots-clés.

a. Tu dois faire une recherche sur Napoléon Ier. Colorie le ou les mots-clés qui te permettront de faire la recherche la plus précise.

Napoléon | empereur | Napoléon Ier

b. Tu dois faire une recherche sur la vie des soldats de la Première Guerre mondiale. Colorie le ou les mots-clés qui te permettront de faire une recherche précise.

soldats

Première Guerre mondiale

soldats Première Guerre mondiale

vie des soldats Première Guerre mondiale

c. Tu dois chercher l'année de la mort de Diderot. Colorie le ou les mots-clés qui te permettront de faire la recherche la plus rapide.

Diderot

mort Diderot

date mort Diderot

3 *** Utilise Internet pour répondre à ces questions d'histoire.

a. Qui a peint *La Joconde* ?

☐ Léonard de Vinci ☐ Raphaël ☐ Picasso

b. Qui a écrit *Les Misérables* ?

☐ E. Zola ☐ V. Hugo G. Flaubert

c. En quelle année est mort Robespierre ?

☐ 1793 ☐ 1794 ☐ 1795

d. Quel vaccin Louis Pasteur a-t-il mis au point ?

☐ le vaccin contre la tuberculose

☐ le vaccin contre la grippe

☐ le vaccin contre la rage

4 *** Utilise Internet pour répondre à ces questions de géographie.

a. Dans quel département se trouve Strasbourg ?

....

b. Quelle est la longueur totale de la Seine ?

....

c. Dans quelle ville de France se sont déroulés les Jeux olympiques de 1968 ?

....

d. Quel est le principal affluent du Rhône ?

....

EXO DÉFI Complète ce texte sur la coccinelle en recherchant des informations sur Internet.

La coccinelle est un .... Elle a .... pattes, ... ailes et .... antennes. Les .... protègent ses ailes. La larve mue .... fois avant de se métamorphoser en coccinelle. Elle se nourrit principalement de .... En hiver, elle ....

Bravo ! Maintenant, tu sais comment chercher sur Internet.

Corrigés p. 43 GUIDE PARENTS

1 Anglais

Se présenter, les couleurs, les nombres

Pour comprendre

Savoir

- **Colours**

red pink orange yellow green blue purple white grey brown black

- **Numbers**

1 one	**6** six	**11** eleven	**16** sixteen
2 two	**7** seven	**12** twelve	**17** seventeen
3 three	**8** eight	**13** thirteen	**18** eighteen
4 four	**9** nine	**14** fourteen	**19** nineteen
5 five	**10** ten	**15** fifteen	**20** twenty

Savoir faire

Savoir se présenter

Hello! What's your name?	*Bonjour. Comment t'appelles-tu ?*
I'm John. / My name's John.	*Je m'appelle John.*
I'm American. I'm French.	*Je suis américain. Je suis français.*
Where do you live?	*Où habites-tu ?*
I live in New York.	*Je vis à New York.*
What about you?	*Et toi ?*
How old are you?	*Quel âge as-tu ?*
I'm ten.	*J'ai dix ans.*
What is your favourite colour?	*Quelle est ta couleur préférée ?*

Infos parents

- **L'apprentissage se base essentiellement sur la communication orale.** Les enfants doivent être capables de s'exprimer dans un nombre limité de situations proches de leur vie quotidienne. Ils se familiarisent également avec la culture d'un autre pays.
- **Progressivement, votre enfant doit apprendre à se présenter et à parler de lui-même** (saluer, dire son nom, son âge…). Vous pouvez l'aider en le mettant en situation à travers des jeux de rôle.

S'entraîner

1 * Relie chaque question à sa réponse.

What's your name? ▪	▪ It's blue.
How old are you? ▪	▪ I'm Sarah.
Where do you live? ▪	▪ I'm eight.
What colour is it? ▪	▪ I live in France.

2 ** Barre l'intrus dans chacune de ces listes.

a. French – American – English – Monday
b. ten – blue – fourteen – one
c. Great Britain – Italy – Australia – United States
d. bus – green – yellow – purple
e. car – bus – English – taxi

3 ** Relie chaque nombre à son écriture, dans chacune des séries.

three ▪	▪ 4
five ▪	▪ 9
seven ▪	▪ 2
nine ▪	▪ 3
four ▪	▪ 8
two ▪	▪ 5
eight ▪	▪ 7

fourteen ▪	▪ 18
sixteen ▪	▪ 13
eleven ▪	▪ 12
twenty ▪	▪ 14
thirteen ▪	▪ 11
eighteen ▪	▪ 16
twelve ▪	▪ 20

4 * Complète la grille avec le nom des couleurs indiquées.**

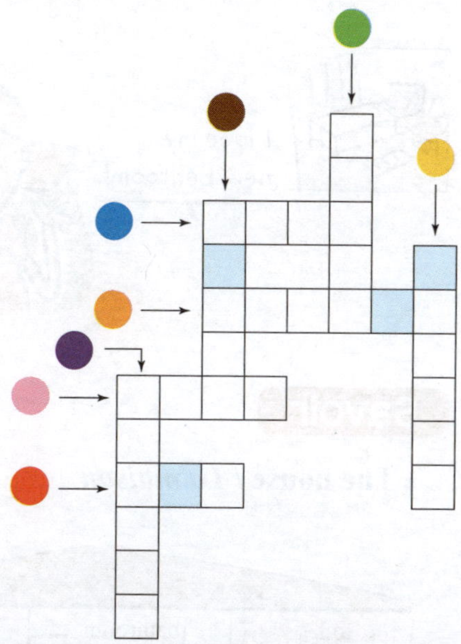

Mets dans l'ordre les lettres des cases colorées et tu trouveras le nom d'une couleur.

....

EXO DÉFI **À toi de te présenter !**

Name: Andy
Age: I'm ten.
Country: I'm Irish.
I live in Dublin.

What about you?
Name: ....
Age: ....
Country: ....
....

Bravo ! Maintenant, tu sais te présenter et tu connais les couleurs et les nombres.

Corrigés p. 44 GUIDE PARENTS

2 Exprimer ses goûts, la maison, la nourriture

Pour comprendre

Savoir

- **The house / *La maison***

- **Food / *La nourriture***

Savoir faire

Dire ce que l'on aime

Do you like ice cream?	*Aimes-tu les glaces ?*
Yes, I do. No, I don't.	*Oui, j'aime les glaces. Non, je n'aime pas les glaces.*
I like chocolate.	*J'aime le chocolat.*
I don't like milk.	*Je n'aime pas le lait.*
I love my new bedroom.	*J'adore ma nouvelle chambre.*

Infos parents

- **Pour entraîner votre enfant à utiliser ce vocabulaire,** vous pouvez lui demander de dessiner le plan de votre maison et de le légender en anglais. Reprenez avec lui les expressions « Do you like…? » dans des jeux de rôle.

S'entraîner

1 * **Écris le nom des pièces sous chaque dessin.**

a. ....

b. ....

c. ....

d. ....

e. ....

f. ....

2 ** **Complète les réponses.**

a. Do you like chocolate?

Yes, I ....

b. Do you like apples?

No, I ....

c. Do you like chips?

....

d. Do you like ice cream?

....

3 *** **Entoure les huit noms d'aliments cachés dans la grille.**

Y	B	M	I	U	P	R	B	E	V	H
E	C	H	O	C	O	L	A	T	E	J
O	H	A	J	H	E	M	N	T	C	K
M	I	L	K	E	B	S	A	Z	R	L
A	P	P	L	E	H	F	N	O	L	G
F	S	L	P	S	O	R	A	N	G	E
B	C	U	N	E	I	U	H	F	A	I
G	I	P	M	A	B	I	T	E	H	D
E	F	S	D	M	U	T	I	B	D	X

EXO DÉFI **Remets les mots de chaque phrase dans l'ordre et remplace les dessins par des mots.**

a. you do ? like 

....

b. don't I  like .

....

c.  love I .

....

d. like  you ? do

....

Bravo ! Maintenant, tu sais dire ce que tu aimes et tu connais la maison et la nourriture.

Corrigés p. 44 GUIDE PARENTS

3 Exprimer ses sentiments, l'école, les jours de la semaine

Pour comprendre

Savoir

- **Days / *Jours***

Monday	Tuesday	Wednesday	Thursday	Friday	Saturday	Sunday
Lundi	*Mardi*	*Mercredi*	*Jeudi*	*Vendredi*	*Samedi*	*Dimanche*

- **In the classroom / *En classe***

blackboard — book — pencil case — ruler — pencil — rubber

Savoir faire

Comprendre les consignes en classe

Open/close your book.	*Ouvrez/fermez votre livre.*
Take your coloring pencils.	*Prenez vos crayons de couleur.*
Stand up/Sit down.	*Levez-vous/Asseyez-vous.*
Underline in red.	*Soulignez en rouge.*
Be quiet.	*Faites moins de bruit.*
Are you ready?	*Êtes-vous prêt ?*
It's your turn.	*C'est ton tour.*

Exprimer ses sentiments

I'm fine.	I'm tired.	I'm so-so.	I'm happy.	I'm sad.
Je vais bien.	*Je suis fatigué(e).*	*Ça va moyen.*	*Je suis content(e).*	*Je suis triste.*

Infos parents

- **Votre enfant va se familiariser avec le vocabulaire qui touche à l'école :** le matériel mais aussi les consignes de travail données par l'enseignant. Il est important d'avoir une bonne compréhension de ce vocabulaire.

S'entraîner

1 * Reporte les numéros sur les dessins correspondants.

① ruler ② pencil ③ rubber
④ book ⑤ blackboard ⑥ pencil case

a.

b.

c.

d.

e.

f.

2 * Barre l'intrus dans chacune de ces listes.

a. Monday – Saturday – ruler – Tuesday

b. orange – pencils – chips – banana

c. book – dress – pen – rubber

d. fine – sad – happy – grey

3 ** Relie les jours de la semaine.

Sunday ▪	▪ Lundi
Friday ▪	▪ Mardi
Monday ▪	▪ Mercredi
Wednesday ▪	▪ Jeudi
Saturday ▪	▪ Vendredi
Thursday ▪	▪ Samedi
Tuesday ▪	▪ Dimanche

4 * Relie chaque phrase au dessin qui convient.**

a. I'm sad. ▪ ▪ 1. 

b. I'm fine. ▪ ▪ 2. 

c. I'm tired. ▪ ▪ 3. 

d. I'm happy! ▪ ▪ 4. 

EXO DÉFI Remets chaque phrase dans l'ordre, en rétablissant les majuscules et la ponctuation.

a. circle – a – make

....

b. page – book – at – open – your – fifteen

....

c. today – you – are – how – ?

....

d. blue – underline – in

....

e. pencils – take – your – coloring

....

f. quiet – be – please

....

Bravo ! Maintenant, tu comprends le vocabulaire de l'école.

Corrigés p. 44 GUIDE PARENTS

Anglais

4 Dire ce que l'on possède, les animaux, les vêtements

Pour comprendre

Savoir

■ **Clothes / *Les vêtements***

cap pull-over tee-shirt pants dress skirt socks shoes

■ **Animals / *Les animaux***

dog cat rabbit bird tortoise hamster mouse fish

Savoir faire

Dire ce que l'on possède

Have you got a tortoise?	*As-tu une tortue ?*
I haven't got any animal.	*Je n'ai pas d'animaux.*
I've got a tee-shirt.	*J'ai un tee-shirt.*
Is it your pull-over?	*Est-ce ton pull ?*
It's my pull-over.	*C'est mon pull.*
This is his/her cat.	*C'est son chat.*

Infos parents

■ **Dire ce que l'on possède**, parler de ses vêtements, connaître le nom des animaux familiers font partie des compétences à acquérir en cycle 3. Votre enfant a dû les aborder dès le CE2.

■ **En classe**, votre enfant utilisera aussi souvent que possible ces énoncés autour de la vie quotidienne, de façon à ce que l'emploi de ce vocabulaire devienne spontané.

S'entraîner

1 * Entoure les mots cachés dans la grille.

bird – cat – dog – fish – hamster – mouse – rabbit – rat – snake – tortoise

H	A	M	S	T	E	R
U	B	A	D	O	G	A
F	I	S	R	R	A	B
I	R	C	A	T	O	B
S	D	C	T	O	A	I
H	G	D	B	I	R	T
L	M	O	U	S	E	A
S	N	A	K	E	M	T

2 ** Relie chaque dessin à la phrase qui convient.

a. 

b. 

c. 

d. 

1. I haven't got a skirt.
2. I've got three cats.
3. I haven't got a rabbit.
4. I've got four caps.

3 * Complète la bulle.**

Hello! I'm Lisa.
Ginger is my ....
I've got a pink ....
and blue ....

EXO DÉFI **Colorie chacun de ces personnages selon la description qui en est faite.**

Lisa: I've got a blue dress, a pink tee-shirt, a white cap and brown shoes.

John: I've got a black tee-shirt, orange pants, grey socks and yellow shoes.

Laureen: I've got a purple tee-shirt, a green skirt and black shoes.

Peter: I've got a red cap, a blue pull-over, brown pants, white socks and black shoes.

Lisa John Laureen Peter

Bravo ! Maintenant, tu sais dire ce que tu possèdes, tu connais les vêtements et les animaux.

Corrigés p. 44 GUIDE PARENTS

Création maquette : Véronique Lefebvre / **Coordination graphique :** Kati Fleury / **Illustrations :** Mado Seiffert / **Dessins techniques :** Vincent Landrin, Coredoc (p. 202) / **Cartographie :** AFDEC / **Composition :** Linéale Production / **Coordination éditoriale :** Mông Thu Valakoon / **Édition :** Gwenaëlle Aznar.

Crédits photographiques : Livre enfant : 152 h Archives Nathan, b BIS / PH. Hubert Josse © Archives Larbor ; 153 Archives Nathan ; 154 h et b Archives Nathan ; 155 hg BIS / Coll. Archives Larbor, bg, hd et bd Coll. Archives Nathan ; 158 BIS / Coll. Archives Larbor ; 160 Goodshoot ; 161 md Coll. Archives Nathan / Service Communication Marcel Dassault, mg BIS / PH.Hubert Josse © Archives Larbor, h Coll. Archives Nathan, b Photothèque SNCF ; 162 h Coll. Archives Nathan, b « L'écolier » par Jules Mignon. I.N.R.P. Musée de l'Education nationale ; 163 I.N.R.P. Musée de l'Education nationale ; 164 h Coll. Archives Nathan, b REA / Pierre Gleizes ; 166 Coll. Archives Nathan ; 167 BIS / PH. Hubert Josse © Archives Larbor ; 171 REA / Denis ; 172 REA / Redux / Jiro Ose ; 173 ONU ; 177 REA / Contrasto / Eligio Paoni ; 184 Photothèque SNCF ; 185 hg Coll. Archives Nathan, hd REA / Pierre Gleizes, hm : Archives Nathan / Sonneville, bm PSA Peugeot-Citroën / Direction de la Communication, bg BIS / Ph. Coll. Archives Larbor, bd Photothèque SNCF ; 188 Airbus industrie ; 189 Airbus industrie ; 194 Bios / Gilles Mermet ; 195 hg NatureL.com / John Cancalos, hd Bios / Gilles Mermet, bg ISM / Jean-Claude Revy, bd Cosmos / SPL / John-Reader ; 197 ISM / Herve Conge ; 201 m HPP / Gamma / Amaz Press Réunion, b Corbis / Gary Braasch ; 202 d HOA-QUI / Edelmann ; 202 g COSMOS / SPL / Eye of Science ; 202 m COSMOS / SPL / Edelmann. **Guide pour les parents :** 2 PhotoDisc ; 5 PhotoDisc ; 6 Getty / Digital Vision ; 7 Getty / PhotoDisc ; 8 PhotoDisc ; 9 Digital Vision ; 11 PhotoDisc ; 12 PhotoDisc ; 39 COSMOS / SPL / Joe Tucciarone.

N° d'éditeur : 10205068 – Linéale Production – mars 2014
Imprimé en France par Loire Offset Titoulet